Machauer
Bankverhalten in Kreditbeziehungen

GABLER EDITION WISSENSCHAFT
Empirische Finanzmarktforschung /
Empirical Finance

Herausgegeben von Professor Dr. Jan Pieter Krahnen
und Professor Richard Stehle, Ph.D.

Im betriebswirtschaftlichen Gebiet Finanzierung hat die empirische Forschung in den vergangenen Jahren beträchtlich an Bedeutung gewonnen. In die vorliegende Schriftenreihe sollen Dissertationen und Habilitationen aufgenommen werden, die zur empirischen Finanzmarktforschung (im weitesten Sinne) einen wichtigen Beitrag leisten. Autoren bzw. die sie betreuenden Hochschullehrer werden aufgefordert, sich bei Interesse an einer Aufnahme der Arbeit in die Reihe mit den Herausgebern in Verbindung zu setzen.

Achim Machauer

Bankverhalten in Kreditbeziehungen

Mit einem Geleitwort
von Prof. Dr. Martin Weber

Springer Fachmedien Wiesbaden GmbH

Die Deutsche Bibliothek - CIP-Einheitsaufnahme

Machauer, Achim:
Bankverhalten in Kreditbeziehungen / Achim Machauer.
Mit einem Geleitw. von Martin Weber.
- Wiesbaden : Dt. Univ.-Verl. ; Wiesbaden : Gabler, 1999
 (Gabler Edition Wissenschaft : Empirische Finanzmarktforschung)
Zugl.: Mannheim, Univ., Diss., 1999
ISBN 978-3-8244-7060-0

Alle Rechte vorbehalten

© Springer Fachmedien Wiesbaden 1999
Ursprünglich erschienen bei Betriebswirtschaftlicher Verlag Dr. Th. Gabler GmbH, Wiesbaden und Deutscher Universitäts-Verlag GmbH, Wiesbaden 1999

Lektorat: Ute Wrasmann / Viola Leuschner

Das Werk einschließlich aller seiner Teile ist urheberrechtlich geschützt. Jede Verwertung außerhalb der engen Grenzen des Urheberrechtsgesetzes ist ohne Zustimmung des Verlages unzulässig und strafbar. Das gilt insbesondere für Vervielfältigungen, Übersetzungen, Mikroverfilmungen und die Einspeicherung und Verarbeitung in elektronischen Systemen.

http://www.gabler.de
http://www.duv.de

Die Wiedergabe von Gebrauchsnamen, Handelsnamen, Warenbezeichnungen usw. in diesem Werk berechtigt auch ohne besondere Kennzeichnung nicht zu der Annahme, dass solche Namen im Sinne der Warenzeichen- und Markenschutz-Gesetzgebung als frei zu betrachten wären und daher von jedermann benutzt werden dürften.

ISBN 978-3-8244-7060-0   ISBN 978-3-663-08266-8 (eBook)
DOI 10.1007/978-3-663-08266-8

Meinen Eltern Uda Anneliese und Roland Hermann Machauer gewidmet

Geleitwort des Betreuers

Die Vergabe und das Management von Krediten stellt eine der zentralen Aufgaben von Kreditinstituten dar. Wer sich den Anteil der Kredite an den Bilanzsummen der Institute, die Anzahl der in diesem Sektor Beschäftigten oder auch den jährlichen Wertberichtigungsbedarf für Kredite in Erinnerung ruft, wird dieser Aussage zustimmen können. Neben der Entscheidung, ob ein Kredit überhaupt vergeben wird, muß sich ein Institut über die gewünschten Konditionen, insbesondere den Zins, die maximale Kredithöhe und die zu fordernden Sicherheiten Gedanken machen. Grundlage für die Festlegung dieser Variablen wird immer das kompetitive Umfeld der Bank und deren Einschätzung der Kreditwürdigkeit des den Kredit wünschenden Unternehmens sein. Die Kreditwürdigkeit wird in aller Regel durch das sogenannte bankinterne Kreditrating abgebildet.

Die vorliegende Arbeit untersucht den Zusammenhang zwischen den für das Kreditmanagement zentralen Größen: dem Kreditrating und den Aktionsvariablen der Bank (Kreditzins, Kreditlimit und Sicherheiten) und leistet damit einen signifikanten Beitrag zum Verständnis des Bankverhaltens in Kreditbeziehungen.

Die Arbeit ist in vielerlei Hinsicht lesenswert. Zunächst werden die modernen Theorien zum Bankverhalten gegenüber Kreditnehmern fundiert aufgearbeitet. Darauf basierend werden Hypothesen abgeleitet, die die Grundlage für die eigene empirische Untersuchung bilden. Diese legt einen Datensatz zugrunde, der auf realen Kreditakten von fünf deutschen Großbanken basiert. Bei diesem weltweit einmaligen Datensatz verwundert es nicht, daß Herr Dr. Machauer zu außerordentlich interessanten Ergebnissen gelangt. Die Arbeit ist zudem sehr gut geschrieben, so daß Sie die Dissertation sicherlich mit Freude und Gewinn lesen werden.

Prof. Dr. Martin Weber

Vorwort des Autors

Die Dinge so darzustellen, wie sie sind. Diesem Anspruch hat sich schon Friedrich II. von Staufen bei der Ausarbeitung seines Forschungsberichtes „De arte venandi cum avibus" unterworfen. Der Wahlspruch „In omnibus veritas" meiner Alma Mater, der Universität Mannheim, ist noch fordernder formuliert. Wie schwer es ist, solche Vorsätze in die Tat umzusetzen, habe ich während meiner Arbeit an dem vorliegenden Werk „Bankverhalten in Kreditbeziehungen" immer wieder erfahren. Die anfängliche Euphorie über das Privileg, Kreditnehmerdaten in Bankakten studieren und für Forschungszwecke verwenden zu dürfen, wich bald der Einsicht, daß Aufzeichnungen jeglicher Art immer nur ein unvollständiges Abbild der wahren Gegebenheiten sind. Zudem konnte auch dieses unvollständige Abbild der Bankpraxis nur kanalisiert in einer empirischen Analyse theoretischer Erkenntnisse verarbeitet werden.

Es ist mir hoffentlich trotzdem gelungen, eine lohnende Lektüre zu schaffen. Auf meinem Wege dahin haben mich viele Menschen begleitet, denen ich an dieser Stelle danken will. Als erstes natürlich meinen Eltern, die mich auf diese Welt gesetzt und immer gefördert haben. Ich möchte meinem Doktorvater Herrn Professor Dr. Martin Weber für seine Initiative und für die wohlwollende Betreuung während meiner Zeit an seinem Lehrstuhl danken. Es hat sich dadurch alles so hervorragend entwickelt. Unter meinen geschätzten Kollegen danke ich zunächst Frank Voßmann und Dr. Thomas Langer. Frank ist mit mir in der entscheidenden Phase über Stock und Stein gegangen. Thomas hat mir entscheidende Impulse und Korrektive bei der theoretischen Fundierung dieser und anderer Arbeiten gegeben. Er hat mich auf den netten Begriff der Geldillusion aufmerksam gemacht. Dr. Gunter Löffler fühle ich mich besonders für seine Ratschläge in der kritischsten Zeit meines Dissertationsvorhabens verbunden. Ich danke Dr. Dirk Schiereck für seine konstruktiven Hinweise, die mich zu Höchstleistungen angespornt haben. Ich danke ebenso Eva Kramer, Niklas Siebenmorgen, Andreas Laschke, Carlo Kraemer und Dr. Markus Nöth für ihre ebenso konstruktiven Anmerkungen.

Nicht zuletzt will ich mich bei meinen „alten" Kollegen Dr. Roselies Eisenberger und Dr. Martin Ahlbrecht für ihre warme und offenherzige Art bedanken. Eine namentliche Erwähnung der Teilnehmer des Projektes „Kreditmanagement" am Center for Financial Studies in Frankfurt am Main findet sich im Text. Ich danke allen für die hervorragende Zusammenarbeit. Spezieller Dank gilt den Herren Professoren Dr. Jan Pieter Krahnen, Dr. Ralf Ewert und Dr. Bernd Rudolph, die zusammen mit meinem Doktorvater die Projektinitiative ergriffen haben.

Am Ende bleibt mir die Hoffnung, durch meine Arbeit einen sinnvollen Beitrag zum Vorankommen der Wissenschaft und der Praxis geleistet zu haben, der auch Ansporn für die weitere Beschäftigung von Forschern auf dem Gebiet der empirischen Bankbetriebslehre sein kann.

Dr. Achim Machauer

Inhaltsverzeichnis

Abbildungsverzeichnis XV

Tabellenverzeichnis XVII

Symbol- und Abkürzungsverzeichnis XX

Kapitel 1 Einleitung 1

Kapitel 2 Elemente und Gestalt einer Kreditbeziehung 5

  2.1 Kreditvertrag 5
  2.2 Kreditarten 6
  2.3 Risiko 8
  2.4 Asymmetrie der Information 9
  2.5 Kreditwürdigkeitsprüfung 10
  2.6 Kreditüberwachung 13
      2.6.1 Notwendigkeit einer Überwachung 13
      2.6.2 Informelle Überwachung 14
      2.6.3 Routinemäßige Kreditprüfung mit Protokollierung 14
      2.6.4 Außerplanmäßige Kreditprüfung 15
  2.7 Kreditsicherheiten 16
  2.8 Vertragsklauseln (Covenants) 18
  2.9 Kreditkündigung 22
  2.10 Nachverhandlungen 23
      2.10.1 Der Begriff des unvollständigen Vertrags 23
      2.10.2 Vertraglich vereinbarte Nachverhandlungen 24
      2.10.3 Nachverhandlungen nach Kündigung(sdrohung) 24
      2.10.4 Beiderseitig gewünschte Nachverhandlungen ohne
             Vertragsgrundlage 25
  2.11 Notleidende Kredite 25

Kapitel 3 Theoretische Überlegungen zum Bankverhalten gegenüber Kreditnehmern ... 27

3.1 Der Begriff Bankverhalten ... 27
    3.1.1 Allgemeine Determinanten des Bankverhaltens ... 27
    3.1.2 Kreditspezifische Determinanten des Bankverhaltens ... 29
3.2 Kreditkonditionen im Kontext symmetrischer Informationsverteilung zwischen Kreditgeber und Kreditnehmer ... 30
    3.2.1 Kreditkonditionen in einer sicheren Welt ... 30
    3.2.2 Kreditkonditionen in einer riskanten Welt ... 32
3.3 Kreditkonditionen im Kontext asymmetrischer Informationsverteilung zwischen Kreditgeber und Kreditnehmer ... 36
    3.3.1 Das Modell von Stiglitz und Weiss (1981) ... 36
    3.3.2 Das Modell von Bester (1985) ... 40
    3.3.3 Das Modell von Bester und Hellwig (1989) ... 41
    3.3.4 Das Modell von Boot, Thakor und Udell (1991) ... 44
    3.3.5 Das Modell von Langer und Waller (1997) ... 51
    3.3.6 Überlegungen zu den Implikationen unterschiedlicher Grade der Informationsasymmetrie ... 51
3.4 Kreditkonditionen im Kontext unvollständiger Verträge ... 53
    3.4.1 Das Modell von Gorton und Kahn (1996) ... 54
3.5 Der Einfluß von Geldillusion auf die Konditionensetzung ... 63
3.6 Der Einfluß von Kunde-Bank-Beziehungen auf die Konditionensetzung ... 65
    3.6.1 Charakterisierung von Kunde-Bank-Beziehungen und Kundenbindung ... 66
    3.6.2 Kreditnehmerrisikoorientierte Glättung von Kreditzinsen und Vermeidung von Kreditrationierung - Das Modell von Petersen und Rajan (1995) ... 67
    3.6.3 Zinsänderungsrisikoorientierte Glättung von Kreditzinsen - Das Modell von Fried und Howitt (1980) ... 79
3.7 Der Einfluß weiterer Kreditnehmercharakteristika auf das Bankverhalten, insbesondere auf die Kreditkonditionen und auf die Kreditverfügbarkeit ... 80
    3.7.1 Der Einfluß der Unternehmensgröße ... 80
    3.7.2 Der Einfluß der Rechtsform des Unternehmens ... 82
    3.7.3 Der Einfluß des Geschäftsumfangs ... 83
3.8 Zusammenstellung der testbaren Hypothesen ... 83
    3.8.1 Hypothesen bezogen auf Kreditzinsen ... 85
    3.8.2 Hypothesen bezogen auf Kreditsicherheiten ... 87
    3.8.3 Hypothesen bezogen auf die Kreditverfügbarkeit ... 89

XIII

Kapitel 4 Empirische Studien zur Untersuchung der Determinanten von Kreditkonditionen in Kunde-Bank-Beziehungen 91

4.1 Empirische Studien über den Zusammenhang zwischen Kreditkonditionen und Kreditnehmerqualität auf Anleihemärkten 94
    4.1.1 Die Studie von Fons (1987) [F87] 95
    4.1.2 Die Studie von Altman (1989) [A89] 98
    4.1.3 Die Studie von Nöth (1995) [N95] 99
    4.1.4 Die Studie von Düllmann, Uhrig-Homburg und Windfuhr (1998) [DUW98] 100
    4.1.5 Zusammenfassung der empirischen Ergebnisse dieses Abschnittes 101
4.2 Empirische Studien über Kreditkonditionen in einer Kunde-Bank-Beziehung 101
    4.2.1 Die Studie von Berger und Udell (1992) [BU92] 102
    4.2.2 Die Studie von Petersen und Rajan (1994) [PR94] 104
    4.2.3 Die Studie von Berger und Udell (1995) [BU95] 109
    4.2.4 Die Studie von Petersen und Rajan (1995) [PR95] 112
    4.2.5 Die Studie von Blackwell und Winters (1997) [BW97] 115
    4.2.6 Die Studie von Berger und Udell (1990) [BU90] 117
    4.2.7 Die Studie von Harhoff und Körting (1998) [HK98] 118
    4.2.8 Die Studie von Lehmann und Neuberger (1998) [LN98] 121
4.3 Zusammenfassung der empirischen Ergebnisse bezogen auf die im theoretischen Teil abgeleiteten Hypothesen 124

Kapitel 5 Empirische Untersuchung des Bankverhaltens in Kreditbeziehungen – Projekt, Datensatz und Parallelstudien 127

5.1 Projektinitiative 128
5.2 Beschreibung der Datenerhebung und Erläuterung des erhobenen Datensatzes 129
    5.2.1 Ausgangspunkt 129
    5.2.2 Stichproben 129
    5.2.3 Vereinheitlichungen 132
    5.2.4 Datenerfassung und Datenerfassungsschema 138
5.3 Deskriptive Statistiken zum Datensatz 141
    5.3.1 Rechtsform der Unternehmen 141
    5.3.2 Branchen 144
    5.3.3 Unternehmensgröße 145
    5.3.4 Kreditvolumen 146
    5.3.5 Ratings 149
    5.3.6 Distress-Fälle 151
5.4 Aussagefähigkeit der erhobenen Daten und ihre Eignung für Analysezwecke 152

5.4.1	Betonung der Kreditbeziehung	153
5.4.2	Entwicklung der Kreditfälle im Zeitablauf	154
5.4.3	Differenzierte Qualitätseinschätzung anhand von bankinternen Ratings	155
5.4.4	Direkte Abfrage der Hausbankeigenschaft	155
5.4.5	Problem der Zeitstruktur	156
5.4.6	Problem des Haftungsverbundes	157
5.4.7	Cross-selling-Argument	157
5.4.8	Zeitliche Beschränktheit	158
5.5	Parallel entstandene empirische Studien	158
5.5.1	Die Studie von Ewert und Schenk (1998) [ES98]	159
5.5.2	Die Studie von Elsas und Krahnen (1998) [EK98]	160

Kapitel 6 Empirische Untersuchung des Bankverhaltens in Kreditbeziehungen - Analyse 163

6.1	Einführende Bemerkungen und Gang der Analyse	163
6.2	Besonderheiten der Analyse	164
6.3	Bestandsanalyse der Kreditkonditionen und der Kreditverfügbarkeit	166
6.3.1	Variablen	166
6.3.2	Kreditzinsmargen	169
6.3.3	Kreditbesicherung	180
6.3.4	Kreditlinien	186
6.4	Veränderungsanalyse der Kreditkonditionen und der Kreditverfügbarkeit	192
6.4.1	Rating-Transition	193
6.4.2	Variablen	195
6.4.3	Änderungen der Kreditzinsmargen	197
6.4.4	Änderungen der Kreditbesicherung	205
6.4.5	Änderung der Kreditverfügbarkeit	208
6.5	Vergleichende Zusammenfassung und Interpretation der Ergebnisse	210
6.6	Kritische Würdigung der Ergebnisse	217
6.7	Ausblick	218
6.8	Implikationen der Ergebnisse für das Bankgeschäft	220

Kapitel 7 Schlußbemerkung 223

Anhang 225

Literaturverzeichnis 251

Abbildungsverzeichnis

Abb. 3-1: Überblick über die Informationsstruktur des Modells und über die Handlungsmöglichkeiten des Unternehmers bzw. der Bank 57

Abb. 3-2: Handlungen von Kreditnehmer und Kreditgeber in Abhängigkeit von der Kreditnehmerqualität θ bei hohem R_0 61

Abb. 3-3: Illustration der Glättung von Kreditzinsen 64

Abb. 3-4: Die Investitionsmöglichkeiten eines Unternehmers 68

Abb. 3-5: Auszahlungen und Einzahlungen im Rahmen der Kreditbeziehung aus Sicht der Bank 72

Abb. 4-1: Zeitreihe der impliziten Ausfallraten (1-p) versus Zeitreihe der geglätteten beobachteten Ausfallraten (SADR) (Quelle: Fons 1987) 98

Abb. 5-1: Meta-Ratingsystem 136

Abb. 5-2: Die Ratingsysteme der fünf beteiligten Kreditinstitute – Teil 1 137

Abb. 5-3: Die Ratingsysteme der fünf beteiligten Kreditinstitute – Teil 2 137

Abb. 5-4: Relative Verteilung der Rechtsformen 142

Abb. 5-5: Branchenverteilung nach Industriegruppen im Jahr 1996 144

Abb. 5-6: Verteilung Verarbeitendes Gewerbe 145

Abb. 5-7: Umsatzgrößenverteilung für die Jahre 1992 - 1996 146

Abb. 5-8: Relative Häufigkeiten der in die einzelnen Umsatzklassen fallenden Unternehmen im Jahre 1996 (Segmente mit 0% sind nicht zu sehen).... 146

Abb. 5-9: Obligogrößenverteilung für die Jahre 1992 – 1996 147

Abb. 5-10: Relative Häufigkeiten der in die einzelnen Obligoklassen fallenden Unternehmen im Jahre 1996 (Segmente mit 0% sind nicht zu sehen).... 148

Abb. 5-11: Anteil des Kreditinstitutes an der Gesamtfinanzierung des Kreditnehmers für die Jahre 1992 - 1996 149

Abb. 5-12: Häufigkeitsverteilung der Kreditratings für Stichprobe A im Jahr 1996 ... 150

Abb. 5-13: Häufigkeitsverteilung der Kreditratings für Stichprobe P im Jahr 1996....151
Abb. 5-14: Distress-Fälle in der Stichprobe der problembehafteten Kreditnehmer.....152
Abb. 6-1: Boxplots der Kreditzinsmargen aus dem Jahre 1996 für die Rating-Klassen 1 bis 6 171
Abb. 6-2: Entwicklung des Tagesgeldsatzes von 1991 bis 1997...............................177
Abb. 6-3: Boxplots der besicherten Anteile der Gesamtkreditlinien im Datenpanel für die Rating-Klassen 1 bis 6..181
Abb. 6-4: Boxplots der Gesamtkreditlinie in Prozent des Bilanzvolumens der Kreditnehmer aus dem Jahre 1996 für die Rating-Klassen 1 bis 6..........187
Abb. 6-5: Stilisierte Darstellung der Margenänderung bei Rating-Transition..............201

Tabellenverzeichnis

Tab. 3-1: Erklärung der Hypothesenabkürzungen (erstes und zweites Zeichen)......... 84
Tab. 3-2: Erklärung der Hypothesenabkürzungen (drittes Zeichen in Klammern) 84
Tab. 4-1: Illustration der empirischen Ergebnisse bezogen auf die zu testenden Hypothesen (Beispieltabelle) 93
Tab. 4-2: Kurzillustration der empirischen Ergebnisse in den Studien von Fons (1987), Altman (1989), Nöth (1995) sowie von Düllmann, Uhrig-Homburg und Windfuhr (1998) bezogen auf die zu testenden Hypothesen... 101
Tab. 4-3: Kurzillustration der empirischen Ergebnisse in der Studie von Berger und Udell (1992) bezogen auf die zu testenden Hypothesen................... 104
Tab. 4-4: Kurzillustration der empirischen Ergebnisse in der Studie von Petersen und Rajan (1994) bezogen auf die zu testenden Hypothesen.... 109
Tab. 4-5: Kurzillustration der empirischen Ergebnisse in der Studie von Berger und Udell (1995) bezogen auf die zu testenden Hypothesen................... 112
Tab. 4-6: Kurzillustration der empirischen Ergebnisse in der Studie von Petersen und Rajan (1995) bezogen auf die zu testenden Hypothesen.... 115
Tab. 4-7: Kurzillustration der empirischen Ergebnisse in der Studie von Blackwell und Winters (1997) bezogen auf die zu testenden Hypothesen... 117
Tab. 4-8: Kurzillustration der empirischen Ergebnisse in der Studie von Berger und Udell (1990) bezogen auf die zu testenden Hypothesen................... 118
Tab. 4-9: Kurzillustration der empirischen Ergebnisse in der Studie von Harhoff und Körting (1998) bezogen auf die zu testenden Hypothesen 121

Tab. 4-10:	Kurzillustration der empirischen Ergebnisse in der Studie von Lehmann und Neuberger (1998) bezogen auf die zu testenden Hypothesen	124
Tab. 4-11:	Zusammenfassende Kurzillustration der empirischen Ergebnisse vorgestellter Studien bezogen auf die zu testenden Hypothesen	126
Tab. 5-1:	Rechtsformverteilung	142
Tab. 5-2:	Repräsentativität der Rechtsformverteilung	143
Tab. 5-3:	Umsatzmittelwerte der Unternehmen für die Jahre 1992 - 1996	145
Tab. 5-4:	Obligomittelwerte der Kreditnehmer für die Jahre 1992 - 1996	147
Tab. 5-5:	Anteil des Kreditinstitutes an der Gesamtfinanzierung des Kreditnehmers	148
Tab. 5-6:	Häufigkeit der Kredit-Ratings für Stichprobe A im Jahr 1996	150
Tab. 5-7:	Häufigkeit der Kredit-Ratings für Stichprobe P im Jahr 1996	151
Tab. 5-8:	Kurzillustration der empirischen Ergebnisse in den Studien von Ewert und Schenk (1998) sowie Elsas und Krahnen (1998) bezogen auf die zu testenden Hypothesen	161
Tab. 6-1:	Beschreibung der Variablen für die Bestandsanalyse	167
Tab. 6-2:	Schätzergebnisse für die Regression mit der Kreditzinsmarge (MARGE) als abhängiger Variablen	174
Tab. 6-3:	Mittelwert und Standardabweichung der Bilanzsumme in Abhängigkeit von der Rechtsform der Kreditnehmer (Angaben in TDM)	179
Tab. 6-4:	Schätzergebnisse für die Regression mit dem besicherten Teil der Gesamtkreditlinie (SICHERHEIT) als abhängiger Variablen	183
Tab. 6-5:	Schätzergebnisse für die Regression mit der Gesamtkreditlinie des Kreditnehmers (LINIE) in Prozent der Bilanzsumme (BS) als abhängiger Variablen	189
Tab. 6-6:	Transitionsmatrix von Bankkreditnehmern, 1992 bis 1996, nächste Prüfung	194
Tab. 6-7:	Transitionsmatrix von Anleihen, Moody's Rating, 1938-1993, jährlich (Quelle: Fons and Carty 1995)	194
Tab. 6-8:	Beschreibung der Variablen für die Veränderungsanalyse	197
Tab. 6-9:	Entwicklung der Kreditzinsmargen (in Prozentpunkten) im Zeitraum von 1992 bis 1996 für die Rating-Gruppen R12, R34 und R56	198

Tab. 6-10: Schätzergebnisse der Regression mit der Änderung der Kreditzinsmarge (Δ_MARGE) als abhängiger Variablen 200

Tab. 6-11: Schätzergebnisse der Regressionsvariante I, Änderung der Kreditzinsmarge (Δ_MARGE) als abhängige Variable, R_x_0 als unabhängige Variablen 203

Tab. 6-12: Schätzergebnisse der Regressionsvariante II, Änderung der Kreditzinsmarge (Δ_MARGE) als abhängige Variable, R_y_1 als unabhängige Variablen 203

Tab. 6-13: Entwicklung der Besicherung in Prozent der Gesamtkreditlinie im Zeitraum von 1992 bis 1996 für die Rating-Gruppen R12, R34 und R56 205

Tab. 6-14: Schätzergebnisse der Regression mit der Änderung des besicherten Anteils der Gesamtkreditlinie (Δ_SICHERHEIT) als abhängiger Variablen 207

Tab. 6-15: Höhe der Gesamtkreditlinie in Prozent der Bilanzsumme im Zeitraum von 1992 bis 1996 für die Rating-Gruppen R12, R34 und R56 208

Tab. 6-16: Schätzergebnisse für die Regression mit der Änderung der Gesamtkreditlinie in TDM (Δ_LINIE) als abhängiger Variablen 209

Tab. 6-17: Erklärung der Abkürzungen zur Bezeichnung der Studien 215

Tab. 6-18: Zusammenfassende Kurzillustration der Ergebnisse empirischer Studien bezogen auf die zu testenden Hypothesen, insbesondere der Ergebnisse der hier vorgestellten Studie (M) 216

Tab. 7-1: Erfolgskennzahlen der Kreditinstitute in Deutschland (Quelle: Deutsche Bundesbank, 1997) 227

Tab. 7-2: Bilanzkennzahlen der Kreditinstitute in Deutschland (Quelle: Deutsche Bundesbank, 1997) 227

Symbol- und Abkürzungsverzeichnis

α	Aktionsparameter des Kreditnehmers (Risiko- oder Anstrengungsniveau)
β	prozentualer Liquidationswert
ε	zusätzliche Schwankungsbreite bei Risikoerhöhung
π	Gewinn
θ	Kreditnehmer- bzw. Projektqualität
τ	Anfangszeitpunkt
Δ_LINIE	Änderung der Kreditlinie in TDM
Δ_MARGE	Änderung der Kreditzinsmarge in absoluten Prozent
$\Delta\_SICHERHEIT$	Änderung des besicherten Anteils der Kreditlinie in absoluten Prozent
Δ_TGS	Änderung des Interbanken-Tagesgeldsatzes in absoluten Prozent
A	Aktionsraum des Kreditnehmers bzw. Menge an Aktiva
Abb.	Abbildung
AGB	Allgemeine Geschäftsbedingungen
AGB-Gesetz	Gesetz zur Regelung des Rechts der Allgemeinen Geschäftsbedingungen
AktG	Aktiengesetz
B1, B2, B3, B4, B5	= 1, falls Bank 1, 2, 3, 4 bzw. 5 Kreditgeber ist, 0 sonst
BAK	Bundesaufsichtsamt für das Kreditwesen
BGB	Bürgerliches Gesetzbuch
BK	Betriebskosten
BS	Bilanzsumme des Kreditnehmers in TDM
c	Kosten der Aktionswahl
C	Umfang der Sicherheitenstellung
cu	nominale Kuponrate bei Anleihen

D	Menge an Einlagen (Depositen) beim Kreditinstitut
DAUERKBB	Dauer der Kunde-Bank-Beziehung in Jahren
E	Erwartungswert
EDV	Elektronische Datenverarbeitung
EINZELU	= 1, falls der Kreditnehmer ein Einzelunternehmer ist, 0 sonst
f.	folgende
ff.	fortfolgende
FIBOR	Frankfurt Interbank Offered Rate
FN.	Fußnote
G	Kreditnehmer ist als „gut" charkterisiert
GE	Geldeinheit(en)
GmbHG	GmbH-Gesetz
HAFTZUS	= 1, falls eine Haftungszusage der Muttergesellschaft besteht, 0 sonst
HAUSBANK	= 1, falls sich die Bank als Hausbank fühlt, 0 sonst
i, j, k	Personenbezeichnung bzw. Laufindex
J92, J93, J94, J95, J96	= 1, falls die Daten aus dem Jahr 1992, 93, 94, 95 bzw. 96 stammen, 0 sonst
Jg.	Jahrgang
K	Kreditbetrag
KAPG	= 1, falls der Kreditnehmer eine Kapitalgesellschaft ist, 0 sonst
KWG	Kreditwesengesetz
L	Liquidationswert
LIBOR	London Interbank Offered Rate
LINIE	Gesamtkreditlinie in TDM
LINIE_0	Gesamtkreditlinie vor einer Transition (TDM)
LINIE_1	Gesamtkreditlinie nach einer Transition (TDM)
m	Kreditrückzahlungsrate, die sich am Markt aufgrund der Marktmacht des Kreditgebers gerade noch durchsetzen läßt
MARGE	Kreditzinsmarge als Differenz zwischen dem Kreditzins und dem Interbanken-Tagesgeldsatz in Prozentpunkten
MARGE_0	Kreditzinsmarge vor einer Transition (Prozent)
OLS-Schätzung	Schätzung der Regressionsparameter anhand der Methode der kleinsten Quadrate
p	Wahrscheinlichkeit eines positiven Projektausgangs
PERSG	= 1, falls der Kreditnehmer eine Personengesellschaft ist, 0 sonst
p-Wert	Höhe des Signifikanzniveaus einer Parameterschätzung bei einer

	Regressionsanalyse
r	Rendite bzw. einperiodiger Zinssatz für risikobehaftete Anlagen bzw. Kredite
R	Rückzahlungsbetrag bei risikobehafteten Anlagen bzw. Krediten
R_x_y	= 1, falls der Kreditnehmer in der Rating-Gruppe x vor der Transition und in Rating-Gruppe y nach der Transition war, 0 sonst
R12	= 1, falls der Kreditnehmer ein Rating von 1 oder 2 aufweist, 0 sonst
R3, R4, R5, R6	= 1, falls der Kreditnehmer ein Rating von 3, 4, 5 bzw. 6 aufweist, 0 sonst
Rx	= 1, falls der Kreditnehmer in der Rating-Gruppe x vor der Transition war, 0 sonst
Ry	= 1, falls der Kreditnehmer in der Rating-Gruppe y nach der Transition war, 0 sonst
s	Schwankungsbreite, Standardabweichung
S	Kreditnehmer ist als „schlecht" charakterisiert
SICHERHEIT	Besicherter Teil der Gesamtkreditlinie in Prozent
SICHERHEIT_0	Besicherter Teil der Gesamtkreditlinie vor einer Transition in Prozent
t	Zeitpunkt
T	Zeithorizont bzw. Endzeitpunkt
Tab.	Tabelle
TGS	Interbanken-Tagesgeldsatz in Prozent
TGS_1	Interbanken-Tagesgeldsatz nach einer Transition in Prozent
u	Nutzenfunktion eine Wirtschaftssubjektes
V	Vertrag bzw. Menge der Vertragsparameter
W	Vermögen („wealth")
Vol.	Volume (englisch: Band einer Zeitschriftenreihe)
y	einzelner Projektertrag
Y	Projektertrag
z	Rendite bzw. einperiodiger Zinsatz für risikolose Anlagen bzw. Kredite
Z	Rückzahlungsbetrag bei risikolosen Anlagen bzw. Krediten
ZAHLBANK	Zahl der Banken, bei denen eine Kreditbeziehung besteht

Kapitel 1
Einleitung

Der wirtschaftliche Erfolg von Banken wird maßgeblich durch das Kreditgeschäft geprägt.[1] Dabei stehen die in Kreditverträgen vereinbarten nominalen Kreditkonditionen der Kreditnehmerqualität gegenüber. Diese konkretisiert sich in der Fähigkeit und dem Willen des Kreditnehmers, die vertraglich vereinbarten Zinsen und Kreditrückzahlungen zu leisten.

Gerade im Kreditgeschäft mit Unternehmen wird die Aushandlung profitabler Verträge für Banken immer schwieriger. Große und erstklassige Industrieadressen tendieren zur Aufnahme finanzieller Mittel an Kapitalmärkten.[2] Zudem hat die Konkurrenz unter den Banken um die verbleibenden Kunden bzw. Kreditvolumina zugenommen.[3] Diese Entwicklung geht auch mit dem Bestreben der Unternehmen einher, den Einfluß einzelner Banken auf ihre Aktivitäten zu reduzieren. Sie bauen Beziehungen zu einer Vielzahl von Banken auf. Dadurch können diese bei Preisverhandlungen gegeneinander ausgespielt werden. Als Folge ist für Banken ein Druck auf die Gewinnmargen bei Krediten zu verzeichnen.[4] Aufgrund dieser Situation sind aber auch von der Bankseite keine Zugeständnisse bei der Gestaltung der Kreditkonditionen zu erwarten. Solche Zugeständnisse können, basierend auf einer verläßlichen Kundenbindung, in einer augenblicklich relativ zur Kreditnehmerqualität günstigen Konditionenpolitik der Bank bestehen, die durch spätere Bankerträge aus der Kundenbeziehung kompensiert wird. Mit anderen Worten: Kreditinstitute werden zusehends gezwungen sein, eine durchgehend risikoadäqute Gestaltung von Kreditkonditionen zu verfolgen. Die momentan stark vorange-

---

[1] Das Kreditgeschäft ist für Banken die Sparte mit dem größten Volumen und dem größten Erfolgsbeitrag. Einen Eindruck von den aktuellen Verhältnissen der verschiedenen Geschäftssparten bieten die aggregierten Bilanz- und Erfolgszahlen des gesamten deutschen Bankensektors im Anhang 1, Tab. 7-1 und Tab. 7-2.
[2] Vgl. Hackethal (1999), S. 18 f. für Deutschland und Strahan und Weston (1998), S. 824 für die USA.
[3] Vgl. dazu die Entwicklung der Zahl inländischer Bankstellen in Deutschland von 1957 bis 1997 in Deutsche Bundesbank (1998), S. 104. Vgl. für die USA Austerberry, Brown und Ostroff (1997).
[4] Vgl. Hellwig (1994), S. 7 sowie Altman und Saunders (1998), S. 1722.

triebene Entwicklung ausgefeilter Risikomanagementsysteme gibt einen deutlichen Hinweis darauf.[5]

Ziel der vorliegenden Arbeit ist es, Bankverhalten in Kreditbeziehungen theoretisch und empirisch, insbesondere im Hinblick auf die Kreditnehmerqualität, zu untersuchen und zu interpretieren. Bankverhalten kommt in den Kreditkonditionen wie Zinsen und Sicherheiten, aber auch in der Kreditverfügbarkeit für Kreditantragsteller zum Ausdruck. Es ergeben sich zwei Fragen, die für die noch vorzunehmenden empirischen Analysen bestimmend sind:

1. Gibt es einen Zusammenhang zwischen den Kreditkonditionen bzw. der Kreditverfügbarkeit und der Kreditnehmerqualität, und welche Faktoren könnten diesen Zusammenhang konterkarieren oder verschleiern?

2. Findet eine Anpassung der Kreditkonditionen bzw. der Kreditverfügbarkeit an sich ändernde Kreditnehmerqualitäten statt?

Zur Beantwortung dieser Fragen werden zunächst theoretische Überlegungen anhand bereits exisiterender Kreditmodelle angestellt. Die daraus abgeleiteten Hypothesen dienen als Ausgangsbasis für sich anschließende empirische Untersuchungen. Dabei wird auf einen Datensatz zurückgegriffen, der bankinterne Informationen von insgesamt 200 Kreditbeziehungen zu mittelständischen und kleinen Unternehmen über den Zeitraum von 1992 bis 1996 beinhaltet. Der Fokus auf mittelständische und kleine Unternehmen wurde deshalb gewählt, weil bei dieser Unternehmensgruppe noch am ehesten eine enge Kunde-Bank-Beziehung zu vermuten ist, die eine starke Auswirkung auf die Verbindung zwischen Kreditkonditionen und Kreditnehmerqualität haben könnte. Die Daten zu den Kreditbeziehungen wurden aus den Kreditakten von fünf deutschen Großbanken gewonnen. Jedes Institut stellte hierfür Kreditakten von jeweils 40 zufällig bestimmten Kreditnehmern zur Verfügung. Es liegen genaue Angaben über die Kreditkonditionen wie Kreditzinsen und Kreditsicherheiten, über die Kreditverfügbarkeit, über die interne Bewertung der Kreditnehmerqualität durch die Bank und über die Qualität der Kunde-Bank-Beziehung, insbesondere über die Existenz einer Hausbankbeziehung, vor.

Die Kreditnehmerqualität wurde anhand bankinterner Ratings erfaßt. Anders als bei der reinen Verwendung von Bilanzdaten in früheren Studien[6] erlauben Ratings die zukunftsgerichtete Beurteilung der Kreditnehmerqualität unter Berücksichtigung der finanziellen Situation,

---

[5] Einen Einblick in die Thematik bieten Altman und Saunders (1998) sowie Lister (1997).
[6] Vgl. Berger und Udell (1990, 1992, 1995) sowie Petersen und Rajan (1994, 1995).

aber auch der Marktstellung und der Managementqualität des Kreditnehmers. Die verschiedenen Ratingsysteme der Banken wurden durch ein bankenübergreifendes Meta-Ratingsystem vergleichbar gemacht.

Die Daten zur Kreditbesicherung und zur Kreditverfügbarkeit betonen die Betrachtung der Kreditbeziehung als Ganzes. Es sind Angaben über die Gesamtheit aller Sicherheiten, die ein Kreditnehmer der Bank zur Verfügung gestellt hat, und über die Gesamtkreditlinie des Kreditnehmers bei der Bank vorhanden. Diese Größen werden von den Kreditsachbearbeitern bzw. ihren Vorgesetzten als Entscheidungsgrundlage herangezogen, wie die bei der Datenerhebung vorliegenden Kreditprüfungsprotokolle gezeigt haben. Dagegen beschränkt sich die Analyse der Kreditzinsen auf variable, d.h. jederzeit neu verhandelbare, Zinsen auf Kontokorrentkredite. Diese spiegeln am ehesten Effekte einer Kunde-Bank-Beziehung wider. Zudem ermöglichen sie aufgrund ihrer einfachen Gestaltung die Vergleichbarkeit zwischen verschiedenen Kreditengagements.

Die vorliegende Arbeit gliedert sich wie folgt. In Kapitel 2 werden Begriffe und Phänomene des Kreditgeschäfts im Hinblick auf die später folgenden theoretischen Überlegungen und empirischen Untersuchungen eingeführt. Dabei liegt die Betonung, dem Untersuchungsgegenstand dieser Arbeit entsprechend, auf dem Kreditgeschäft mit Unternehmen. Es wird versucht, eine Verbindung zwischen der banktheoretischen und bankpraktischen Begriffswelt herzustellen.

An die Ausführungen des Kapitel 2 schließt sich in Kapitel 3 die theoretische Diskussion des Bankverhaltens gegenüber Kreditnehmern unter besonderer Berücksichtigung der Kreditnehmerqualität an. Ein wichtiger Punkt ist hierbei die Untersuchung von Gegebenheiten der Kunde-Bank-Beziehung, die einer reinen Orientierung an der Kreditnehmerqualität zuwiderlaufen. Zudem ist das Phänomen der Geldillusion[7] als allgemeines wahrnehmungsverzerrendes Element herauszustellen und zu berücksichtigen. Aus den in diesem theoretischen Teil angestellten Überlegungen werden konkrete Hypothesen abgeleitet. Sie sollen in Kapitel 4 anhand bereits existierender Studien und in Kapitel 6 anhand einer eigenen empirischen Untersuchung überprüft und diskutiert werden. In Kapitel 5 wird der Datensatz, der dieser Untersuchung zugrundeliegt, ausführlich dargestellt. Es schließt sich die Diskussion der Arbeiten von Ewert und Schenk (1998) und von Krahnen und Elsas (1998) an, die den gleichen Daten-

---

[7] Vgl. dazu das gleichnamige Buch von Fisher (1928).

satz verwenden und deren Ergebnisse zeitlich parallel zu den Ergebnissen dieser Arbeit erzielt wurden.

Die in Kapitel 4 vorgestellten empirischen Arbeiten beruhen, wenn überhaupt, fast durchgehend auf Schätzungen der Kreditnehmerqualität, die anhand von Jahresabschlußkennzahlen getroffen worden sind. Dagegen kann die in Kapitel 6 dargestellte empirische Studie auf bankinterne Rating-Kennzahlen zurückgreifen, die sogenannte weiche Faktoren wie Managementqualität und Marktstellung, aber auch Zukunftsaussichten berücksichtigen. Zudem ist die Qualität der Kunde-Bank-Beziehung aus der Sicht der Bank anhand einer Hausbankvariablen charakterisiert.

Die Ergebnisse aller vorgestellten Studien bezüglich des Zusammenhangs zwischen den Kreditkonditionen und der Kreditnehmerqualität und des Einflusses anderer Variablen der Kunde-Bank-Beziehung werden in Abschnitt 6.5 miteinander verglichen und interpretiert. Nach einem Ausblick auf eine in Zukunft mögliche Datenerhebungskonzeption werden Implikationen der Ergebnisse für das Bankgeschäft abgeleitet und diskutiert. Die Arbeit endet mit der Schlußbemerkung in Kapitel 7.

Kapitel 2
Elemente und Gestalt einer Kreditbeziehung

Das vorliegende Kapitel bietet eine kombinierte Einführung in die Begriffswelt der Kreditpraxis und der Kredittheorie. Eine Verbindung zwischen diesen Begriffskreisen herzustellen, erscheint gerade in einer Arbeit, die theoretische Erkenntnisse anhand empirischer Studien unter Verwendung von Daten praktischer Geschäftsabläufe überprüfen will, besonders erstrebenswert. Der Schwerpunkt der Ausführungen liegt aber in der Erläuterung von Gegebenheiten und Vorgängen der Kreditpraxis des Firmenkundengeschäfts, die der Autor bei der Erhebung von Kreditdaten in Banken und über das Studium bankinterner Richtlinien erfahren hat. Auf Sachverhalte, die in der Literatur bereits ausführlich besprochen worden sind, wird nicht noch einmal detailliert eingegangen. An den entsprechenden Stellen erfolgt ein Hinweis auf die bereits existierende Literatur.

2.1 Kreditvertrag

Ein Kreditvertrag kommt durch übereinstimmende Willenserklärungen zwischen einem Kreditgeber und einem Kreditnehmer zustande. Gegenstand des Kreditvertrages kann die Überlassung von finanziellen Mitteln (Geldleihe) oder die Übernahme einer Haftungsverpflichtung (Kreditleihe) durch den Kreditgeber sein.[8] Der Kreditnehmer verpflichtet sich zur Entrichtung eines Zinses oder einer Provision als Entgelt für die Kreditbereitstellung. Bei einer Geldleihe verpflichtet er sich zusätzlich, den Kreditbetrag zurückzuerstatten.

---

[8] Eine ausführliche Darstellung der verschiedenen Arten von Geld- und Kreditleihe bieten unter anderem Büschgen (1993), S. 321 ff., Eichwald (1993), Eilenberger (1996), S. 235 ff., Grill und Perczynski (1996), S. 294 ff., Hartmann-Wendels, Pfingsten und Weber (1998), S. 202 ff. und Jährig und Schuck (1989), S. 103 ff.

Der Kreditvertrag enthält neben diesen Merkmalen zusätzliche Vereinbarungen zur Kreditbesicherung und zur Festlegung weiterer Rechte und Pflichten der Vertragsparteien. Standardisierte Vertragsklauseln werden in Form der Allgemeinen Geschäftsbedingungen durch expliziten Hinweis seitens der Bank Vertragsbestandteil.[9]

Eine Kunde-Bank-Beziehung beinhaltet in der Regel eine Vielzahl von einzelnen Kreditverträgen. Bei Kreditentscheidungen faßt eine Bank die Gesamtheit der vertraglichen Vereinbarungen mit einem Kunden ins Auge. Die relevanten Größen sind dann nicht einzelne Kreditarten, sondern der Gesamtkredit des Kunden und die Gesamtheit der gestellten Sicherheiten. Die Allgemeinen Geschäftsbedingungen bewirken mit der Regelung, daß für einen Kredit gestellte Sicherheiten auch für andere Kredite der Bank verwendet werden dürfen, eine Auflösung der Grenzen zwischen den einzelnen Kreditvereinbarungen von Kunde und Bank. Im folgenden werden verschiedene Kreditarten im Hinblick auf ihre Zuordnung zu möglichen Teilkreditlinien der Banken, die als Summe die Gesamtkreditlinie ergeben, kurz erläutert.

2.2 Kreditarten

Unternehmen bedürfen der Finanzierung von Investitionen und Rohstoffen bzw. Vorprodukten sowie der Überbrückung von Liquiditätsengpässen. Diesen Zwecken entsprechend sind die Produkte des Firmenkundengeschäfts von Banken ausgestaltet.[10]

Investitionsdarlehen orientieren sich in ihrer Höhe an den Anschaffungs- oder Herstellungskosten des Investitionsobjektes und in ihrer Laufzeit an dessen Nutzungsdauer. Sie sind typischerweise langfristig. Die zu zahlenden Zinsen können für eine bestimmte Frist (im allgemeinen zwischen zwei und fünf Jahren) festgeschrieben sein und danach neu verhandelt werden, oder sie richten sich nach einem variablen Referenzzinssatz wie dem FIBOR[11] oder dem LIBOR[12],[13] an den sie innerhalb kürzerer Zeitabstände (in der Regel innerhalb von drei oder sechs Monaten) automatisch angepaßt werden.

Die Finanzierung von Vorprodukten und die Überbrückung von Liquiditätsengpässen erfolgt zum Großteil über die Einräumung einer Kreditlinie auf einem Kontokorrentkonto. Der Kun-

---

[9] Vgl. § 2 AGB-Gesetz.
[10] Vgl. zu den einzelnen Produkten bzw. Kreditarten die in FN. 8 angegebene Literatur.
[11] Frankfurt Interbank Offered Rate.
[12] London Interbank Offered Rate.
[13] Einen Überblick über den Euro-Geldmarkt und die dort existierenden Interbanken-Zinssätze bieten Dennig (1993), S. 1081 ff. und Malliaropulos (1990).

de kann während der Laufzeit dieser Kreditlinie zu jeder Zeit Geldmittel bis zur zugesagten Höhe bei der Bank in Anspruch nehmen und zurückführen. Es existiert kein fester Tilgungsplan. Die Zinsen für den in Anspruch genommenen Kredit werden von der Bank entsprechend der Marktentwicklung geändert. Sie orientiert sich dabei am Geldmarktzinsniveau, ist aber bei der Gestaltung grundsätzlich frei. Der Kunde wird über die Zinsänderung lediglich benachrichtigt. Wenn er mit der Zinshöhe nicht einverstanden ist, wird er mit der Bank verhandeln und bei fehlendem Konsens gegebenfalls zu einer anderen Bank wechseln. Aufgrund der jederzeitigen Rückzahlbarkeit eines Kontokorrentkredites ist das ohne weitere formale Schritte möglich.

Eine günstige Alternative zur kurzfristigen Finanzierung über Kontokorrentkredite stellt der Diskontkredit, also der Ankauf von Handelswechseln durch eine Bank, dar.[14]

Die Stellung von Bürgschaften und Garantien sind Formen der Kreditleihe. Die Zahlungsverpflichtung der Bank für Verbindlichkeiten ihres Kunden wird von den Gläubigern des Kunden als sicherer empfunden. Allerdings übernimmt die Bank nur eine sogenannte Eventualverbindlichkeit für den Fall des Zahlungsausfalls ihres Kunden. Der Kunde begleicht normalerweise die Schuld selbst, sofern er die Fähigkeit dazu besitzt. Für die Übernahme von Kreditleihen berechnet die Bank eine Avalprovision.

Kreditinstitute führen für verschiedene Kreditformen interne Kreditlinien, die in der Addition eine Gesamtkreditlinie (Obligo) ergeben. Sie stellen die maximale Kreditaufnahmemöglichkeit des Kunden bei der Bank dar. Als Teilkreditlinien existieren oft eine Barkreditlinie, eine Diskontlinie und eine Avalkreditlinie. Die Barkreditlinie umfaßt außer den Diskontkrediten alle anderen Kredite, bei denen die Bank Geldmittel zur Verfügung stellt. Das sind sowohl langfristige Investitionsdarlehen als auch kurzfristige Kontokorrentlinien. Die Diskontlinie beinhaltet den maximal möglichen Gegenwert von Wechseln, die die Bank vom Kunden ankaufen würde. Die Avalkreditlinie weist alle anderen Haftungsverpflichtungen aus, die eine Bank maximal für ihre Kunden übernehmen würde. Oftmals wird auch eine sogenannte Margenlinie separat geführt. Sie steht für die maximal mögliche Haftungsübernahme der Bank bezüglich der für ihre Kunden zu haltenden Margen bei einer Terminbörse aufgrund von erworbenen Futures- und Optionskontrakten.

---

[14] Vgl. dazu ausführlich Hartmann-Wendels, Pfingsten und Weber (1998), S. 204.

Die Ausnutzung der soeben vorgestellten Kreditlinien wird als Inanspruchnahme bezeichnet. Es ist hier allerdings zwischen einer Kreditlinie auf einem Kontokorrentkonto, die oft auch als Kreditrahmen bezeichnet wird, und den anderen erläuterten Teilkreditlinien zu unterscheiden. Während der Kunde einen Kreditrahmen ohne weitere Rücksprache mit der Bank ausnutzen kann, ist eine Erhöhung der Inanspruchnahme anderer Kreditarten mit einem neuen Kreditantrag verbunden.

2.3 Risiko

Die Kreditvergabeentscheidung einer Bank ist eine Entscheidung unter Risiko. Ihre Konsequenzen besitzen eine Wahrscheinlichkeitsverteilung, die von der Bank mehr oder weniger genau geschätzt werden kann.[15]

Als wichtige Komponenten des Gesamtrisikos bei der Kreditvergabe sind das Termin- und das Ausfallrisiko zu beachten. Die Bank kann sich nicht sicher sein, ob der Kreditnehmer die vertraglich festgelegten Pflichten, insbesondere die Zahlung von Zins und Tilgung, (termingerecht) erfüllt. Sie unterliegt außerdem einem Inflationsrisiko, einem Refinanzierungsrisiko, einem Währungsrisiko und einem Opportunitätsrisiko. Diese rühren von der wirtschaftlichen Entwicklung und dem damit verbundenen Zins- und Währungsgefüge her. Die letztgenannten Risikoarten sind für die vorliegende Arbeit nicht relevant und sollen deshalb nicht weiter verfolgt werden.[16] Sofern einer Bank Zugriffsrechte auf Vermögensgegenstände des Kreditnehmers zur Besicherung ihrer Kreditposition eingeräumt worden sind, unterliegt sie auch einem Besicherungsrisiko, da diese Vermögensgegenstände über die Zeit an Wert verlieren können. In Abschnitt 2.6 wird diese Art des Risikos im Zusammenhang mit der Erläuterung von Kreditsicherheiten behandelt.

Termin- bzw. Ausfallrisiken werden durch exogene Faktoren oder durch die Eigenschaften des Kreditnehmers begründet. Als exogene Faktoren sind die in der Zukunft eintretenden Umweltzustände zu verstehen. Aus den Eigenschaften des Kreditnehmers resultiert dessen Fähigkeit zur Einkommens- bzw. Gewinnerzielung und dessen bewußtes Verhalten bezogen auf die vertraglichen Verpflichtungen. Sie sind für den Kreditgeber insofern von besonderer Relevanz, als eine genaue Schätzung ihres Einflusses auf die Verteilung der zu erwartenden zukünftigen Zahlungen des Kreditnehmers aufgrund einer in der Realität vorliegenden

---

[15] Vgl. zu diesem Begriff des Risikos Eisenführ und Weber (1994), S. 19.
[16] Eine ausführliche Darstellung bietet Brakensiek (1991), S. 11 ff.

Asymmetrie der Informationsverteilung zwischen Kreditgeber und Kreditnehmer erschwert wird.

2.4 Asymmetrie der Information

Asymmetrie der Information zwischen Kreditgeber und Kreditnehmer bedeutet zum einen, daß der Kreditnehmer seine Qualität, die auf seiner Leistungsfähigkeit, aber auch auf der zukünftigen Entwicklung seines Wettbewerbsumfeldes basiert, besser einschätzen kann als der Kreditgeber. Dieser unterliegt insofern einer Qualitätsunsicherheit. Zum anderen ist das Verhalten des Kreditnehmers durch den Kreditgeber nicht unbedingt beobachtbar. Es wird in diesem Zusammenhang von Verhaltensunsicherheit bzw. Moral Hazard[17] gesprochen.

Moral Hazard ist ein Begriff aus der Prinzipal-Agenten-Theorie. Er basiert auf der Tatsache, daß ein Prinzipal (Auftraggeber) die Aktionen des Agenten (Auftragnehmer) nicht beobachten kann. Der Prinzipal nimmt nur die Ergebnisse der Auftragsausführung wahr. Diese sind aber sowohl durch das Verhalten des Auftragnehmers als auch durch exogene Faktoren bestimmt. Ein Rückschluß auf das Verhalten des Agenten ist somit nicht möglich.[18] Dementsprechend kann der Kreditgeber in einem Kreditverhältnis zwar feststellen, ob der Kreditnehmer zahlt oder nicht zahlt bzw. ob der Kreditnehmer einen befriedigenden oder unbefriedigenden Unternehmenserfolg vorzuweisen hat. Er kann aber nicht feststellen, ob der Kreditnehmer dafür hart gearbeitet hat und die nötige Vorsicht walten ließ oder ob dessen Erfolg einfach das Geschick äußerer Umstände war.

Die aus der Qualitätsunsicherheit und der Verhaltensunsicherheit resultierenden Phänomene wie Adverse Selektion und opportunistisches Verhalten haben in der jüngeren Literatur zur Bank- und Kredittheorie eine umfassende Behandlung erfahren.[19]

Adverse Selektion ist eine Konsequenz aus dem Vorliegen von Qualitätsunsicherheit. Der Kreditgeber kann die Qualität und die damit verbundene Ausfallwahrscheinlichkeit des Kreditnehmers nicht oder nicht genau abschätzen. Er setzt bei seinen Kreditofferten Durchschnittspreise an. Beim Ansatz von Durchschnittspreisen fühlen sich aber Kreditnehmer guter Qualität schlecht behandelt und suchen nach anderen Finanzierungsmöglichkeiten. Kreditnehmer schlechter Qualität sind dagegen bestrebt, einen Vertrag abzuschließen. Nach Ver-

---

[17] Zum Begriff Moral Hazard vgl. Arrow (1985).
[18] Vgl. Ross (1973), S. 134, und Arrow (1985), S. 37.
[19] Siehe dazu Kapitel 3 dieser Arbeit.

tragschluß wird der Kreditgeber feststellen, daß der offerierte Durchschnittszins bezogen auf die Durchschnittsqualität der Kreditnehmer, die tatsächlich einen Vertrag abgeschlossen haben, zu niedrig ist. Seine Ertragssituation aus dem Kreditgeschäft verschlechtert sich aufgrund zu hoher Ausfälle. Eine Anhebung des Zinses im Hinblick auf weitere Vertragsabschlüsse kann aber zu einer Verstärkung des Effektes führen. Recht bald wird der Kreditgeber dann keine weiteren Mittel zur Verfügung stellen wollen.[20]

Opportunistisches Verhalten, das in einer Risikoerhöhung oder in einem vermindertem Anstrengungsniveau des Kreditnehmers resultiert, ist neben Adverser Selektion eine weitere Konsequenz asymmetrischer Information. Der Kreditnehmer kann das Risiko eines finanzierten Projektes so erhöhen, daß es im Erfolgsfall höhere Erträge abwirft, die zu seinen Gunsten gehen, dafür aber auch im Mißerfolgsfall höhere Verluste, die zu Lasten der Bank gehen. Der Kreditnehmer hat auch die Möglichkeit, seinen Arbeitseinsatz reduzieren, ohne daß der Kreditgeber dies feststellen kann. Gerade in einer aussichtslosen Situation, beispielsweise wenn sein Unternehmen kurz vor dem Konkurs steht, wird der Kreditnehmer nicht mehr motiviert sein, das in seiner Kraft stehende wirklich zu tun, da er persönlich keinen Nutzen mehr davon hat.

Die Asymmetrie der Information kann vom Kreditgeber durch Kreditwürdigkeitsprüfungen zum Vergabezeitpunkt bzw. im Verlauf der Kreditbeziehung durch Kreditüberwachung abgebaut werden. Des weiteren besteht bei einer anreizkompatiblen Formulierung der Kreditverträge, insbesondere durch eine entsprechende Kreditbesicherung oder durch Vertragsklauseln (Covenants) und dem damit verbundenen früheren Eingriffspotential, die Möglichkeit, das Verhalten des Kreditnehmers im Sinne der Bank zu steuern. In den folgenden Abschnitten werden diese Maßnahmen und Vertragsbestandteile näher erläutert.

2.5 Kreditwürdigkeitsprüfung

Durch eine Kreditwürdigkeitsprüfung versucht der Kreditsachbearbeiter bzw. das Kreditmanagement, die leistungswirtschaftliche und die moralische Qualität des Kreditnehmers abzuschätzen, um letztlich die Wahrscheinlichkeitsverteilung zukünftiger Zahlungen des Kredit-

---

[20] Akerlof (1970) zeigt am Beispiel des Gebrauchtwagenmarktes, daß dieses Phänomen zu Marktversagen führen kann.

nehmers zu prognostizieren.[21] Der Kreditnehmer kann diesen Vorgang insofern behindern, als er Spielräume bei der Gestaltung und Offenlegung seiner Daten besitzt.

Über die Dauer des Kreditverhältnisses beobachten und analysieren die Kreditinstitute weiterhin die wirtschaftliche Entwicklung des Kreditnehmers. Im angloamerikanischen Sprachraum wird dies als „Monitoring" bezeichnet. In der Bankpraxis sind Kreditengagements routinemäßig einmal im Jahr genauestens zu überprüfen. Wenn sich zusätzliche Krediterfordernisse ergeben oder wenn beim Kreditnehmer zwischenzeitlich Zahlungsschwierigkeiten auftreten, kommt es auch zu außerordentlichen Prüfungen. Bei Entstehen von Problemfällen wird die Beobachtungsfrequenz erhöht.

Viele rechtlich selbständige Kreditantragsteller sind Teil eines Haftungsverbundes von Unternehmen. Bei Zahlungsschwierigkeiten eines Verbundteils haften alle übrigen Unternehmen dieses Verbundes. Insofern sollte sich eine Kreditwürdigkeitsprüfung nicht an den wirtschaftlichen Verhältnissen der rechtlich selbständigen Einheit, sondern an den wirtschaftlichen Verhältnissen des Haftungsverbundes orientieren. Der Begriff des Kreditnehmers ist dementsprechend auch in § 19 KWG spezifiziert. Danach gelten als ein Kreditnehmer zwei oder mehrere natürliche oder juristische Personen, sofern sie als Risikoeinheit anzusehen sind. Eine Risikoeinheit liegt vor, wenn eine Person einen beherrschenden Einfluß auf andere ausüben kann oder wenn zwischen den Personen Abhängigkeiten in der Weise vorliegen, daß eine die anderen mit in finanzielle Schwierigkeiten ziehen kann. Dies ist insbesondere bei allen Unternehmen der Fall, die demselben Konzern angehören oder die durch einen Gewinnabführungsvertrag, der Verlustübernahme impliziert, verbunden sind.

Die Durchführung der Kreditwürdigkeitsprüfung zeichnet sich in ihrer modernen Form durch das Bestreben nach Standardisierung und Objektivierung aus. Kreditnehmermerkmale werden mit Hilfe von Checklisten erfaßt und anhand vorgegebener Richtlinien einzeln bewertet. Über eine Gewichtungsvorgabe werden die Merkmalsbewertungen zu einer Gesamtgröße aggregiert, an der sich die Kreditentscheidung orientiert. Diese Art des Vorgehens liegt dem Verfahren des Kredit-Scoring oder des Kredit-Rating zugrunde.[22] Im folgenden wird nur die Kreditwürdigkeitsprüfung für das Firmenkundengeschäft betrachtet.

---

[21] Abgesehen von der sicherlich vorhandenen Eigenmotivation, Informationsasymmetrien abzubauen, ist die Durchführung einer Kreditwürdigkeitsprüfung auch durch § 18 Kreditwesengesetz (KWG) für Kreditvolumina, die größer als DM 500.000 sind, vorgeschrieben.
[22] Zu generellen Problemen bei der Anwendung von Scoring-Verfahren vgl. Weber, Krahnen und Weber (1995).

Bei der Kreditwürdigkeitsprüfung im Firmenkundengeschäft steht die Jahresabschlußanalyse als Instrument der Informationsaufbereitung und -auswertung traditionell im Vordergrund. Es werden Kennzahlen ermittelt, die über die Vermögens-, Erfolgs- und Finanzlage Auskunft geben.[23] Die Beobachtung von Kennzahlen im Zeitablauf soll Tendenzaussagen ermöglichen. Banken fordern zu diesem Zweck auch unterjährige Zwischenberichte und unternehmensinterne Planungsrechnungen wie Finanzpläne und Kapitalflußrechnungen an. Die Beurteilung der Marktchancen des Unternehmens und der Branchenentwicklung erscheint nicht minder wichtig. Auch dem Potential des Humankapitals, das sich unter anderem in der Organisationsstruktur des Unternehmens und den Fähigkeiten des Managements widerspiegelt, wird Gewicht beigemessen. Die Kreditsachbearbeiter der Bank machen sich davon ein Bild, indem sie persönliche Gespräche mit der Unternehmensleitung führen und Betriebsbesichtigungen vornehmen. Das bisherige Geschäftsgebahren des Managements und eingeholte externe Auskünfte liefern weitere Anhaltspunkte für die Zuverlässigkeit der Unternehmensvertreter. Die Bewertung aller quantitativer und qualitativer Kreditnehmermerkmale mit Punktewerten ermöglicht deren Aggregation anhand vorgegebener Gewichte zu einem Kredit-Rating.

Kredit-Ratingverfahren werden heute von fast allen Banken zur Beurteilung ihrer Kreditnehmer eingesetzt.[24] Die Systematik ist natürlich von Bank zu Bank unterschiedlich.[25] Oft werden die Punktewerte der Einzelmerkmale zunächst zu bestimmten Kategorien zusammengefaßt, für die ein Teilrating ermittelt wird. Es lassen sich beispielsweise Kategorien für die finanzielle Situation, die Marktstellung und die Managementqualität eines Unternehmens bilden. Die Bewertung der finanziellen Situation könnte sich aus der Addition der vergebenen Punktewerte für Kennzahlen wie Eigenkapitalquote, Anlagedeckungsgrad, Cash Flow, Umsatzentwicklung und Gesamtkapitalrentabilität ergeben. Die Marktstellung könnte durch den Marktanteil des Unternehmens, das Marktwachstum, die Branchenaussichten, die Organisation des Vertriebs und die Qualität der Produktpalette charakterisiert sein, die Managementqualität durch die Erfahrung der Geschäftsleiter, die Struktur des Managements, die verfolgte Unternehmensstrategie, die Organisation des Planungs- und Rechungswesens sowie durch das bisherige Geschäftsgebaren gegenüber der Bank. Nach Addition der Punktewerte wird über

---

[23] Vgl. Dickerson (1988), S. 640 ff., Jährig und Schuck (1989), S. 341 ff. sowie Jacobs und Oestreicher (1994).
[24] Die bei der noch zu erläuternden Datenerhebung (Kapitel 4) beteiligten Banken besaßen alle ein Rating-System. Die Offenlegung dieser Systeme bis ins Detail wurde nicht erlaubt. Banken erachten diese Systeme als Wettbewerbsinstrumente.
[25] Ein bankenübergreifendes Ratingsystem existiert bisher noch nicht. Allerdings wird in Abschnitt 5.2.3 ein sogenanntes Meta-Ratingsystem konstruiert.

eine Umrechnungstabelle ein Kredit-Rating zugewiesen, das die Risikoklasse des Kreditnehmers bezeichnet. Die Rating-Ermittlung läßt sich formalisiert wie folgt darstellen:

$$R = URT\left(\sum_{n=1}^{N} PU_n\right),$$

R: Rating-Klasse des Kreditnehmers

PU_n: Punktewert für das Einzelmerkmal n des Kreditnehmers, bei einer Gesamtzahl von N Einzelmerkmalen,

URT: funktionaler Zusammenhang zur Umrechnung der Gesamtpunktzahl in eine Rating-Klasse.

Die Einteilung von Kreditnehmern in Rating-Klassen hat ihr Vorbild im Bereich der Anleihemärkte. Rating-Agenturen analysieren die Bonität von Anleiheschuldnern und ordnen diese in ein bekanntes Bewertungsschema ein. Hier gibt es beispielsweise die Skala von Moody's, in der mit Aaa die höchste Qualität und fortfolgend über Aa, A, Baa, Ba, B, Caa, Ca bis C die schlechteste Qualität bezeichnet wird.[26] Der Einsatz eines solchen Systems trägt zur Vereinheitlichung und somit zur Nachvollziehbarkeit der Kreditwürdigkeitsprüfung bei, insbesondere wenn die zu vergebenden Punktewerte bei Vorliegen einer bestimmten Merkmalsausprägung durch Richtlinien oder Leitfäden vorgegeben sind. Der Kreditsachbearbeiter hat dadurch weniger Spielraum für subjektive Einschätzungen. In Verbindung mit Ausfallraten oder Standardrisikokosten, die den einzelnen Risikoklassen zuordenbar sind, ist durch eine konsequente Anwendung von Kredit-Ratingsystemen im gesamten Kreditinstitut eine Grundlage für die Steuerung des Kreditportefeuilles und für die risikoorientierte Differenzierung von Kreditkonditionen geschaffen.

2.6 Kreditüberwachung

2.6.1 Notwendigkeit einer Überwachung

Über die Dauer einer Kunde-Bank-Beziehung kann sich die Kreditnehmerqualität ändern. Darüber hinaus besteht die Möglichkeit, daß der Kreditnehmer Strategien verfolgt, die von der Bank nicht gewollt sind. Bei Vorliegen entsprechender Vertragsklauseln kann sie dann in die Belange des Kreditnehmers eingreifen. Für die Bank ist es deshalb erforderlich, sich im-

---

[26] Vgl. Everling 1991, S. 35 ff.

mer wieder ein aktuelles Bild von der Kreditnehmersituation und von ihrem Kreditengagement zu machen, um entstandene Informationsasymmetrien abzubauen und adäquat zu reagieren.

2.6.2 Informelle Überwachung

Kreditüberwachung findet zunächst durch einen nicht an formelle Erfordernisse gebundenen Kontakt des Firmenkundenbetreuers einer Bank mit dem Kreditnehmer statt. Durch Gespräche mit dem Kunden, durch Betriebsbesichtigungen, aber auch durch Dritte erhält dieser sogenannte „weiche Informationen", die erste Hinweise auf eventuelle Änderungen der Kreditnehmerqualität oder auf ein Fehlverhalten seitens des Kreditnehmers geben. Wenn der Kreditnehmer öfter seine Lieferantenrechnungen nicht rechtzeitig bezahlt, obwohl er das früher immer getan hat, oder wenn er seinen Kunden keine Zahlungsziele mehr einräumen will, sind erste Anzeichen für eine drohende Zahlungsunfähigkeit gegeben. Diese Lieferanten oder Kunden stehen oft auch mit der Bank des Kreditnehmers in Geschäftsverbindung und beschweren sich bei eigenen Problemen über dessen Verhalten. Die Bank beziehungsweise deren Mitarbeiter nehmen aber auch am gesellschaftlichen Leben in der Umgebung des Kreditnehmers teil und erhalten über diesen Weg entsprechende Informationen.

Der Kreditbetreuer hält aus Beweisgründen und zu seiner eigenen Absicherung Informationen über die Beziehung zum Kreditnehmer und insbesondere Informationen über ein Fehlverhalten des Kreditnehmers als Aktennotiz fest,[27] sofern er deswegen nicht ohnehin weitere Schritte einleiten muß.

2.6.3 Routinemäßige Kreditprüfung mit Protokollierung

Auch ohne Vorliegen konkreter Hinweise auf eine Veränderung der Kreditnehmerqualität oder ein Fehlverhalten des Kreditnehmers wird im Firmenkreditgeschäft regelmäßig eine Kreditprüfung durchgeführt und protokolliert. Es erfolgt eine Zusammenstellung des bisherigen Kreditengagements und der vorhandenen Sicherheiten. An die Ermittlung des Kreditnehmerrisikos schließt sich eine Stellungnahme des Kreditsachbearbeiters über die anzustrebende weitere Vorgehensweise an.

---

[27] Zur Funktion der Aktennotiz im Prinzipal-Agenten-Kontext vgl. Weber und Mangelsdorff (1998).

Die Zusammenstellung des Kreditengagements beinhaltet in der Regel die Aufteilung nach verschiedenen Kreditarten wie Barkredit, Diskontkredit, Avalkredit und Margenlinie, wobei die vereinbarten Linien und die Inanspruchnahmen verzeichnet sind. Oft werden auch die einzelnen Kredite mit Restlaufzeit und Verzinsung angegeben. Erfolgszahlen bezogen auf die gesamte Kontoverbindung und den Erfolgsbeitrag des Kreditgeschäfts ergänzen das Bild.

Die vorhandenen Sicherheiten werden als Pool dargestellt und nach den internen Richtlinien der Bank bewertet. Ein Bezug auf einzelne Kredite ist insofern nicht notwendig als die Bank nach Nr. 17 ihrer Allgemeinen Geschäftsbedingungen auf alle Kreditsicherheiten ihres Kunden zugreifen kann, unabhängig davon, welche Forderung von einem Ausfall betroffen ist.

Die Beurteilung des Kreditnehmerrisikos erfolgt nach dem bereits für die Kreditwürdigkeitsprüfung dargestellten Muster. Ein aktuell ermitteltes Rating ist die Grundlage für die Entscheidung, wie das Kreditengagement fortgeführt werden soll. Des weiteren legt es den Status für die zukünftigen Überwachungsaktivitäten fest.

In der Regel wird eine Kreditprüfung einmal im Jahr durchgeführt. Nur bei Kunden sehr guter Qualität wird die Frequenz der Prüfung auf einmal in zwei Jahren gesenkt. Kredite oder Kreditnehmer, die als problembehaftet oder notleidend einzustufen sind, werden in kürzeren Zeitintervallen überprüft. Häufig erfolgt eine Beobachtung und darüber hinaus eine aktive Betreuung durch Spezialabteilungen,[28] weil im Hinblick auf eine eventuell vorzunehmende Sanierung oder Abwicklung Expertenwissen notwendig ist.

2.6.4 Außerplanmäßige Kreditprüfung

Die Zyklen der routinemäßigen Kreditprüfung werden durch Sonderprüfungen unterbrochen, wenn der Kreditnehmer mit einem Wunsch nach zusätzlichen Krediten an die Bank herantritt oder wenn der Kreditbetreuer Schwierigkeiten beim Kreditnehmer zu erkennen glaubt. Nach Abschluß einer gesonderten Prüfung beginnt der Zyklus der Routineprüfungen von neuem.

Kreditprüfung bei beantragter Krediterhöhung

Der Antrag des Kunden auf Krediterhöhung ist für die Bank nur dann von erhöhter Brisanz, wenn die meist intern geführten Gesamtkreditlinien schon voll in Anspruch genommen worden sind und somit Erhöhungsspielräume ausgemacht werden müssen. Diese können sich

---

[28] Vgl. dazu auch Partenheimer (1996) mit einem Praxisbericht der Münchner Bank eG.

dadurch ergeben, daß der Kreditnehmer sich in seiner Qualität verbessert hat oder daß er zusätzliche Sicherheiten bieten kann. Oft werden Haftungszusagen von Dritten beigebracht. Gerade bei mittelständischen Gesellschaften bieten sich auch zusätzliche Sicherheiten aus dem Privatvermögen der Gesellschafter an.

Kreditprüfung bei Eingang negativer Informationen

Informationen über Probleme beim Kreditnehmer treffen bei der Bank, wie oben bereits angesprochen, oft deutlich vor der Realisierung von Zahlungsschwierigkeiten auf informellem Wege ein. Dadurch ergibt sich die Möglichkeit, schon im Vorfeld einer drohenden Insolvenz entsprechende Maßnahmen zu ergreifen. Zunächst wird sich die Bank durch eine Kreditprüfung ein aktuelles Bild über das Kreditengagement, die Sicherheitenlage und die Kreditnehmerqualität verschaffen. Bei einer sich andeutenden Krisensituation des Kreditnehmers steht die Überprüfung der Verwertbarkeit von Sicherheiten und der Zugriffsrechte anderer Gläubiger im Vordergrund. Wenn eine Bank zur Verbesserung der Kreditnehmerqualität nicht mehr beitragen kann, ist die Unterlegung der Kredite mit werthaltigen Sicherheiten der beste Weg, die Verluste aus einer Insolvenz gering zu halten.[29] Ein Augenmerk auf Vertragsverletzungen des Kunden kann zudem von Vorteil sein, wenn über eine sich eventuell ergebende Kündigungsmöglichkeit Druck auf den Kreditnehmer ausgeübt werden kann, um einen direkten Eingriff in das Kreditnehmerunternehmen zu eröffnen.

2.7 Kreditsicherheiten

Der Begriff Kreditsicherheit ist in der Literatur nicht eindeutig definiert. Im weitesten Sinne werden darunter Ansprüche auf Vermögensgegenstände und Haftungszusagen sowie besondere Pflichten des Schuldners und besondere Rechte des Gläubigers gefaßt.[30] Die besonderen Pflichten des Schuldners und die besonderen Rechte des Gläubigers sollen erst im nächsten Abschnitt unter dem Begriff Vertragsklauseln oder Covenants behandelt werden. Ansprüche auf Vermögensgegenstände des Kreditnehmers wie das Pfandrecht, die Sicherungsübereignung, die Sicherungsabtretung, die Hypothek und die Grundschuld werden hier als Sicherheiten im engeren Sinne bezeichnet. Haftungszusagen wie die Bürgschaft, die Garantie, die

---

[29] Einen detaillierten Überblick über die Maßnahmen bei der Bearbeitung notleidender Kredite nach verschiedenen Literatursätzen bietet Berg (1994), S. 25. Im weiteren Verlauf seiner Arbeit setzt er sich auch mit der Prozeßreihenfolge solcher Maßnahmen auseinander, vgl. ebenda, S. 81 ff.
[30] Vgl. Rudolph (1984), S. 18 ff.

Schuldmitübernahme und die Patronatserklärung gelten als Sicherheiten im weiteren Sinne.[31] Aus anreiztheoretischen Überlegungen erscheint es aber geeigneter, zwischen internen und externen Sicherheiten zu unterscheiden.[32] Interne Sicherheiten sind direkt aus dem Unternehmen stammende Vermögensgegenstände, die einer Bank zur Verfügung gestellt worden sind. Externe Sicherheiten kommen von außen hinzu. Insofern sind die Bürgschaft und die Garantie klassische externe Sicherheiten. Es kann aber durchaus auch ein Vermögensgegenstand aus dem Privatvermögen eines Unternehmensteilhabers als zusätzliche Sicherheit gestellt werden.

Die Stellung von internen Sicherheiten ist zunächst nicht notwendig, wenn von der Annahme ausgegangen wird, daß eine Bank der einzige Gläubiger eines Kreditnehmers ist und eine illegale Entfernung von Vermögensgegenständen aus dem Unternehmen nicht vorgenommen wird. Bei Nichterfüllung des Kreditvertrages würde sie eine Zwangsvollstreckung betreiben und so an das verwertbare Vermögen des Kreditnehmers gelangen. In der Realität konkurriert aber die Bank bei Zahlungsunfähigkeit oder Überschuldung des Kreditnehmers mit anderen Gläubigern um dessen Vermögen. Das dafür vom Gesetzgeber geschaffene Konkursverfahren stellt alle Konkursgläubiger grundsätzlich gleich.[33] Sicherheiten räumen aber dem Kreditgeber ein bevorzugtes Verwertungsrecht im Konkursfall ein. Er kann als Sicherheiten deklarierte Vermögensgegenstände nach §§ 4, 47 Konkursordnung absondern und sich vorab befriedigen. Ein unbesicherter Fremdkapitalgeber muß dagegen die bevorzugte Bedienung von Aus-, Absonderungs- und Aufrechnungsberechtigten sowie von Massegläubigern und vorrangigen Konkursgläubigern dulden.[34] Gegenüber unbesicherten Gläubigern ist die Befriedigungsquote besicherter Gläubiger deutlich höher. Während nicht bevorrechtigte Forderungen bei den 1993 eröffneten Konkursverfahren eine Befriedigungsquote von nur 3,9 Prozent erzielten, betrug die Quote bei bevorrechtigten Forderungen 38,6 Prozent.[35] Durch die Forderung von internen Sicherheiten versucht der Gläubiger außerdem zu verhindern, daß eine Verwässerung seiner Ansprüche durch neu hinzukommende Gläubiger erfolgt. Dieser Verwässerungsschutz wird allerdings dadurch konterkariert, daß der Schuldner für eine Besicherung bereits verwendete Vermögensgegenstände noch einmal für die Stellung von Sicherheiten bei neuen Gläubigern ohne Rücksprache mit den Altgläubigern verwendet. Zwischen den

---

[31] Für eine ausführliche Darstellung der einzelnen Sicherungsformen vgl. Hartmann-Wendels, Pfingsten und Weber (1998), S. 195. Eine sehr detaillierte Behandlung in juristischer Hinsicht bieten Scholz und Lwowski (1994), S. 305 ff.
[32] Vgl. Boot, Thakor und Udell (1991), S. 461.
[33] Vgl. § 3 Konkursordnung.
[34] Vgl. §§ 43-70 Konkursordnung.
[35] Vgl. Statistisches Bundesamt (1997), S. 138. Neuere Zahlen liegen nicht vor.

Gläubigern entstehen dann Abgrenzungsschwierigkeiten. Solche Schwierigkeiten werden durch die Konstituierung von sogenannten Sicherheitenpools[36] oder von Sicherheitenabgrenzungsverträgen[37] im Falle der Krise des Schuldners, also im Vorfeld einer möglichen Abwicklung, ausgeräumt.

Externe Sicherheiten bieten darüber hinaus eine Zugriffsmöglichkeit auf das Vermögen weiterer Personen. Die Haftungsmasse für die Gesamtheit aller Kreditgeber vergrößert sich. Der unbesicherte Teil (Blankoanteil) der gewährten Kreditsumme wird verringert. Die Kreditgeber sind damit bei Kreditausfällen einem geringeren Verlustpotential ausgesetzt. In der neueren englischsprachigen Literatur zum Kreditrisikomanagement wird der Blankoanteil auch als „Exposure" bezeichnet.[38]

Externe Sicherheiten haben darüber hinaus Anreizeffekte, die Probleme asymmetrischer Information mildern können. Beispielsweise wird ein Gesellschafter-Geschäftsführer einer Gesellschaft mit beschränkter Haftung eher daran interessiert sein, eine solide Geschäftspolitik zu verfolgen, die auch von einem Kreditgeber befürwortet wird, wenn er über eine Haftungszusage zusätzlich mit seinem Privatvermögen für die Schulden der Gesellschaft einsteht. Seine Anstrengungen werden insbesondere in einer Situation, in der das reine Unternehmensvermögen nur noch die Schulden deckt, weiter anhalten, weil ihm bei einer Verschlechterung zusätzlich der Verlust eines Teils seines Privatvermögens droht.

2.8 Vertragsklauseln (Covenants)

Kreditsicherheiten im engeren Sinne räumen Banken zunächst nur vorrangige bzw. zusätzliche Verwertungsrechte ein. Die Durchsetzung dieser Rechte ist an das Vorliegen der Nichterfüllung vertraglicher Pflichten durch den Kreditnehmer gebunden. Solche Pflichten bestehen zunächst nur aus der rechtzeitigen Zahlung von Zins und Tilgung. Häufig kann die Bank aber schon im Vorfeld einer Zahlungsunfähigkeit die Probleme des Kreditnehmers erkennen. Ein Eingreifen ist ihr aber nur erlaubt, wenn dies im Vertrag ausdrücklich geregelt ist. In Deutschland herrschen Allgemeine Geschäftsbedingungen (AGB) vor, die standardisierte Kreditvertragsklauseln enthalten. Eine wichtige Regelung im Zusammenhang mit einer frühzeitigen Kündigungsmöglichkeit ist die sogenannte material-adverse-change-Klausel (AGB

---

[36] Vgl. Obermüller (1970), S. 456 und Kassow (1996), S. 39 ff.
[37] Vgl. May (1989), S.15 f.
[38] Vgl. beispielsweise J.P. Morgan (1997), S. 7, Matten (1996), S. 65 f.

Nr. 19 bei Banken und Nr. 13 bei Sparkassen). Diese sichert Kreditinstituten bei Eintritt einer erheblichen Vermögensgefährdung ein außerordentliches Kündigungsrecht zu. Der Begriff "erheblich" bedarf aber einer genauen Definition. Die Rechtsprechung sagt dazu, daß dieses Kündigungsrecht erst dann ausgeübt werden darf, wenn der Bank die Fortsetzung des Kreditverhältnisses nicht zumutbar ist. Dies ist erst bei Eintritt (nicht Drohen) einer erheblichen (nicht nur belanglosen) Vermögensgefährdung der Fall.[39] Dieses Beispiel zeigt, daß zur Vermeidung von Streitfällen bei der Auslegung von Vertragsklauseln oft eine spezifischere Formulierung notwendig ist. Banken gehen deshalb bei bedeutenden oder sehr ungewöhnlichen Kreditnehmern zu einer individuellen Ausgestaltung von Kreditvertragsklauseln über, wie es im angloamerikanischen Raum üblich ist. Solch individuelle Klauseln werden als Covenants bezeichnet.[40]

Covenants legen kreditnehmerspezifische Tatbestände fest, deren Eintreten zu bestimmten Rechtsfolgen führt. Eine typische Rechtsfolge ist die Kündigung des Kredits durch die Bank. Der Kreditnehmer hat dann sofort die bis dahin angefallenen Zinsen und den Kreditbetrag an den Kreditgeber zu leisten. Nach den definierten Tatbeständen werden Covenants in der Praxis in Affirmative und Event Risk Covenants unterteilt.[41]

Affirmative Covenants bestehen aus Ge- und Verboten. Beispielsweise legt die "pari passu" Klausel fest, daß die Forderungen des Kreditgebers im Insolvenzfall den gleichen Rang haben sollen wie alle anderen Forderungen gegen den Kreditnehmer. Eine "negative pledge" Klausel verbietet jegliche Besicherung zukünftiger Schulden des Kreditnehmers mit vom Kreditgeber bereits benutzten Sicherheiten. Es zeigt sich, daß durch solche Klauseln unter anderem die mit der Sicherheitenstellung verbundenen Abgrenzungsprobleme zu anderen Schuldnern gelöst werden können.

Event Risk Covenants legen bestimmte finanzwirtschaftliche Tatbestände fest, deren Eintritt entsprechende Rechtsfolgen auslöst. Solche finanzwirtschaftlichen Tatbestände bestehen im Überschreiten von Grenzwerten für Unternehmenskennzahlen wie Verschuldungsgrad, Anlagedeckungsgrad oder Gesamtkapitalrentabilität.

Der Verstoß des Kreditnehmers gegen vereinbarte Klauseln führt neben der direkten Kündigung auch zu Eingriffsmöglichkeiten der Bank. Sie setzt aufgrund einer bloßen Kündigungs-

---

[39] Vgl. Hopt (1984), S. 749 f.
[40] Vgl. Thießen (1996), S. 21.
[41] Vgl. Thießen (1996), der Haller und Park (1995) und Rhodes (1996) folgt.

drohung Nachverhandlungen durch. Damit kann sie beispielsweise auf eine Erhöhung der Kreditzinsen, eine Forderung nach zusätzlichen Sicherheiten oder auf ein direktes Einwirken auf das Management und dessen Unternehmensstrategie bestehen. Diese Möglichkeiten des Eingriffs setzen natürlich das frühzeitige Erkennen von Verstößen voraus. Insofern bleiben der Bank die Kosten der Beobachtung des Kreditnehmers nicht erspart. Sie sollten sich aber als lohnend erweisen, da die Bank gegenüber einer Situation ohne Covenants früher und flexibler und vor allem zu ihrem Vorteil auf erkannte negative Tatbestände beim Schuldner reagieren kann.[42] Trotzdem wird es nicht das Bestreben der Bank sein, möglichst restriktive Covenants zu formulieren. Zum einen, weil potentielle Kunden dann eher zur Konkurrenz abwandern, um einer dauernden Bevormundung durch die Bank aus dem Wege zu gehen, zum anderen, weil ein dadurch vorprogrammierter ständiger Verstoß gegen die Regelungen zu unnötigen Nachverhandlungsaktivitäten führt. Darüber hinaus wäre der Kreditnehmer in seinen unternehmerischen Entscheidungen zu sehr eingeschränkt. Bei der Festlegung von Covenants sind also die Vorteile einer flexiblen Reaktionsmöglichkeit der Bank den Nachteilen einer Einschränkung der Handlungsmöglichkeiten des Kreditnehmers gegenüberzustellen.[43]

Eine Einbeziehung von Covenants in den Kreditvertrag kann neben den frühzeitigen Eingriffsmöglichkeiten der Bank auch zu Anreizeffekten auf das Kreditnehmerverhaltens führen. Unter anderem ist es das Ziel der Bank, den überhöhten Abfluß von Reserven und das Eingehen überzogener Risiken durch den Kreditnehmer zu vermeiden. Am wirkungsvollsten erscheinen hierbei Negativklauseln, die Dividenden beschränken bzw. künftige Finanzentscheidungen restringieren. Bei entsprechender Formulierung wirken sie sich auch auf die Investitionsentscheidungen des Kreditnehmers aus.[44] Sofern dieser das Eingreifen der Bank vermeiden will, muß er die festgelegten Restriktionen einhalten. Die direkte Einwirkung auf Strategien, die das Investitionsrisiko erhöhen, ist meistens nicht möglich, weil es an beobachtbaren Tatbeständen fehlt, die klare Signale für Risikoveränderungen geben.[45] Insofern sind auch Covenants nur unvollständige Instrumente, um das Kreditnehmerverhalten zu steuern.

Trotz der soeben aufgeführten Unzulänglichkeiten ist die geringe Verbreitung von Covenants in Deutschland eher auf die Unklarheit der Beurteilung von Eingriffen der Bank durch die Rechtsprechung zurückzuführen.[46] Dies kann letztlich dazu führen, daß Banken unterneh-

---

[42] Vgl. dazu Rajan und Winton (1995).
[43] Vgl. Terberger (1987), S. 229.
[44] Smith und Warner (1979) nehmen dazu ausführlich Stellung.
[45] Vgl. Drukarczyk (1993), S. 335.
[46] Vgl. Thießen (1996), S. 26.

menswertmaximierende Kreditnehmersanierungen unterlassen. Thießen (1996) bespricht sechs Maßnahmen von Kreditinstituten im Rahmen von Sanierungsbemühungen, die durch restriktive gesetzliche Regelungen beinträchtigt werden können:[47]

- Einräumung zusätzlicher Sicherheiten,
- Kündigung der Kredite,
- Beschaffung oder Gewährung zusätzlicher Finanzmittel,
- Beschaffung von Informationen über die Lage des Schuldners,
- Beeinflussung der Geschäftsführung des Schuldnerunternehmens,
- Stillhalten.

Die Einräumung zusätzlicher Sicherheiten kann unter die Anfechtungsvorschriften der Insolvenzordnung fallen[48] oder sittenwidrig[49] sein.

Bei der Kündigung von Krediten besteht die Möglichkeit der Klage auf Schadenersatz wegen einer Kündigung „zur Unzeit" abgeleitet aus dem Gebot der Rücksichtnahme auf die Interessen anderer Gläubiger.[50] Des weiteren ist eine Anfechtung der Kündigung wegen Sittenwidrigkeit möglich, falls die Bank dadurch einen möglichen Sanierungserfolg behindert, obwohl sie aufgrund ausreichender Sicherheiten gar nicht benachteiligt erscheint.

Die Beschaffung oder Gewährung zusätzlicher Finanzmittel kann für die Bank zu Schadenersatz wegen Konkursverschleppung führen, wenn nachgewiesen werden kann, daß sie die wirtschaftliche Sinnlosigkeit dieser Maßnahme hätte erkennen müssen. Die Bank steckt damit insofern in einem Dilemma, als sie zudem wegen einer zu frühen Kündigung belangt werden kann.[51]

Die Beschaffung von Informationen zur Verbesserung des Überblicks über die Lage des Kreditnehmers ist ebenfalls mit rechtlichen Schwierigkeiten verbunden. Auch in diesem Fall haben Gerichte schon die Einsichtnahme der Bank in die Verhältnisse des Kreditnehmers als „unerträglichen Eingriff" in dessen Handlungsfreiheit bezeichnet.[52]

---

[47] Eine umfassendere Bestandsaufnahme bietet Häuser (1995).
[48] Vgl. §§ 29 ff. Konkursordnung, § 130 Insolvenzordnung.
[49] Vgl. Scholz und Lwowski (1994), Randzeichen 149 ff.
[50] Vgl. Häuser (1995), S. 91.
[51] In der Tat gibt es Gerichtsverhandlungen, deren Hauptantrag gegen die Bank auf Konkursverschleppung lautete und deren Nebenantrag eine zu frühe Kündigung anprangerte; vgl. Obermüller (1991), S. 290.
[52] Vgl. Obermüller (1991), S. 389.

Darüber hinaus stößt die für Kreditinstitute sehr wirkungsvolle Möglichkeit des Eingriffes in die Geschäftsführung des Schuldnerunternehmens auf rechtliche Beschränkungen. Die Androhung der vorzeitigen Kündigung von Krediten zur Durchsetzung von Maßnahmen, die die Geschäftsführung des Kreditnehmers beeinflussen, ist aufgrund der Anfechtbarkeit wegen Sittenwidrigkeit nicht gangbar.[53] Gerade dies ist aber die in der Regel beabsichtigte Wirkungsweise von Covenants.

Nicht zuletzt kann auch das bloße Stillhalten ein rechtlich angreifbares Verhalten des Kreditinstitutes sein, wenn dieses hätte erkennen müssen, daß dadurch der bereits in der Abhängigkeit des Kreditinstitutes befindliche Kreditnehmer in seiner wirtschaftlichen Existenz gefährdet ist und damit die Ansprüche anderer Gläubiger in Mitleidenschaft gezogen werden.[54]

Aufgrund dieser rechtlichen Schranken wird die Glaubwürdigkeit der durch die Ausübung von Covenants drohenden Konsequenzen für den Kreditnehmer unterminiert. Der Kreditgeber kann sie nicht zuverlässig als verhaltenssteuernde Elemente in Kreditverträgen einsetzen. Nichtsdestotrotz soll im folgenden, neben der Behandlung der Kreditkündigung und notleidender Kredite, der Erläuterung von Nachverhandlungsmöglichkeiten im Kreditgeschäft breiter Raum gewährt werden. Das geschieht auch vor dem Hintergrund, daß die Kreditmodelle aus der US-amerikanischen Literatur, die sich mit der Wirkung von Covenants beschäftigen, von der US-amerikanischen Rechtsprechung ausgehen. Diese erweist sich bezüglich des Einsatzes von Covenants als weniger restriktiv.[55]

2.9 Kreditkündigung

Die Möglichkeiten einer Kreditkündigung werden durch die Regelungen im Kreditvertrag und durch die Allgemeinen Geschäftsbedingungen der Banken bestimmt.[56] Es sind zwei Arten von Kündigungen zu unterscheiden, die ordentliche und die außerordentliche Kündigung.

Die ordentliche Kündigungsmöglichkeit kann sich als Rechtsfolge aus einer Verletzung von im Kreditvertrag individuell vereinbarten Klauseln wie den Covenants ergeben. Über Nr. 19 Abs. 1 und 2 AGB behalten sich Geschäftsbanken ergänzend dazu das Recht vor, einen zeit-

---

[53] Vgl. Obermüller (1991), S. 295.
[54] Vgl. Häuser (1995), S. 110.
[55] Vgl. dazu Köndgen (1995).
[56] Sie modifizieren soweit gewollt und möglich die gesetzlichen Regelungen nach § 609 f. BGB. Einschränkende Regelungen enthalten unter anderem das AGB-Gesetz und das Verbraucherkreditgesetz.

lich unbefristeten Kreditvertrag oder die gesamte Geschäftsbeziehung zum Kunden unter Einhaltung einer Kündigungsfrist jederzeit zu kündigen, ohne daß ein wichtiger Grund dafür vorliegen muß. Sogenannte "bis auf weiteres"-Kredite können ohne Einhaltung einer Kündigungsfrist zur Zahlung gestellt werden. Ansonsten muß dem Kunden eine angemessene Zeitspanne zur Abwicklung eingeräumt werden.

Ein außerordentliches Kündigungsrecht ist in Nr. 19 Abs. 3 AGB festgelegt. Die Bank kann eine fristlose Kündigung der gesamten Geschäftsbeziehung aussprechen, wenn ein wichtiger Grund vorliegt, der eine Fortsetzung unzumutbar werden läßt.[57]

Die soeben angeführten Kündigungsmöglichkeiten werden durch den Grundsatz von Treu und Glauben (§ 242 BGB) insofern eingeschränkt, als eine Kündigung nicht "zur Unzeit" erfolgen darf. Bei Ausübung des Kündigungsrechts müssen die Belange des Kunden und anderer Gläubiger in ausreichendem Maße berücksichtigt werden.[58]

2.10 Nachverhandlungen

2.10.1 Der Begriff des unvollständigen Vertrags

Im Zeitpunkt des Vertragsabschlusses sind nicht alle zukünftigen Eventualitäten einer Kreditbeziehung und deren Konsequenzen exakt regelbar. Die Formulierung von Kreditverträgen ist insofern als unvollständig zu bezeichnen. Zum einen ist die Welt zu komplex, um in allen Einzelheiten vorhersehbar zu sein, zum anderen ist eine vollständige Vertragsformulierung zu kostenintensiv. Des weiteren lassen sich bestimmte Sachverhalte durch eine außerhalb des Vertragsverhältnisses stehende Instanz, zum Beispiel ein Gericht, oft nicht überprüfen.[59]

Es ist denkbar, den Gegenstand notwendig werdender Nachverhandlungen schon im ursprünglichen Vertrag explizit festzulegen. Es kann aber oft nur ein grober Rahmen vorgegeben werden. Die Steuerung des Nachverhandlungspozesses erfolgt dann durch geeignete Vertragsklauseln.[60] Sie legen zumindest die zukünftige Verhandlungsmacht der beiden Parteien fest, beispielsweise eine vorzeitige Kündigungs- und Liquidationsmöglichkeit für Banken in Kreditbeziehungen. Diese Verhandlungsmacht muß nicht unbedingt genutzt werden. Wenn

---

[57] Vgl., insbesondere auch zu den Gründen einer fristlosen Kündigung, Staroßom (1988), S. 198 ff.
[58] Vgl. Canaris (1979), S. 114 f.
[59] Vgl. Hart und Moore (1988), S. 755.
[60] Vgl. Aghion, Dewatripont und Rey (1994), S. 257.

beide Vertragsparteien während der Vertragslaufzeit die Notwendigkeit von Vertragsanpassungen erkennen, kommt es auf freiwilligem Wege zu Nachverhandlungen.

2.10.2 Vertraglich vereinbarte Nachverhandlungen

Nachverhandlungen sind in Kreditverträgen immer dann vorgesehen, wenn innerhalb der Kreditlaufzeit die Zinsbindungsfrist endet und neue Konditionen zwischen den Parteien ausgehandelt werden müssen. Im Zeitpunkt des Vertragsabschlusses war keine beiderseitige Bereitschaft zur Bindung an einen festen Zinssatz für die gesamte Kreditlaufzeit zu erzielen. Nach Ablauf der Zinsbindungsfrist bietet die Bank ihrem Kreditnehmer einen neuen Zinssatz mit neuer Bindungsfrist an. Der Kreditnehmer hat die Möglichkeit, die von der Bank angebotenen Konditionen abzulehnen und eine Finanzierung bei einer anderen Bank zu arrangieren.

Es wäre auch denkbar, die Kreditkonditionen immer dann nachzuverhandeln, wenn sich die Kreditnehmerqualität, repräsentiert durch das bankinterne Kredit-Rating, ändert. Die Zugehörigkeit zu einer anderen Rating-Klasse bedeutet eine andere Erwartung bezüglich des Ausfallrisikos eines Kreditnehmers. In der Kreditpraxis kommt diese explizite Einbeziehung der Risikoanpassungsmöglichkeit in Kreditverträge nicht vor. Jedoch kann die Bank bei Abschluß nachfolgender Kreditverträge versuchen, eine Anpassung vorzunehmen, und einen Ausgleich für Zugeständnisse bei Altverträgen zu schaffen.

2.10.3 Nachverhandlungen nach Kündigung(sdrohung)

Nachverhandlungen können auch aufgrund einer im ursprünglichen Vertrag festgelegten Kündigungsmöglichkeit einer Vertragspartei erzwungen werden. In der Regel diktiert hierbei die mit entsprechender Macht ausgestattete Seite die Bedingungen für eine Fortführung des Kredits bzw. Kreditengagements. Die Kündigungsmöglichkeit des Kreditgebers bei Zahlungsunfähigkeit des Kreditnehmers oder bei Verletzung von Covenants sind Beispiele dafür. Die Bank stellt durch eine Kündigung die betroffenen Kredite bzw. das gesamte Kreditengagement zur Zahlung fällig. Wenn der Kunde nicht leistet, wird eine Zwangsvollstreckung betrieben, d. h. die Sicherheiten werden verwertet oder es wird Konkurs beantragt. Dem Kunden kann aber auch die Möglichkeit unterbreitet werden, zusammen mit der Bank eine Umstrukturierung oder Sanierung durchzuführen.

2.10.4 Beiderseitig gewünschte Nachverhandlungen ohne Vertragsgrundlage

Nachverhandlungen können auch dann stattfinden, wenn für keine der beiden Parteien eine rechtliche Verpflichtung aufgrund des ursprünglichen Vertrages besteht, jedoch eine für beide Seiten vorteilhafte Anpassung an neue Gegebenheiten möglich ist.

Kurzfristige Liquiditätsschwierigkeiten des Kreditnehmers können beispielsweise mit Hilfe einer Stundung von Zins und Tilgung überbrückt werden. Dagegen müßte die Bank beim Festhalten an den ursprünglich vereinbarten Zahlungsterminen eine Verwertung von weniger liquiden Vermögensgegenständen betreiben. Die dabei entstehenden Liquidationskosten und die eventuell entstehende Behinderung der wirtschaftlichen Tätigkeit des Kreditnehmers würde aber die zukünftige Zahlungsfähigkeit negativ beeinflussen. Da die Bank im Sinne einer auf Dauer angelegten profitablen Kunde-Bank-Beziehung denken muß, ist sie zu solch kurzfristigen einzelkreditbezogenen Anpassungsmaßnahmen bereit.

Eine Bereitschaft zu Zugeständnissen in Kreditvertragsbeziehungen kann auch auf der Kundenseite gegeben sein. Der Kunde will sich aufgrund eines ebenfalls langfristig angelegten Kalküls auch für die Zukunft Kreditaufnahmemöglichkeiten erhalten. Diese Position kann von der Bank genutzt werden, um zu ihrem Vorteil in die Belange des Kreditnehmers einzugreifen, obwohl dies so nicht in Kreditverträgen vereinbart worden ist. Die Einbindung von Bankmanagern in die Aufsichtsgremien ihrer Kreditnehmer gibt einen deutlichen Hinweis darauf.[61]

2.11 Notleidende Kredite

Ein Kredit wird als "notleidend" bezeichnet, wenn der Kreditnehmer die im Kreditvertrag vereinbarten Zahlungen voraussichtlich oder mit Bestimmmtheit nicht (rechtzeitig) leisten kann.[62] Für die Bank stellt sich die Frage, ob sie eine Liquidation des Kreditnehmervermögens zum Ausgleich für nicht geleistete Zahlungen betreiben oder ob sie eine Fortführung des Kreditnehmerunternehmens unterstützen soll. Sie vergleicht deshalb den auf sie entfallenden Teil des Liquidationswertes mit dem auf sie entfallenden Teil des Fortführungswertes abzüglich ihres Unterstützungsbeitrages. Dabei hat sie die Entscheidungen anderer Gläubiger zu berücksichtigen.

---

[61] Vgl. Seger (1997), S. 106 ff. und Edwards und Fischer (1994), S. 124 ff.
[62] Vgl. Jährig und Schuck (1989), S. 759.

Maßnahmen, die eine Fortführung des Kreditnehmerunternehmens und damit letztlich auch des Kreditengagements unterstützen sollen, werden unter dem Begriff Sanierung zusammengefaßt. Dagegen beenden Abwicklungsmaßnahmen das Engagement und beinhalten in der Regel eine Liquidation von Schuldnervermögen.

Die Sanierung im engeren Sinne hat das Ziel, ein Unternehmen in der Krise vor dem Zusammenbruch zu bewahren und seine Ertragskraft wiederherzustellen.[63] In einer weiteren Fassung können auch erste Aktivitäten der Bank zur Sicherstellung der Liquidität des Kreditnehmers als sanierende Maßnahmen verstanden werden.

Eine Bank betreibt die Abwicklung eines notleidenden Kreditengagements, wenn dieses sich als nicht sanierungswürdig herausstellt oder wenn eine bereits durchgeführte Sanierung scheitert.[64] Zunächst wird sie eine Kreditkündigung aussprechen und danach versuchen, ihre Ansprüche durch Verwertung des Schuldnervermögens zu befriedigen.

Mit der Erläuterung der Begebenheiten beim notleidenden Kredit ist die kombinierte Einführung in die Begriffswelt der Kredittheorie und der Kreditpraxis beendet. Im nächsten Kapitel folgt nun eine rein theoretische Betrachtung des Kreditgeschäfts zur Ableitung testbarer Hypothesen für die sich anschließende empirische Untersuchung.

---

[63] Vgl. die Übersicht über verschiedene Definitionen des Sanierungsbegriffs bei Böckenförde (1996), S. 7.
[64] Eine ausführliche Darstellung der Behandlung notleidender Kredite und der Kreditabwicklung bietet Lauer (1998).

Kapitel 3

Theoretische Überlegungen zum Bankverhalten gegenüber Kreditnehmern

3.1 Der Begriff Bankverhalten

3.1.1 Allgemeine Determinanten des Bankverhaltens

Eine Bank als rational handelndes Wirtschaftssubjekt wird versuchen, den Erwartungsnutzen ihres Nettovermögens $\widetilde{W}_T$,[65] das bis zu einem bestimmten Endzeitpunkt T durch ihre Geschäftstätigkeit aus ihrem im Zeitpunkt τ eingesetzten Nettovermögen W_τ resultiert, zu maximieren.[66] Die allgemeine Zielfunktion lautet:

$$\max E[u(\widetilde{W}_T)],$$

wobei u( ) die Nutzenfunktion der Bank darstellt und $\widetilde{W}_T$ sich wie folgt ergibt:

$$\widetilde{W}_T = W_\tau + \sum_{t=\tau+1}^{T} \widetilde{\pi}_t \quad \text{und}$$

$$\widetilde{\pi}_t = \sum_{i=1}^{I} \widetilde{r}_{A_i,t} \widetilde{A}_{i,t} - \sum_{j=1}^{J} \widetilde{r}_{D_j,t} \widetilde{D}_{j,t} - BK(\widetilde{A},\widetilde{D}), \quad \forall\, t.$$

Die verwendeten Parameter sind folgendermaßen zu erklären:

---

[65] Der Parameter W steht für das englische Wort „wealth".
[66] Vgl. zum Konzept des Erwartungsnutzens Eisenführ und Weber (1994), S. 202 ff.; Baltensperger und Milde (1987), S. 7ff. und Santomero (1984), S. 580 ff. gehen in ihren Ausführungen zur Zielfunktion von Banken ebenfalls auf dieses Konzept ein.

$\tilde{\pi}_t$: im Zeitpunkt t realisierter Gewinn der Periode vom Zeitpunkt t-1 bis zum Zeitpunkt t,

$\tilde{r}_{A_i,t}$: Rendite aus der Investition in die Menge $A_{i,t}$ des Aktivums i für den Zeitraum von t-1 bis t, für alle Aktiva i, i = 1 bis I,

$\tilde{r}_{D_j,t}$: Kosten einer Einheit der Menge D_j an Einlagen (Depositen) für alle Depositen j im Zeitraum von t-1 bis t, j = 1 bis J,

$BK(\tilde{A}, \tilde{D})$: Kosten des Betriebes und der Verwaltung in Abhängigkeit von der Menge der erworbenen Aktiva A und der Menge der attrahierten Depositen D.

Das Konzept der Erwartungsnutzenmaximierung trägt der Tatsache Rechnung, daß der Gewinn der Bank eine stochastische Größe ist. Die Nutzenfunktion eines Wirtschaftssubjektes berücksichtigt auch dessen Risikopräferenzen bezüglich der Schwankungen des Bankertrages. Nur bei Annahme von risikoneutralen Wirtschaftssubjekten ist der Nutzen des erwarteten Gewinns die Zielfunktion.[67]

Die Maximierung der Zielfunktion von Banken ist häufig durch regulatorische Restriktionen des Staates beeinträchtigt. Sie geben die Zulässigkeit und den Umfang bestimmter Geschäftsarten vor. Damit sollen Risiken wie das Liquiditätsrisiko oder das Ausfallrisiko unterhalb eines bestimmten Niveaus gehalten werden. Beispielsweise gibt der deutsche Gesetzgeber zur Eingrenzung des Liquiditätsrisikos § 11 KWG in Verbindung mit den Grundsätzen II und III des Bundesaufsichtsamtes für das Kreditwesen (BAK) vor. Die Begrenzung des Ausfallrisikos von Schuldnern in Relation zum vorhandenen Eigenkapital der Bank wird durch § 10 KWG in Verbindung mit dem Grundsatz I des BAK gewährleistet. Des weiteren existieren die Regelungen zu Großkrediten in § 13 KWG und zu Organkrediten in den §§ 15, 16 KWG.[68] Der Staat verfolgt mit diesen Regelungen eigene Zielsetzungen. Insbesondere sollen Bankgläubiger vor Vermögensverlusten geschützt werden. Bankgläubiger sind in der Regel kleine Wirtschaftseinheiten, deren Koordination untereinander zum Zwecke der Überwachung von Kreditinstituten hohe Kosten in Anspruch nehmen würde. Bei fehlender Koordination der Überwachung bestünde aber das Problem des „Free Riding".[69] Das heißt, einzelne Bankgläubiger tendieren dazu, sich auf die Überwachungsaktivitäten der anderen zu verlassen. Wenn sich aber alle Bankgläubiger diesem Kalkül hingäben, bestünde letztlich keine

---

[67] In der theoretischen Literatur ist die Risikoneutralität ein oft verwendetes Konzept bei der Formulierung von Annahmen über die Präferenzen von Banken. Vgl. Stiglitz und Weiss (1981), Diamond (1984), Petersen und Rajan (1995), Gorton und Kahn (1996), u.a.
[68] Vgl. zu diesen Regelungen ausführlich Burghof und Rudolph (1996), S. 121 ff.
[69] Vgl. Hartmann-Wendels, Pfingsten und Weber (1998), S. 323.

Überwachung der Banken. Aufgrund dieser Probleme agiert der Staat als zentrale Instanz stellvertretend für die Gemeinschaft aller Bankgläubiger.[70]

3.1.2 Kreditspezifische Determinanten des Bankverhaltens

Ausgehend von der allgemein formulierten Zielfunktion der Bankunternehmung können die Zielgrößen im Kreditgeschäft bestimmt werden. Wenn der Kreditbetrag K für die Menge $A_{i,t}$ eines Aktivums steht, stellt r_K die tatsächliche Rendite dar, die eine Bank aus der Bereitstellung des Kreditbetrages K im Zeitraum von t-1 bis t erzielt. Unter Einbeziehung der zu diesem Zeitpunkt im Kreditvertrag vereinbarten Nominalzinsen ergibt sich folgende Gleichung:

$$r_K = r^{nom} - r^{Ausfall},$$

r^{nom}: im Zeitpunkt t-1 vereinbarter Nominalzins,

$r^{Ausfall}$: im Zeitpunkt t realisierte Ausfallrate bezogen auf den Kreditbetrag.

Die statistische Verteilung der Ausfallrate ist im Zeitpunkt t-1 zu prognostizieren, um bei gegebenem Nominalzins Aussagen über den zukünftig zu erwartenden Bankertrag r_K K aus dem Kredit machen zu können oder um bei vorgegebenem Bankertrag den mit dem Kreditnehmer auszuhandelnden Nominalzins festzulegen. Die Prognose von Ausfallraten hängt eng mit der Kreditnehmerqualität zusammen, die im Rahmen der Kreditwürdigkeitsprüfung vom Kreditinstitut geschätzt wird. Eine Vorhersage erwarteter Ausfallraten in Abhängigkeit von der Kreditnehmerqualität wird am einfachsten durch eine Orientierung an empirisch festgestellten Ausfallraten der Vergangenheit erreicht. Dabei empfiehlt sich eine Gruppierung der Kreditnehmer nach den durch die Kreditwürdigkeitsprüfung ermittelten Rating-Klassen.

Kreditsicherheiten und Vertragsklauseln dienen bei der Konditionengestaltung in Kreditverträgen ergänzend dazu, Risiken zu kompensieren oder zu begrenzen. Gerade die auf Verwertungsrechte abzielenden dinglichen Sicherheiten reduzieren direkt die Höhe des Verlustes bei Ausfall eines Kreditnehmers, sofern die Werthaltigkeit der Sicherungsgegenstände gewährleistet ist. Sie haben gegenüber anderen Sicherungsarten den Vorteil, daß ihre Wirkung quantifizierbar ist. Bei der Existenz von Kreditsicherheiten wird die obige Gleichung um die sogenannte Sicherheiten-Deckungsrate oder „collateral recovery rate" $r^{recover}$ ergänzt. Diese gibt den Teil des Kreditbetrages an, der bei Ausfall durch die Verwertung von Sicherheiten gedeckt werden kann. Es ergibt sich dann:

---

[70] Vgl. Dewatripont und Tirole (1994).

$r_K = r^{nom} - r^{Ausfall} + \min[r^{Ausfall}, r^{recover}]$.

In den folgenden Abschnitten soll vor allem das Zusammenspiel zwischen Kreditnehmerqualität, Kreditzins und Kreditsicherheiten theoretisch behandelt werden. Dabei ist es wichtig, welche Annahmen bezüglich der Informationsverteilung zwischen Kreditnehmer und Kreditgeber getroffen werden. Des weiteren ist die Möglichkeit oder Unmöglichkeit der Formulierung vollständiger Kreditverträge zu beachten. Letztlich resultieren aus diesen Annahmen unterschiedliche Möglichkeiten strategischen Verhaltens der Kreditnehmer. Die anreizkompatible Steuerung dieses Verhaltens durch entsprechende Anreizmechanismen ist entscheidend für den Bankerfolg und determiniert somit auch das Bankverhalten.

3.2 Kreditkonditionen im Kontext symmetrischer Informationsverteilung zwischen Kreditgeber und Kreditnehmer

Eine symmetrische Informationsverteilung zwischen Kreditgeber und Kreditnehmer in Kreditbeziehungen liegt vor, wenn beide Vertragsparteien den gleichen Informationsstand bezogen auf die Eigenschaften und das Verhalten des anderen besitzen. In den folgenden Betrachtungen wird in diesem Kontext zudem zwischen einer Welt mit sicheren zukünftigen Umweltzuständen und einer Welt unter Risiko differenziert, um die dadurch bedingten Phänomene, die auf die Kreditkonditionen einwirken, besser systematisieren zu können.

3.2.1 Kreditkonditionen in einer sicheren Welt

In einer Welt mit perfekter Vorhersagbarkeit zukünftiger Umweltzustände spielt die Kreditnehmerqualität nur insofern eine Rolle, als der Kreditgeber die Kreditbereitstellung genau auf die zukünftigen Zahlungsmöglichkeiten des Kreditnehmers ausrichtet. Eine Risikoübernahme durch den Kreditgeber findet nicht statt. Kredite erfüllen in einer solchen Welt eine reine Tauschfunktion zwischen zukünftigen und jetzigen Ansprüchen auf den Konsum von Gütern. Tauschwünsche von Wirtschaftssubjekten tragen der Tatsache Rechnung, daß sich Einkommensströme und Konsumwünsche über die Zeit hinweg nicht entsprechen. Beispielsweise kann es eine Person geben, die in einer Periode mehr Einkommen zur Verfügung hat als sie konsumieren will, und eine andere, die mehr konsumieren will als sie momentan an Einkommen zur Verfügung hat. Wenn nun diese beiden Personen in der Folgeperiode gerade umgekehrte Einkommensverhältnisse und Konsumwünsche aufweisen würden, wäre eine Tauschmöglichkeit gegeben. Die Person mit dem Einkommensüberschuß leiht den überschüssigen

Teil des Einkommens für eine Periode an die andere Person. Diese kann ihren Nutzen sofort erhöhen, während die kreditgewährende Person gegenüber einer Situation, in der sie das Geld im sogenannten „Sparstrumpf" für eine Periode aufbewahrt, nichts verliert. In der Folgeperiode zahlt der Kreditnehmer den geliehenen Einkommensüberschuß des anderen wieder zurück. Durch diese Aktion hat sich die Wohlfahrt für beide Personen insgesamt erhöht.[71]

Bei Annahme nicht vorhandener Transaktionskosten stellt der zu zahlende Kreditzins die relative Tauschrate oder den relativen Preis zwischen zeitlich differierenden Konsumansprüchen dar. Der Kreditzins wird durch die Höhe der entsprechenden Nachfrage nach Gütern und die vorhandenen Einkommensströme der Wirtschaftssubjekte in den verschiedenen Zeitpunkten bestimmt.

Die bisherigen Ausführungen haben gezeigt, daß sich die Tauschwünsche zwischen den Personen entsprechen müssen, damit es zu einer optimalen Wohlfahrtssteigerung kommen kann. Dies ist gerade in einer Volkswirtschaft mit einer Vielzahl von Wirtschaftssubjekten in der Regel nicht der Fall. Die Tauschwünsche entsprechen sich bezüglich ihres Umfangs und bezüglich ihrer zeitlichen Struktur häufig nicht. Die dadurch notwendig werdende Aufteilung von Anlage- bzw. Kreditwünschen auf viele Gegenparteien verursacht in der Realität erhebliche Transaktionskosten. Banken können sich in einer solchen Situation als Intermediäre zwischenschalten. Durch Losgrößen- und Fristentransformation[72] tragen sie zu einer reibungsloseren Erfüllung verschiedengearteter Tauschwünsche bei und mindern dadurch die Transaktionskosten. Sie erheben dafür entsprechende Entgelte in Form von direkten Bearbeitungsgebühren oder in Form von Zinsdifferenzen (Zinsspreads) zwischen Geldeinlage und Geldleihe. Diese müssen geringer sein als die Kosten des direkten Tausches zwischen den originären Kreditgebern und Kreditnehmern. Ansonsten wäre die Existenz von Banken in einer Welt sicherer Erwartungen nicht zu rechtfertigen.[73]

Es ist einsichtig, daß Banken auf Dauer nur dann gewinnbringend arbeiten, wenn sie höhere Erlöse für die Bereitstellung von finanziellen Mitteln erzielen als sie für die Mittelaufnahme

---

[71] Vgl. dazu die Kapitel „Intertemporal Choice" und „Exchange" in Varian (1996). Eine erste systematische Darstellung des wohlfahrtssteigernden Tausches findet sich in Fisher (1930).
[72] Eine ausführliche Darstellung dieser Funktionen bieten Hartmann-Wendels, Pfingsten und Weber (1998), S.5 ff.
[73] Benston und Smith (1976) führen die Verringerung von Transaktionskosten als Erklärung für die Existenz von Finanzintermediären an.

an Kosten aufwenden müssen. Die Kreditzinsen $r^{nom} = r_K$[74] müssen also höher sein als die Einlagenzinsen bzw. die laufzeitkongruenten Zinsen am Geld- und Kapitalmarkt z,[75]

$r_K \geq z$.

Wenn nun davon ausgegangen wird, daß Banken ihr Gewinnniveau halten wollen, müßte sich auch das Niveau der Zinsen für die Kreditaufnahme bei Banken entsprechend den Geld- und Kapitalmarktzinsen verändern. Aus dieser Überlegung läßt sich folgende erste Hypothese ableiten:[76]

Hypothese ZZ(+)Sicherheit:
(Zusammenhang Kreditzins und Geld- und Kapitalmarktzinsen)

Je höher (niedriger) das Niveau der Geld- und Kapitalmarktzinsen, desto höher (niedriger) ist das Niveau der Kreditzinsen für entsprechende Kreditlaufzeiten und umgekehrt.

Kreditsicherheiten spielen in einer Welt sicherer Erwartungen offensichtlicherweise keine Rolle.

3.2.2 Kreditkonditionen in einer riskanten Welt

In einer riskanten Welt sind Tatbestände stochastisch, d. h. bezüglich eines Tatbestandes existiert eine Menge von Ereignissen, von denen genau eines eintreten wird.[77] Den möglichen Ereignissen können Eintrittswahrscheinlichkeiten zugeordnet werden. Dementsprechend stellt sich für eine kreditgebende Bank der Tatbestand zukünftiger Zins- und Rückzahlungen als stochastisch dar.

Eine Berücksichtigung des existenten Zahlungsrisikos, d. h. des möglichen Ausfalls von Zahlungen des Kreditnehmers, kann durch den Aufschlag einer Risikoprämie auf den Kredit-

---

[74] $r^{Ausfall}$ ist in einer sicheren Welt gleich null.
[75] Die Zinsen am Geld- und Kapitalmarkt stellen damit auch Opportunitätsgrößen dar, an denen sich die Kreditvergabe vor der Einbeziehung von Risikoüberlegungen grundsätzlich orientiert.
[76] Die Hypothesen werden zur einfacheren Identifikation im noch folgenden empirischen Teil der Arbeit mit Kurzbezeichnungen versehen. Einen Überblick über die genaue Semantik geben Tab. 3-1 und Tab. 3-2 im Abschnitt 3.8.
[77] Vgl. Eisenführ und Weber (1994), S. 20.

zins für risikolose Kredite z erfolgen.[78] Bei der Annahme von Nullgewinnen im Bankgeschäft ergibt sich der nominale Kreditzins zu:

r^{nom} = z + Risikoprämie.

Wenn nun beide Seiten risikoneutral sind, berechnet sich die Risikoprämie als Erwartungswert der entgangenen Rendite bei Zahlungsausfall des Kreditnehmers.[79]

Risikoprämie = $E(\tilde{r}^{Ausfall})$.

Aus den bisherigen Überlegungen läßt sich die erste Hypothese dieses Abschnittes ableiten.

Hypothese ZQ(-)Risiko:
(Zusammenhang Kreditzins und Kreditnehmerqualität)
Je höher das Ausfallrisiko des Kreditnehmers bei gegebener Sicherheitenstellung ist, desto höher ist der Kreditzins.

Die erwartete Rendite des Kredites ergibt sich bei risikoneutralen Banken und Kreditnehmern und der Annahme von Nullgewinnen bei Banken zu:

$E(\tilde{r}_k) = r^{nom} - E(\tilde{r}^{Ausfall}) = z$.

Somit ist der Erwartungswert der Rendite aus dem Kreditgeschäft für die Bank in diesem Kontext gleich dem Zins für eine sichere Anlage.

Wenn Risikoneutralität nicht vorliegt, ist das Zusammenspiel zwischen den Risikoeinstellungen von Kreditgeber und Kreditnehmer zu berücksichtigen, um eine optimale Risikoteilung zu erreichen.[80]

Auf einem Kreditmarkt mit vielen Kreditnachfragern und -anbietern kann sich eine Bank im Kontext riskanter Erwartungen zwischenschalten und die Verbesserung der Nutzensituation risikoaverser Einzelkreditgeber fördern. Die von den Einzelkreditgebern bei ihr eingelegten

---

[78] Amerikanische, aber auch deutsche Banken verwenden dabei als Referenzpunkt für quasi risikolose Kredite eine sogenannte „prime rate" für erstklassige Schuldner, vgl. Sinkey (1992), S. 551 f.
[79] Vgl. beispielsweise Diamond (1984), S. 397.
[80] Zur Ableitung optimaler Kreditverträge unter dem Aspekt der Risikoteilung vgl. Freixas und Rochet (1997), S. 92 ff. Sie bauen auf dem „state contingent claims"-Ansatz von Debreu (1959) und Arrow (1964) auf.

Gelder werden auf viele Kreditnehmer verteilt.[81] Sich dadurch ergebende Diversifikationseffekte[82] tragen zur Verringerung des Kreditportefeuillerisikos und damit letztlich auch zur Verringerung des Risikos bei den Einlegern bei. Banken zahlen deshalb auf ihre Einlagen vergleichsweise geringe Zinsen. Die Zinsdifferenz zwischen Kreditzinsen und Einlagezinsen bzw. Refinanzierungszinsen beinhaltet unter anderem ein Entgelt für die mit der Diversifikation des Kreditportefeuilles verbundene Risikotransformationsleistung. Diese stellt eine weitere grundlegende Erklärung der Existenz von Banken dar.[83]

Auch die Verringerung der Kosten für die Schätzung der Verteilung der unsicheren Kreditrückzahlungen sind ein Betätigungsfeld von Banken. Sie übernehmen stellvertretend für ihre Einleger die Überprüfung der Kreditnehmerqualität. Ohne deren Existenz müßten die Einleger ansonsten alle von ihnen bedienten Kreditnehmer einzeln prüfen. Bei Zwischenschaltung von Banken wird die Kreditwürdigkeitsprüfung für jeden Kreditnehmer nur einmal vorgenommen. Die Einleger vertrauen der Bank aufgrund geeigneter Anreiz- und Kontrollmechanismen[84] und sparen damit die Kosten vieler Einzelprüfungen.[85]

In der Kreditpraxis ordnen Banken ihre Kreditnehmer mit Hilfe von Kreditwürdigkeitsprüfungen nach Risikoklassen. Als Risikoprämien für die jeweiligen Risikoklassen berechnen sie dann aus der Erfahrung abgeleitete sogenannte Standardrisikokosten, die mit den erwarteten Ausfallraten korrespondieren. Allerdings spielt das Kreditnehmerrisiko für den Teil eines Kreditbetrages, der mit werthaltigen Sicherheiten unterlegt ist, keine Rolle. Dementsprechend zahlt ein Kreditnehmer auch nur auf den unbesicherten Teil eine Risikoprämie.[86]

Aus diesen Überlegungen folgt auch, daß ein Kreditnehmer, der zu einer schlechteren Risikoklasse gehört, und der für einen sonst vergleichbaren Kredit den gleichen nominalen Zins vereinbaren will wie ein Kreditnehmer mit geringerem Risiko, einen höheren Umfang an Si-

---

[81] Eine solche Verteilung der Gelder könnte auch durch die Anleger selbst erfolgen. Hierbei würden aber die Kosten der Aufteilung für jeden einzelnen Anleger anfallen. Eine zwischengeschaltete Bank nimmt dagegen den Anlagebetrag als Ganzes entgegen und verteilt dann den Pool ihrer gesammelten Gelder.
[82] Vgl. hierzu grundlegend Markowitz (1952).
[83] Vgl. Santomero (1984), S. 577.
[84] In Deutschland übernimmt das Bundesaufsichtsamt für das Kreditwesen die Zulassung zum Betreiben von Bankgeschäften, die Überwachung von Banken und die Aufhebung der Zulassung, vgl. §§ 32 ff. Kreditwesengesetz. Maßgebend ist hierbei die Beachtung der bankrechtlichen Vorschriften, insbesondere die Beachtung der Grundsätze des Bundesaufsichtsamtes für das Kreditwesen. Einen ausführlichen Überblick dazu geben Burghof und Rudolph (1996).
[85] In der Theorie der Finanzintermediation wird dieser Aspekt der Kosteneinsparung durchgehend im Zusammenhang mit der Kreditüberwachung bei Vorliegen asymmetrischer Information zwischen Kreditgeber und Kreditnehmer dargestellt, vgl. stellvertretend Leland und Pyle (1977) und Diamond (1984).
[86] Eine formale Ableitung des Zusammenhangs zwischen Risikoprämie und Kreditsicherheiten für den einperiodigen Kontext bietet Saunders (1997), S. 198 ff.

cherheiten stellen muß. Damit geht eine höhere erwartete Sicherheiten-Deckungsrate $E(r^{recover})$ einher. Dieser Zusammenhang läßt sich formal ableiten.

Wenn $E(r_1^{Ausfall})$ die erwartete Ausfallrate des schlechteren Kreditnehmers und $E(r_2^{Ausfall})$ die erwartete Ausfallrate des besseren Kreditnehmers repräsentiert, mit $E(r_1^{Ausfall}) > E(r_2^{Ausfall})$, ergibt sich bei Risikoneutralität der Kreditvertragspartner sowie bei Nullgewinnen der Banken aus der allgemeinen Gleichung

$$r^{nom} = z + E(r^{Ausfall}) - E(r^{recover})$$

der Ausdruck

$$E(r_1^{recover}) = z + E(r_1^{Ausfall}) - r^{nom} > z + E(r_2^{Ausfall}) - r^{nom} = E(r_2^{recover}).$$

Dieser Zusammenhang soll in einer weiteren Hypothese festgehalten werden:

Hypothese SQ(-)Risiko:
(Zusammenhang Kreditsicherheiten und Kreditnehmerqualität)
Je höher das Ausfallrisiko des Kreditnehmers bei gegebenem Kreditzins ist, desto höher ist die Sicherheitenstellung.

Entsprechende Überlegungen sind anzustellen, wenn Kreditnehmer gleicher Qualität einen vergleichbaren Kredit aufnehmen und der eine höher besichert ist als der andere. Für $E(r_1^{recover}) > E(r_2^{recover})$ werden folgende nominalen Kreditzinsen ausgehandelt:

$$r_1^{nom} = z + E(r^{Ausfall}) - E(r_1^{recover}) < z + E(r^{Ausfall}) - E(r_2^{recover}) = r_2^{nom}.$$

Diese Idee liegt auch den Überlegungen von Rudolph (1984) zugrunde, der zeigt, daß im vorgestellten Umfeld mit riskanten Erwartungen und symmetrischer Informationsverteilung zwischen Kreditnehmer und Kreditgeber bei Nichtexistenz von Transaktionskosten und atomistischer Marktmacht der Marktteilnehmer Kreditsicherheiten als irrelevant anzusehen sind.[87] Unbesicherte Kreditgeber verlangen gegenüber besicherten Kreditgebern bei gegebenem Kreditbetrag entsprechend höhere Zinsaufschläge, sodaß bei risikoneutralen Präferenzen im Erwartungswert[88] ein Ertrag aus dem Kredit erwirtschaftet wird, der demjenigen besicherter Kredite entspricht. Daraus ergibt sich für die nominale Rendite r_U^{nom} eines unbesicherten

---

[87] Rudolph (1984), S. 26 ff. Siehe dazu auch Swoboda (1991), S. 239 f., der diesen Sachverhalt anhand von Beispielen erläutert.
[88] Rudolph (1984) geht in seinem Kontext von risikoneutralen Wirtschaftssubjekten aus.

Kredits und die nominale Rendite r_S^{nom} sowie die Sicherheiten-Deckungsrate $r_S^{recover}$ eines besicherten Kredits folgende Gleichung:

$r_U^{nom} = r_S^{nom} + E(r_s^{recover})$.

Die Irrelevanzthese von Rudolph (1984) läßt sich auch wie folgt formulieren:

Hypothese ZS(-)Risiko:
(Zusammenhang Kreditzins und Kreditsicherheiten)
Je größer der Umfang der Sicherheitenstellung bei gegebenem Ausfallrisiko ist, desto niedriger ist der Kreditzins.

3.3 Kreditkonditionen im Kontext asymmetrischer Informationsverteilung zwischen Kreditgeber und Kreditnehmer

Bisher wurde davon ausgegangen, daß die Kreditnehmerqualität und das Kreditnehmerverhalten für den Kreditgeber durchschaubar sind. Die Annahme einer symmetrischen Informationsverteilung ist aber eine vereinfachende Betrachtungsweise. In der Realität liegt eine mehr oder weniger ausgeprägte asymmetrische Informationsverteilung vor, d. h. der Kreditgeber kann die Eigenschaften bzw. das Verhalten des Kreditnehmers nur in begrenztem Maße abschätzen bzw. kontrollieren. Die zugehörigen Begriffe der Qualitätsunsicherheit und Verhaltensunsicherheit als Ausdruck asymmetrischer Informationsverteilung sind in Abschnitt 2.3 bereits erläutert worden. Im folgenden sollen die Möglichkeiten des Kreditgebers anhand ausgewählter Modelle dargestellt werden, durch festgelegte Kreditkonditionen die Qualität und das Verhalten der attrahierten Kreditnehmer zu beeinflussen und damit Probleme, die mit dem Vorliegen asymmetrischer Information verbunden sind, zu verringern bzw. zu vermeiden.[89]

3.3.1 Das Modell von Stiglitz und Weiss (1981)

Im Modell von Stiglitz und Weiss trifft eine Vielzahl von Unternehmern (Kreditantragstellern) auf einen Kreditgeber. Eine Asymmetrie der Information liegt insofern vor als der Kreditgeber das Risiko bzw. den Risikoparameter θ der einzelnen Kreditantragsteller nicht kennt. Dem Kreditgeber ist nur die Verteilung von θ über die Vielzahl der möglichen Kreditnehmer

---

[89] Einen ausführlichen Überblick über Kreditmodelle bei asymmetrischer Information geben Hartmann-Wendels, Pfingsten und Weber (1998), S. 84 ff. sowie Freixas und Rochet (1997), S. 92 ff.

bekannt. Ein konkretes θ charakterisiert das in der Verteilung des zukünftigen Ertrags Y eines möglichen Kreditnehmerprojektes beinhaltete Risiko. Ein hohes θ bedeutet hier ein höheres Projekt-Risiko im Sinne von Rothschild und Stiglitz (1970).[90] Der Kreditgeber erzielt dadurch bei riskanteren Kreditnehmern im Erwartungswert einen geringeren Gewinn, da die Wahrscheinlichkeit der ordnungsgemäßen Rückzahlung R, $p(Y \geq R)$, geringer ist.

Im neoklassischen Kapitalmarktmodell würde Kreditangebot und Kreditnachfrage durch Variation der Kreditkonditionen (bei Invarianz von Kreditsicherheiten und sonstigen Vertragsklauseln durch Variation der Kreditzinsen) in Übereinstimmung gebracht werden. Der Markt wäre geräumt. In diesem Kontext ist der Kreditgeber zur Ausweitung seines angebotenen Kreditvolumens nur bereit, wenn er dafür höhere Zinsen verlangen kann. Dagegen beantragen Kreditnachfrager bei niedrigeren Zinsen mehr Kredite. Im Modell von Stiglitz und Weiss ergibt sich aber zusätzlich, daß der Pool von Kreditantragstellern und das Verhalten der Kreditnehmer durch die Variation der Kreditzinsen beeinflußt wird. Es findet eine adverse Selektion und eine Risikoerhöhung statt.

Adverse Selektion bedeutet, daß sich der Pool von Kreditantragstellern in seiner Qualität verschlechtert, wenn die Kreditzinsen erhöht werden.[91] Da der Kreditgeber aber nicht nach der einzelnen Kreditnehmerqualität differenzieren kann, muß er diesen negativen Effekt auf seinen erwarteten Gewinn akzeptieren. Bei der Kreditvergabe ist also der positive Gewinneffekt der Zinserhöhung dem negativen Effekt aus adverser Selektion gegenüberzustellen. Im Modell von Stiglitz und Weiss wird eine Konstellation vorgeführt, für die es einen gewinnmaximierenden Zins gibt. Eine zusätzliche Zinserhöhung würde den Gewinn des Kreditgebers verringern, weil der Adverse-Selektionseffekt dann den Zinserhöhungseffekt überwiegt.

Neben der Adversen Selektion kann bei einer Zinserhöhung auch eine Risikoerhöhungstendenz ausgelöst werden. Kreditnehmer bevorzugen Projekte mit höherer Ertragsvarianz, da bei diesen die Wahrscheinlichkeit hoher Erträge größer ist. Im Erfolgsfall, also bei $Y \geq R$, können sie diese Erträge abzüglich des Rückzahlungsbetrages einstreichen. Die höhere Wahrscheinlichkeit niedriger Erträge ist den Kreditnehmern gleichgültig, weil der Kreditgeber im

---

[90] Stiglitz und Weiss modellieren diesen Sachverhalt in Form von Verteilungen $F(Y_\theta)$ der Projekterträge Y von Kreditnehmern, die in Abhängigkeit des Risikoparameters θ in Form eines „mean preserving spread" im Sinne von Rothschild und Stiglitz (1970) variieren. Diese Eigenschaft der Verteilung impliziert eine höhere Varianz des Projektertrages von riskanteren Projekten bei gleichem Erwartungswert. Vgl. Stiglitz und Weiss (1981), S. 395.
[91] Vgl. dazu die Erläuterung dieses Phänomens in Abschnitt 2.4.

Mißerfolgsfall, also bei Y ≤ R, die Projekterträge vollständig erhält. Anhand eine Zahlenbeispiels soll diese Tatsache erläutert werden. Angenommen ein Kreditnehmer hat zwei Projekte zur Auswahl, die folgende Ertragsverteilungen aufweisen:

$Y_1 = (8, 1/8; 16, 3/8; 32, 3/8; 40, 1/8)$,

$Y_2 = (8, 2/8; 16, 2/8; 32, 2/8; 40, 2/8)$.

Damit weisen beide Projekte den gleichen Erwartungswert auf:

$E(Y_1) = E(Y_2) = 24$.

Die Varianz von Y_2 ist aber größer als die von Y_1:

$Var(Y_1) = 112$,

$Var(Y_2) = 160$.

Wenn der Kreditrückzahlungsbetrag R = 33 beträgt, ergibt sich für den Kreditnehmer bei der Wahl des Projektes 2 ein erwarteter Ertrag von 14/8, bei der Wahl des Projektes 1 ein erwarteter Ertrag von 7/8. Der Kreditnehmer wird also das riskantere Projekt 2 bevorzugen. Für die Bank stellt sich bei diesem Projekt aber ein erwarteter Ertrag von 22 2/8 ein, während sie beim Projekt 1 einen Ertrag von 23 1/8 zu erwarten hätte.

Auch wenn das riskantere Projekt in Form eines mean preserving spread im Sinne von Rothschild und Stiglitz (1970) aus dem weniger riskanten Projekt hervorgeht,[92] erzielen Kreditnehmer bei riskanten Projekten einen höheren erwarteten Gewinn. Für den Kreditgeber ist die Risikoerhöhung mit einem negativen Effekt bezogen auf seinen erwarteten Gewinn verbunden. Wie beim Adversen-Selektionseffekt ist auch hier der positive Gewinneffekt aus der Zinserhöhung dem negativen Effekt aus der Risikoerhöhung des Kreditnehmers gegenüberzustellen.

Der Adverse-Selektionseffekt und der Risikoerhöhungseffekt können dazu führen, daß ein Kreditgeber es für vorteilhaft erachtet, sein Kreditangebot nicht auszuweiten, obwohl es noch Kreditantragsteller von guter Qualität gibt, die bereit wären, höhere Zinsen zu bezahlen. Es findet insofern Kreditrationierung statt. Ein Markträumungsgleichgewicht im neoklassischen

---

[92] Vgl. zum Begriff „mean preserving spread" FN. 90.

Sinne wird hier nicht erzielt. Kreditzinsen und gewährtes Kreditvolumen sind im Rationierungsgleichgewicht geringer als im Markträumungsgleichgewicht.

Aus den Überlegungen von Stiglitz und Weiss kann folgende Hypothese abgeleitet werden

Hypothese ZQ(~)SW81:
(Zusammenhang Kreditzins und Kreditnehmerqualität)
Zur Vermeidung von Adversen-Selektionseffekten und Risikoerhöhungseffekten kann es für einen Kreditgeber sinnvoll sein, von Kreditnehmern einen Kreditzins zu verlangen, der geringer ist als der Zins, der zur Kompensation der durchschnittlichen Ausfallrisiken der Kreditnehmer realisierbar wäre, wenn solche Effekte ausgeschlossen werden könnten.

Bei dieser Hypothese wird davon ausgegangen, daß Kreditsicherheiten keine variable Größe darstellen. Alle Kreditnehmer stellen Sicherheiten in gleichem Umfang relativ zu ihrer beanspruchten Kreditsumme. Stiglitz und Weiss diskutieren aber auch die Auswirkung einer kreditnehmerspezifischen Sicherheitenstellung. Sie vertreten dabei die These, daß eine Forderung des Kreditgebers nach mehr Sicherheiten anstatt höherer Zinsen ebenfalls zu einem Adversen-Selektionseffekt führen würde. Dieser These liegt die Annahme zugrunde, daß nur diejenigen Kreditnehmer vermehrt Sicherheiten stellen könnten, die in der Vergangenheit ein höheres Risiko dargestellt haben oder ein höheres Risiko eingegangen sind und erfolgreich waren. Bei ihnen handelt es sich somit um Kreditnehmer, die den Bankertrag trotz ihrer erhöhten Sicherheitenstellung negativ beeinflussen. Ein rational entscheidender Kreditgeber müßte also auch die Forderung nach Sicherheiten eher zurückstellen. Diese Überlegungen zur Funktion von Kreditsicherheiten im Kontext asymmetrischer Information hängen jedoch sehr von der Annahme ab, daß riskante Kreditnehmer mehr Vermögensgegenstände als Sicherheiten zur Verfügung haben als weniger riskante Kreditnehmer. Eine Tatsache, die nicht unbedingt plausibel erscheint. Andere Ansätze zur Erklärung der Funktion von Sicherheiten und deren Wirkung im Kontext asymmetrischer Information verfolgen Bester (1985) und Bester und Hellwig (1989). Diese sollen im folgenden erläutert und zur Ableitung von Hypothesen verwendet werden.

3.3.2 Das Modell von Bester (1985)

Bester leitet einen Ansatz zur Lösung des Kreditrationierungsproblems aufgrund Adverser Selektion her. Dabei fungieren Kreditverträge als sogenannte Selbstselektionsmechanismen.[93] Ein Kreditgeber bietet seinen Kreditantragstellern Kreditverträge mit unterschiedlichen Zins-Sicherheiten-Kombinationen an. Es wird gezeigt, daß die Kreditantragsteller über die Auswahl eines dieser Kontrakte ihre Qualität signalisieren. Eine schlechtere Qualität ist durch ein höheres Risiko bei der Erzielung zukünftiger Projekterträge im Sinne von Rothschild und Stiglitz (1970) gegeben. Eine Risikoerhöhungsmöglichkeit wie im Modell von Stiglitz und Weiss ist nicht vorgesehen.

Weniger riskante Kreditantragsteller wählen Kreditverträge mit einem niedrigeren Zins und vermehrter Sicherheitenstellung. Das ist ein plausibles Ergebnis, insofern als die Kreditnehmer in diesem Modell ihre eigene Qualität genau einschätzen können und somit weniger riskante Kreditnehmer mit geringerer Wahrscheinlichkeit eine Zahlungsunfähigkeit und damit eine Verwertung ihrer Sicherheiten befürchten müssen. Sie werden deshalb eher bereit sein, Sicherheiten zu stellen. Riskante Kreditnehmer wählen dagegen Kreditverträge mit höherem Zins und geringerer Sicherheitenstellung.

Für die rikanten Kreditnehmer ist in diesem Modell die Offenbarung ihrer Qualität optimal. Sie könnten auch eine bessere Qualität vortäuschen. Jedoch müßten sie dann Kontrakte wählen, die nur für weniger riskante Kreditantragsteller optimal, für sie selbst aber suboptimal sind. Das Problem Adverser Selektion und das damit verbundene Kreditrationierungsproblem sind somit gelöst. Die Kreditantragsteller erhalten Kredite, deren Konditionen ihren Präferenzen und auch den Gewinnvorstellungen der Bank entsprechen. Der Selbstselektionsmechanismus muß so konstruiert sein, daß die vom Kreditantragsteller gewählten Kreditkonditionen zum einen die Qualitätsoffenbarung ermöglichen und zum anderen eine adäquate Kompensation für dessen Risiko darstellen. Es ist fraglich, ob ein solcher Mechanismus in der Realität immer konstruierbar sein wird. Nichtsdestotrotz besteht dadurch die Möglichkeit einer Beeinflussung der Kreditkonditionen. Es lassen sich deshalb die folgenden Hypothesen ableiten.

---

[93] Besanko und Thakor (1987) konstruieren ebenfalls einen solchen Mechanismus in einem Modell mit vollkommener Konkurrenz der Kreditgeber und kommen zu ähnlichen Ergebnissen. Vgl. ebenda, S. 675 ff.

Hypothese ZQ(-)B85:
(Zusammenhang Kreditzins, Kreditsicherheiten und Kreditnehmerqualität)
Kreditnehmer schlechter Qualität präferieren die Zahlung höherer Kreditzinsen gegenüber der Stellung von Sicherheiten; bei Kreditnehmern guter Qualität verhält es sich umgekehrt.

Hypothese SQ(+)B85:
(Zusammenhang Kreditsicherheiten, Kreditzins und Kreditnehmerqualität)
Kreditnehmer guter Qualität präferieren die Stellung von Sicherheiten gegenüber der Zahlung höherer Kreditzinsen; bei Kreditnehmern schlechter Qualität verhält es sich umgekehrt.

3.3.3 Das Modell von Bester und Hellwig (1989)

Bester und Hellwig zeigen, daß die Forderung von Kreditsicherheiten durch den Kreditgeber auch den Zweck verfolgen kann, Kreditnehmer von einer Risikoerhöhung abzuhalten und somit in dieser Hinsicht das Problem der Kreditrationierung zu mildern. Wenn Kreditnehmer zusätzlich zum finanzierten Projekt Sicherheiten gewährt haben, werden sie bei einer Zinserhöhung eher von der Erhöhung des Projektrisikos abgehalten. Die mit einem höheren Projektrisiko verbundene höhere Wahrscheinlichkeit eines schlechten Projektergebnisses hat für den Kreditnehmer im Fall ohne Sicherheitenstellung keine Auswirkungen. Wenn der Projektertrag Y den Rückzahlungsbetrag R unterschreitet, erzielt der Kreditnehmer einen Gewinn von Null. Bei Stellung von Sicherheiten geht ein solch negatives Projektergebnis mit einen zusätzlichen Vermögensverlust in Form der Sicherheitenverwertung durch den Kreditgeber einher. Je schlechter das Projektergebnis ist, desto höher ist dieser Vermögensverlust. Der Kreditnehmer neigt deshalb bei Stellung zusätzlicher Sicherheiten weniger dazu, das Risiko zu erhöhen. Die modellhaften Überlegungen von Bester und Hellwig lassen sich relativ einfach darstellen.

Es existieren zwei Projekte, Projekt 1 und Projekt 2, mit den Erfolgswahrscheinlichkeiten $p_2 < p_1$ und den zugehörigen Projektergebnissen $Y_2 > Y_1$. Mit Wahrscheinlichkeiten von $(1 - p_1)$ bzw. $(1 - p_2)$ erwirtschaften die Projekte keinen Ertrag. Die Erwartungswerte der Projekterträge verhalten sich zueinander wie folgt:

$p_2 Y_2 < p_1 Y_1$.

Jeder Unternehmer besitzt ein zusätzliches, vom zu finanzierenden Projekt getrenntes Vermögen V, das als Kreditsicherheit in Höhe des Betrages $C < V$ dienen kann. Die Verwertung von

Kreditsicherheiten ist für den Kreditgeber mit Liquidationskosten verbunden. Bei einer Liquidation verbleibt ihm ein Sicherheitswert in Höhe von βC. β stellt dabei die prozentuale Werthaltigkeit der Sicherheit für den Kreditgeber dar. Der Ansatz von Liquidationskosten ist insofern sinnvoll, als bestimmte Vermögensgegenstände in einem funktionierenden Unternehmen, d. h. wenn sie ihren Verwendungszweck erfüllen können, mehr wert sind als nach deren Herauslösung aus dem Ganzen für die Sicherheitenverwertung. Der erwartete Gewinn von Kreditgeber und Kreditnehmer in Abhängigkeit von der Projektwahl i = 1, 2 und dem Kreditbetrag K lautet wie folgt:

$E(G_{KN}) = p_i (Y_i - R) - (1 - p_i) C$,

$E(G_{KG}) = p_i R - (1 - p_i) \beta C - K$.

K stellt hierbei den zur Verfügung gestellten Kreditbetrag dar. Der Rückzahlungsbetrag R ergibt sich aus $R = (1+r)K$, wobei r den vereinbarten Kreditzins darstellt. Zur Vereinfachung wird ein Refinanzierungszins des Kreditgebers in Höhe von Null angenommen.

Der Kreditgeber fordert Sicherheiten, um die Projektwahl des Kreditnehmers zu beeinflussen. Der Kreditnehmer wählt das weniger riskante Projekt 1, falls

$p_1 (Y_1 - R) - (1 - p_1) C \geq p_2 (Y_2 - R) - (1 - p_2) C$

$\Rightarrow r \leq (p_1 Y_1 - p_2 Y_2)/(p_1 - p_2) + C/K$

$\Rightarrow r \leq r^* + C/K$.

Im Fall ohne Sicherheiten ist r^* der kritische Zinssatz, ab dem der Kreditnehmer das riskante Projekt wählt. Bei Sicherheitenstellung ist es der kritische Zinssatz $r^* + C/K$. Der Kreditgeber hat somit gegenüber dem Fall ohne Sicherheitenstellung einen größeren Zinserhöhungsspielraum. Je höher der Umfang gestellter Sicherheiten ist, desto höher ist dieser Spielraum. Der Kreditnehmer wechselt später zum riskanteren Projekt über. Sicherheiten haben insofern Anreizeffekte.

Auch wenn die prozentuale Werthaltigkeit β der Kreditsicherheiten für den Kreditgeber nahe bei Null liegt, lohnt sich die Forderung von Sicherheiten. Für den Kreditnehmer haben sie weiterhin einen Wert in Höhe von C. Es ist deshalb allein die Drohung maßgebend, daß die zusätzlich hereingenommenen Sicherheiten verwertet werden, wenn die Projekterträge nicht ausreichen, um Zins und Tilgung zu decken, unabhängig davon, ob der Kreditgeber nun durch eine Liquidation einen hohen Wert erlöst oder nicht.

Aus dem Modell von Bester und Hellwig läßt sich bezüglich des Zusammenspiels von Zinsen und Sicherheiten folgende Hypothese ableiten:

Hypothese SQ(-)BH89:
(Zusammenhang Kreditzins und Kreditsicherheiten)
Bei einer Erhöhung des Kreditangebots verbunden mit einer allgemeinen Erhöhung der Kreditzinsen fordern Kreditgeber von Kreditnehmern zusätzliche Sicherheiten, um eine Risikoerhöhung zu verhindern.

Diese Modellierung entspricht dem Ansatz von Jensen und Meckling (1976). Hierbei geht ein höheres Risiko mit einem geringeren Erwartungswert einher.[94] Die Intention von Jensen und Meckling war es, ein Beispiel dafür zu liefern, wie Prinzipal-Agenten-Probleme zu allgemeinen Wohlfahrtsverlusten führen können. Viele spätere Modellbildungen basieren ebenfalls auf diesem Konzept. Kürsten (1997) macht allerdings darauf aufmerksam, daß bei der Anwendung dieses Konzepts die Risikoerhöhung zwar einen positiven, die Senkung des Erwartungswertes beim Projektertrag aber einen negativen Effekt auf die Position des Unternehmers besitzt. Er zeigt, daß die hier gewonnenen Ergebnisse von der gewählten Modellspezifikation abhängen.[95] Bester und Hellwig wählen ein sogenanntes Zweizustandsmodell, das aus Vereinfachungsgründen nur zwei Endzustände des zu finanzierenden Projekts annimmt und dem riskanten Projekt eine höhere Ausfallwahrscheinlichkeit zuweist.[96] In diesem Kontext wirken Sicherheiten anreizmildernd bezüglich der Risikoerhöhung. Bei einer Operationalisierung des Risikos durch einen „mean preserving spread" im Sinne von Rothschild und Stiglitz (1970) mit einer kleineren Kreditausfallwahrscheinlichkeit für das riskantere Projekt ist auch eine anreizverschärfende Wirkung von Sicherheiten denkbar.[97] Insofern ist die Anreizwirkung von Kreditsicherheiten bei asymmetrischer Information nicht eindeutig und damit auch nicht der Zusammenhang zwischen Kreditzins und Kreditsicherheiten.

---

[94] Vgl. Jensen und Meckling (1976), S. 334 ff.
[95] Vgl. Kürsten (1997), S. 831 ff.
[96] Dabei lehnen sie sich an das Beispiel von Stiglitz und Weiss (1981), S. 401 f. an.
[97] Es ist zu beachten, daß das Risiko eines Kreditausfalls durch eine Verteilung charakterisiert ist, die den möglichen Ausfallhöhen bestimmte Ausfallwahrscheinlichkeiten zuordnet. Insofern können auch im Sinne von Rothschild und Stiglitz (1970) riskanteren Projekten niedrigere Ausfallwahrscheinlichkeiten zugeordnet sein.

3.3.4 Das Modell von Boot, Thakor und Udell (1991)

Die Modelle von Bester (1985) und von Bester und Hellwig (1989) betrachten Qualitätsunsicherheit bzw. Moral Hazard in isolierter Form. Es stellt sich aber auch die Frage, welche Konsequenzen bei einem kombinierten Auftreten dieser beiden Phänomene zu erwarten sind. Boot, Thakor und Udell behandeln diesen Kontext in ihrem Modell. Dabei berücksichtigen sie zwei verschiedene Definitionen zur Charakterisierung des Kreditnehmerrisikos. Zum einen das Ausfallrisiko, indem sie dafür das Ausfallrisiko des vom Kreditnehmer gewählten Projekts als Stellvertretervariable wählen, und zum anderen das Projektrisiko im Sinne von Rothschild und Stiglitz (1970). Im folgenden soll das Modell in seinem Ansatz und seinen Ergebnissen vorgestellt werden, um entsprechende Hypothesen abzuleiten.

Modellansatz

Boot, Thakor und Udell gehen von risikoneutralen Einlegern, Banken und Kreditnehmern aus. Banken agieren auf einem Markt mit vollkommener Konkurrenz. Diese Annahme hat die Konsequenz, daß

- Einleger für ihre der Bank überlassenen Gelder eine erwartete Rendite erhalten, die dem risikolosen Zins mit gleicher Bindungsfrist auf den Geld- und Kapitalmärkten entspricht,
- Kreditnehmer ihren erwarteten Nutzen unter Beachtung von Beschränkungen durch Phänomene asymmetrischer Information und unter Berücksichtigung von Opportunitätsüberlegungen maximieren,
- Banken im Erwartungswert Nullgewinne erzielen.

Unternehmer können zum Zeitpunkt t=0 in ein Projekt investieren, das in t=1 mit einer Wahrscheinlichkeit von $p(\theta,\alpha)$ einen Rückfluß von Y und sonst einen Rückfluß von Null erbringt. Die Variable θ stellt dabei die Projektqualität (damit auch die Kreditnehmerqualität) dar, die entweder gut (G) oder schlecht (S) ist. Die Variable α repräsentiert das vom Unternehmer gewählte Anstrengungsniveau mit $\alpha \in A \equiv \{\alpha^+, \alpha^-\}$ bei $0 < \alpha^- < \alpha^+ < \infty$.

Annahmegemäß gilt:

$$p(S \mid \alpha) < p(G \mid \alpha), \ \forall \ \alpha \in A, \tag{1}$$

$$p(\alpha^- \mid \theta) < p(\alpha^+ \mid \theta), \ \forall \ \theta \in \{G,S\}. \tag{2}$$

Die Wahl eines bestimmten Anstrengungsniveaus α ist mit den Kosten c(α) > 0 mit $c(\alpha^-) < c(\alpha^+) < \infty$ verbunden.

Es wird weiterhin angenommen, daß eine Erhöhung des Anstrengungsniveaus beim Unternehmer von α^- nach α^+ bei schlechten Projekten eine größere Steigerung der Erfolgswahrscheinlichkeit für das Projekt bewirkt als bei guten Projekten. Das bedeutet

$p(\alpha^+ \mid S) - p(\alpha^- \mid S) > p(\alpha^+ \mid G) - p(\alpha^- \mid G)$.

Projektqualität und Anstrengungsniveau des Unternehmers sind substituierbar. Der Raum möglicher bester Strategien wird hier also so ausgerichtet, daß der gute Kreditnehmer optimalerweise ein niedriges Anstrengungsniveau wählen kann.

Der Unternehmer besitzt annahmegemäß kein Eigenkapital. Zur Finanzierung einer Investition in das soeben beschriebene Projekt nimmt er bei einer Bank einen Kredit auf. Die Investitions- bzw. Kreditsumme ist im Modell auf K = 1 normiert. Der Rückzahlungsbetrag wird in Höhe von R ≥ 1 vereinbart. Der Kreditgeber fordert zudem Sicherheiten im Gegenwert von C ≥ 0. Dabei handelt es sich um Vermögensgegenstände, die der Kreditnehmer zusätzlich zum finanzierten Projekt bereitstellt. Die Möglichkeit, solche externen Sicherheiten in die Kreditbeziehung einzubringen, ist für den Unternehmer nicht beschränkt. Eine Annahme, die durchaus zu kritisieren ist. Die Autoren weisen darauf hin, daß sie eher technischer Natur wäre, um Verzerrungen bei der Herleitung der Modellergebnisse zu vermeiden.[98] Dabei ist davon auszugehen, daß die Autoren durch exogene Beschränkungen verursachte Randlösungen vermeiden wollen, um Fallunterscheidungen zu vermeiden.

Es bleibt zu bedenken, daß sich der Unternehmer auch durch den Verkauf von sicherungsfähigen projektexternen Vermögensgegenständen finanzielle Mittel beschaffen könnte und somit nicht auf einen Bankkredit angewiesen wäre. Im Modell wird aber von hohen Kosten bei der Liquidation dieser Gegenstände ausgegangen. Deshalb erscheint eine Kreditaufnahme vorteilhafter. Auch der Kreditgeber muß bei der Liquidation von Sicherungsgegenständen mit hohen Kosten rechnen. Insbesondere das Herauslösen eines Vermögensgegenstandes aus einem wie auch immer existierenden Ganzen beim Kreditnehmer ist mit entsprechenden Wertminderungen verbunden. Die Bank bewertet deshalb Sicherungsgegenstände mit dem Anteil βC ihres „inneren" Wertes. β ist dabei eine Funktion der Projektqualität θ mit 0 < θ < 1.

---

[98] Vgl. Boot, Thakor und Udell (1991), S. 461.

Risikodefinitionen

Bisher charakterisiert das Modell Kreditnehmer nach den für sie durchführbaren Projekten als „gut" oder „schlecht". Bei gleichem Anstrengungsniveau besitzt der gute Kreditnehmer auch eine größere Erfolgswahrscheinlichkeit. Es sind aber auch Situationen denkbar, in denen der gute Kreditnehmer ein niedrigeres Anstrengungsniveau als der schlechte Kreditnehmer wählt. Der gute Kreditnehmer besitzt dann nicht mehr unbedingt eine höhere Erfolgswahrscheinlichkeit. Boot, Thakor und Udell definieren deshalb zusätzlich die beiden Risikomaße „Ausfallrisiko" und „Projektrisiko" in Abhängigkeit von der Wahl des Anstrengungsniveaus α^* beim Kreditnehmer im Kreditmarktgleichgewicht.

Das Konzept des Ausfallrisikos ist im Zweizustandsfall, also wenn das Projekt mit einer Wahrscheinlichkeit p erfolgreich verläuft und mit einer Wahrscheinlichkeit 1-p nicht erfolgreich verläuft, identisch zum Konzept der Erfolgswahrscheinlichkeit. Ein Kreditnehmer i ist danach riskanter als ein Kreditnehmer j, wenn bei gegebenen Projektqualitäten θ_i bzw. θ_j und bei gewählten Anstrengungsgraden $\alpha^*(\theta_i)$ bzw. $\alpha^*(\theta_j)$ gilt:

$$p[\alpha^*(\theta_i) \mid \theta_i] < p[\alpha^*(\theta_j) \mid \theta_j].$$

Aufgrund der vollkommenen Konkurrenz besitzt jedes finanzierte Projekt für die Bank die gleiche erwartete Rückzahlung $Z = (1+z)K$, wobei z den Zinssatz für risikolose Kapitalmarktanlagen repräsentiert und K den Kreditbetrag, der in diesem Modell definitionsgemäß eine Geldeinheit umfaßt.

Wenn sich für die Kreditnehmer vom Typ k, k = i, j, im Gleichgewicht jeweils die Parameter $\alpha^*(\theta_k)$, $R^*(\theta_k)$, $C^*(\theta_k)$ ergeben, ist der Kreditnehmer i riskanter als der Kreditnehmer j bei

$$\text{var}^*(\theta_i) > \text{var}^*(\theta_j),$$

wobei für k = i, j gilt:

$$\text{var}^*(\theta_k) \equiv p[\alpha^*(\theta_k) \mid \theta_k][R^*(\theta_k) - Z]^2 + \{1 - p[\alpha^*(\theta_k) \mid \theta_k]\}[\beta(\theta_k)C^*(\theta_k) - Z]^2.$$

Vom theoretischen Standpunkt aus gesehen ist das Maß des Projektrisikos aussagekräftiger, weil es die mögliche Ausfallhöhe miteinbezieht, während das Ausfallrisiko nur die Wahrscheinlichkeit des Ausfalls angibt. Nichtsdestotrotz wurde das Konzept des Ausfallrisikos in theoretischen Arbeiten immer wieder als Risikomaß herangezogen.[99] Im Zweizustandsmodell von Boot, Thakor und Udell entsprechen sich die beiden Maße allerdings.

Informationslage

Im vorliegenden Modell wird eine asymmetrische Informationsverteilung unterstellt, die zum einen durch die Unsicherheit des Kreditgebers bezüglich des Kreditnehmerverhaltens (Wahl des Anstrengungsniveaus) und bezüglich der Kreditnehmer- bzw. der Projektqualität zum Ausdruck kommt. Die Autoren untersuchen aber zunächst eine Situation mit symmetrischer Informationsverteilung, also ohne Vorliegen dieser Unsicherheiten. Sie dient als Orientierungspunkt. Danach untersuchen sie eine Situation, in der nur Verhaltensunsicherheit vorliegt. Schließlich wird diese Situation um Qualitätsunsicherheit erweitert.

Symmetrische Informationsverteilung

In einer Situation ohne Qualitäts- und ohne Verhaltensunsicherheit sind die Parameter α und θ für den Kreditgeber beobachtbar. Der Kreditnehmer kann sich nicht strategisch verhalten. Bei seiner Anstrengungswahl zieht er folgende Entscheidungsregel heran:

Maximiere $p(\alpha \mid \theta)Y - c(\alpha) - Z$, $\qquad \alpha \in \{\alpha^+, \alpha^-\}$.

Wie bereits in Abschnitt 3.2.2 dargelegt, spielen hier Sicherheiten keine Rolle. Bei Nullgewinnen der Bank zahlt der Kreditnehmer im Erwartungswert den sicheren Zins z für den Kreditbetrag $K = 1$.

Für den „guten" Kreditnehmer ist die Aktion α^- optimal, falls

$p(\alpha^- \mid G)Y - c(\alpha^-) - Z > p(\alpha^+ \mid G)Y - c(\alpha^+) - Z$

$\Rightarrow p(\alpha^+ \mid G) - p(\alpha^- \mid G) < [c(\alpha^+) - c(\alpha^-)]Y^{-1}$.

Für den „schlechten" Kreditnehmer ist die Aktion α^+ optimal, falls

$p(\alpha^- \mid S)Y - c(\alpha^-) - Z < p(\alpha^+ \mid S)Y - c(\alpha^+) - Z$

$\Rightarrow p(\alpha^+ \mid S) - p(\alpha^- \mid S) > [c(\alpha^+) - c(\alpha^-)]Y^{-1}$.

---

[99] Vgl. u.a. die bereits vorgestellten Arbeiten von Bester (1985) und Bester und Hellwig (1989), bei denen die Risikozunahme über eine Zunahme der Kreditausfallwahrscheinlichkeit modelliert ist.

Beide Bedingungen sind mit den getroffenen Annahmen (1) und (2) vereinbar, wobei hier zusätzlich angenommen wird, daß die Anstrengungswahl und die Kreditnehmerqualität substituierend wirken. Aufgrund dieser Annahmen wählt also der gute Kreditnehmer bei symmetrischer Informationslage als wohlfahrtsoptimale Aktion ein niedriges Anstrengungsniveau, der schlechte Kreditnehmer ein hohes Anstrengungsniveau. Im folgenden wird nun gezeigt, daß der schlechte Kreditnehmer durch den Einsatz von Sicherheiten auch im Falle einer asymmetrischen Informationsverteilung zu einem die Wohlfahrt maximierenden hohen Anstrengungsniveau motiviert werden kann.

Verhaltensunsicherheit

Verhaltensunsicherheit oder Moral Hazard ist im Modell so definiert, daß der Kreditgeber das Anstrengungsniveau α des Kreditnehmers nicht beobachten kann. Der Kreditgeber kennt aber die Erfolgswahrscheinlichkeiten des Kreditnehmerprojekts bei gegebenem Kreditnehmerverhalten. Die Kreditnehmerqualität θ wird als bekannt angenommen.

Formal ergibt sich für jedes θ folgendes Maximierungsproblem für die Kreditnehmer:

$$\text{Max}_{\alpha(\theta), C(\theta)} \ p(\alpha^*|\theta)[Y - R(\theta)] - [1 - p(\alpha^*|\theta)]C(\theta) - c(\alpha^*) \quad (3)$$

unter den Nebenbedingungen

$$p(\alpha^*|\theta)R(\theta) + [1 - p(\alpha^*|\theta)]\beta(\theta)C(\theta) \geq Z, \quad (4)$$

$$\alpha^* \in \text{argmax}_{\alpha \in \{\alpha+, \alpha-\}} \ p(\alpha|\theta)[Y - R(\theta)] - [1 - p(\alpha|\theta)]C(\theta) - c(\alpha) \quad (5).$$

Wie bereits ausgeführt erzielen Kreditgeber definitionsgemäß Nullgewinne (Ungleichung (4)). In einem Gleichgewichtsmodell wird der Kreditgeber mit dem Kreditnehmer den Rückzahlungsbetrag $R(\theta)$ und die Sicherheitenstellung $C(\theta)$ so vereinbaren, daß der Kreditnehmer seinen erwarteten Gewinn (Term (3)) unter Berücksichtigung seiner Anstrengungswahl α^*, die wiederum von $R(\theta)$ und $C(\theta)$ abhängt, (Bedingung (5)) maximiert.

Boot, Thakor und Udell zeigen, daß riskante Kreditnehmer im Kontext asymmetrischer Information durch den Einsatz von Kreditsicherheiten zu einem wohlfahrtsfördernden Verhalten motiviert werden können. Sie wählen ein hohes Anstrengungsniveau, obwohl sie in einem Kontext ohne Sicherheiten ein der Gesamtwohlfahrt abträgliches niedriges Anstrengungsniveau wählen würden. Der Begriff „riskant" ist dabei über plausible Parameterkonstellationen den „schlechten" Kreditnehmern zugeordnet und umfaßt die beiden vorgenommenen Risikodefinitionen: das Ausfallrisiko und das Projektrisiko. Der hier abgeleitete Zusammenhang zwischen Sicherheitenstellung und Kreditnehmerqualität korrespondiert bei den erzielten Ergebnissen im Grundsätzlichen mit dem Modell von Bester und Hellwig (1989). Danach können Kreditnehmer durch Kreditsicherheiten eher von einer Erhöhung des Projektrisikos abgehalten werden als solche, die keine Kreditsicherheiten stellen.

Verhaltensunsicherheit und Qualitätsunsicherheit

Die im Modell vorliegende asymmetrische Informationsverteilung wird nun dadurch erweitert, daß dem Kreditgeber auch die Qualität des Kreditnehmers bzw. des von ihm durchgeführten Projektes nicht bekannt ist. Dieser kennt nur die Wahrscheinlichkeit γ für einen „schlechten" Kreditnehmer und $(1-\gamma)$ für einen guten Kreditnehmer. Die Kreditnehmer selbst kennen ihren Typ.

Wenn sich ein Kreditnehmer als „schlecht" charakterisiert, erhält er die Kreditkonditionen R(S) und C(S). Wenn er sich als „gut" charakterisiert, erhält er R(G) und C(G). Das zu lösende Maximierungsproblem stellt sich wie folgt dar:

$Max_{(V)} \gamma U(S|S) + (1-\gamma)U(G|G)$

unter den Nebenbedingungen

$p(\alpha^*|\theta)R(\theta) + [1 - p(\alpha^*|\theta)]\beta(\theta)C(\theta) \geq Z, \forall \theta \in \{S,G\}$,

$\alpha^* \in argmax_{\alpha \in \{\alpha+,\alpha-\}} p(\alpha|\theta)[Y - R(\theta)] - [1 - p(\alpha|\theta)]C(\theta) - c(\alpha)$,

$U(\theta^w|\theta^w) \geq U(\theta^f|\theta^w), \forall \theta^w, \theta^f \in \{S,G\}, \theta^w \neq \theta^f$ (6)

mit

$V = [R(S), C(S), R(G), C(G)]$.

$U(S|S) \equiv p(\alpha|S)[Y - R(S)] - [1 - p(\alpha|S)]C(S) - c(\alpha)$,

$U(G|G) \equiv p(\alpha|G)[Y - R(G)] - [1 - p(\alpha|G)]C(G) - c(\alpha)$,

$U(\theta^w|\theta^w) \equiv p(\alpha|\theta^w)[Y - R(\theta^w)] - [1 - p(\alpha|\theta^w)]C(\theta^w) - c(\alpha)$,

$U(\theta^f|\theta^w) \equiv p(\alpha|\theta^w)[Y - R(\theta^f)] - [1 - p(\alpha|\theta^w)]C(\theta^f) - c(\alpha).$

Der Unterschied zum Maximierungsproblem, bei dem nur Verhaltensunsicherheit vorliegt, besteht in der Selbstselektions-Bedingung (6), die bei gegebener Anstrengungswahl dem Kreditnehmer einen höheren Nutzen zuweist, der seinen wahren Typus offenbart. „Lügen" lohnt sich also nicht.[100]

Es zeigt sich, daß der weniger riskante Kreditnehmer bei gleichzeitigem Vorliegen von Qualitäts- und Verhaltensunsicherheit mehr Sicherheiten stellt als im Fall mit ausschließlicher Verhaltensunsicherheit. Er zahlt dafür geringere Kreditzinsen. Der riskantere Kreditnehmer erhält die gleichen Konditionen wie vorher. Es ist nun nicht mehr klar, wer von den beiden Kreditnehmern mehr Sicherheiten stellt. Wie bei Bester (1985) besteht also hier die Möglichkeit, daß Kreditnehmer guter Qualität mehr Sicherheiten stellen und niedrigere Kreditzinsen bezahlen. Schlechte Kreditnehmer vermeiden in einem solchen Kontext Kreditverträge mit hoher Sicherheitenstellung, da sie mit größerer Wahrscheinlichkeit in Konkurs gehen und damit ihre Sicherheiten verlieren.

Boot, Thakor und Udell stellen heraus, daß der von ihnen hier abgeleitete Fall mit dem Vorliegen von moderater Verhaltensunsicherheit[101] die soeben diskutierten Ergebnisse erbringt. Bei größerer Verhaltensunsicherheit entsprechen die Ergebnisse tendenziell denen bei ausschließlichem Vorliegen von Verhaltensunsicherheit. Bei gleichzeitigem Vorliegen von Qualitäts- und Verhaltensunsicherheit sind also keine eindeutigen Ergebnisse bezüglich des Zusammenhangs zwischen Kreditkonditionen und Kreditnehmerqualität zu erhalten. Kürsten (1997) kommt in seiner Arbeit sogar bei ausschließlichem Vorliegen von Verhaltensunsicherheit, zu dem Schluß mehrdeutiger Ergebnisse.

Da die aus den Modellen von Bester (1985) und Bester und Hellwig (1989) abgeleiteten Hypothesen bezüglich des Zusammenhangs von Sicherheiten und Kreditnehmerqualität eindeutige Aussagen machen, sollen diese als Diskussionsgrundlage bei späteren Analysen verwendet werden, ohne zu vergessen, daß die Zusammenhänge nicht so klar sein müssen.

---

[100] Die Autoren hätten hier auch eine Pooling-Lösung zulassen können. Es ist nicht unbedingt klar, daß eine Separationslösung hier optimal ist. Denn die Kosten für eine umfangreiche Sicherheitenstellung können hoch sein.
[101] Die konkrete Bedingung für das Vorliegen moderater Verhaltensunsicherheit ist durch Gleichung (A 7-1) in Boot, Thakor und Udell (1991), S. 467 gegeben.

3.3.5 Das Modell von Langer und Waller (1997)

Langer und Waller untersuchen in ihrer theoretischen Arbeit die Anreizfunktion von Sicherheiten bei Kreditnehmern, deren Präferenzen durch Verlustaversion gekennzeichnet sind. Verlustaversion bedeutet, daß Individuen möglichen Verlusten mehr Gewicht beimessen als möglichen Gewinnen.[102] Im Kontext besicherter Kredite sollten deshalb Kreditnehmer mit höherer Verlustaversion ein höheres Anstrengungsniveau aufweisen, da sie bei einem Konkurs mit dem Verlust der gestellten projektexternen Sicherheiten rechnen müssen. Dies ist auch ein Ergebnis des vorliegenden Modells.

Die Existenz des Phänomens Verlustaversion ist hier allen Akteuren bekannt, während dessen Ausprägung private Information des Kreditnehmers darstellt. Angelehnt an die Idee von Bester (1985) wird im Modell zusätzlich gezeigt, daß es in bestimmten Situationen möglich ist, aufgrund der Wahl der Kreditnehmer aus einem Angebot an Kontrakten mit unterschiedlicher Sicherheitenstellung kostenlos deren Grad an Verlustaversion zu erkennen.

Die Anreizfunktion von Sicherheiten wird von Langer und Waller unterstrichen. Sie führen allerdings Verlustaversion als verstärkendes Moment für diesen Anreiz an. Insofern verfolgen sie einen neuen Weg in der Bankliteratur. Die Annahme des homo oeconomicus nach dem Verständnis von von Neumann und Morgenstern[103] wird hier durch einen homo oeconomicus nach der prospect theory von Kahnemann und Tversky[104] abgelöst.

3.3.6 Überlegungen zu den Implikationen unterschiedlicher Grade der Informationsasymmetrie

Die obigen Kreditmodelle, wie auch die meisten anderen in der Literatur, gehen von einer vollständigen Asymmetrie der Information aus und leiten daraus ihre Erklärungen bestimmter Phänomene und Gestaltungsvorschläge für Kreditverträge ab. In der Realität liegen aber verschiedene Grade der Informationsasymmetrie vor. Qualitätsunsicherheit und Verhaltensunsicherheit können beispielsweise durch die Verfahren der Kreditwürdigkeitsanalyse abgebaut werden.[105] Der Verhaltensunsicherheit ist zudem durch eine anreizkompatible Formulierung

---

[102] Schon Samuelson weist auf dieses Phänomen hin, vgl. Samuelson (1963), S. 108.
[103] Vgl. von Neumann und Morgenstern (1947).
[104] Vgl. Kahneman und Tversky (1979).
[105] Vgl. Abschnitt 2.5.

von Verträgen beizukommen.[106] Ein Abbau asymmetrischer Information ist auch über die Dauer einer Kunde-Bank-Beziehung möglich. Die beiden Vertragspartner entwickeln über eine erfolgreiche Geschäftsbeziehung zusehends gegenseitiges Vertrauen, das sich auch in einer besseren Kenntnis der Situation und der Verhältnisse des anderen bemerkbar macht. Insbesondere baut der Kreditnehmer dadurch Reputation beim Kreditgeber auf.[107] Der Abbau asymmetrischer Information ist für den Kreditgeber letztlich mit einer besseren Abschätzbarkeit der zukünftigen Zahlungen der Kreditnehmer verbunden. Dadurch können die Risikoprämien beim Kreditzins bzw. die Kreditbesicherung adäquater an die Qualität der Kreditnehmer angepaßt werden, d.h. die Kreditzinsen und die Kreditbesicherung sind im Durchschnitt, adjustiert um das wahre Risiko, über alle Kreditnehmer gesehen, weniger hoch. Aus dieser Überlegung lassen sich folgende Hypothesen ableiten:

Hypothese ZB(-)Asymm:

(Kreditzins bei enger Kunde-Bank-Beziehung)

Die Asymmetrie der Information zwischen Kreditgeber und Kreditnehmer wird durch eine enge Kunde-Bank-Beziehung abgebaut. Der Kreditgeber ist aufgrund dieser Tatsache bereit, niedrigere Kreditzinsen zu verlangen.

Hypothese SB(-)Asymm:

(Kreditsicherheiten bei enger Kunde-Bank-Beziehung)

Die Asymmetrie der Information zwischen Kreditgeber und Kreditnehmer wird durch eine enge Kunde-Bank-Beziehung abgebaut. Der Kreditgeber ist aufgrund dieser Tatsache bereit, weniger Kreditsicherheiten zu fordern.

Der Abbau asymmetrischer Information führt weiterhin zu einer geringeren Intensität der Effekte aus Adverser Selektion und Moral Hazard. Insofern sollten auch Beschränkungen in der Kreditverfügbarkeit, wie sie von Stiglitz und Weiss (1981), aber auch von Jaffee und Russell (1976) dargestellt werden, weniger ausgeprägt sein.

---

[106] Vgl. hierzu Hartmann-Wendels, Pfingsten und Weber (1998), S. 102 ff.
[107] Vgl. Diamond (1991)

Hypothese VB(+)Asymm:
(Kreditverfügbarkeit bei enger Kunde-Bank-Beziehung)

Die Asymmetrie der Information zwischen Kreditgeber und Kreditnehmer wird durch eine enge Kunde-Bank-Beziehung abgebaut. Der Kreditgeber ist aufgrund dieser Tatsache eher bereit, weitere Kredite zur Verfügung zu stellen.

3.4 Kreditkonditionen im Kontext unvollständiger Verträge

In Abschnitt 2.10.1 ist bereits geklärt worden, was unter einem unvollständigen Vertrag zu verstehen ist und wie über Nachverhandlungen eine Anpassung unvollständiger Verträge an neue Realitäten erreicht wird. Es soll nun der Einfluß von Nachverhandlungen auf die Gestaltung der Kreditkonditionen untersucht werden. Im Hinblick auf die noch folgende empirische Untersuchung sind dabei die Implikationen von Nachverhandlungen auf das Sicherheitenniveau und die Kreditzinsen von Relevanz.

Sicherheitenvereinbarungen beim Abschluß von Kreditverträgen sind dazu geeignet, die Verhandlungsposition von Kreditgebern bei späteren Nachverhandlungen zu stärken und somit deren Interessen durchsetzbar zu machen. Huberman und Kahn (1989) und Bester (1994) illustrieren dies in ihren Modellen. Auch Vertragsklauseln (covenants), die entsprechend strikt formuliert sind, können dazu verwendet werden. Bulow und Shoven (1978), Smith und Warner (1979), Huberman und Kahn (1988), Gertner und Scharfstein (1991), Berlin und Mester (1992) und Thakor und Wilson (1995) geben mit ihren Arbeiten Beispiele dafür. Die Höhe der Sicherheiten ist in den genannten Werken oft nicht eng mit der Kreditnehmerqualität verbunden. Insofern tragen unvollständige Verträge bzw. Nachverhandlungsmöglichkeiten dazu bei, diesen Zusammenhang aufzuweichen. Diese Tatsache führt zu der folgenden Hypothese:

Hypothese SQ(~)unvollV:
(Zusammenhang Kreditsicherheiten und Kreditnehmerqualität)

Zur Sicherung ihrer Verhandlungsposition neigen Kreditgeber dazu, in großem Ausmaß Sicherheiten zu verlangen. Deshalb ist nicht von einem strengen Zusammenhang zwischen Sicherheitenstellung und Kreditnehmerqualität auszugehen.

Auch die im ursprünglichen Kreditvertrag vereinbarten Zinsen unterliegen dem Einfluß von Nachverhandlungsmöglichkeiten. Diese Tatsache soll anhand des Modells von Gorton und Kahn (1996) dargestellt werden.

3.4.1 Das Modell von Gorton und Kahn (1996)

Gorton und Kahn zeigen in ihrem Modell einer mehrperiodigen Kreditbeziehung, daß kein monotoner Zusammenhang zwischen Kreditzinsen und Kreditnehmerrisiko bestehen muß. Vielmehr hängt die Konditionensetzung einer Bank von dem zu erwartenden Risikoverhalten des Kreditnehmers ab. Dieses ist wiederum abhängig von dessen wirtschaftlicher Entwicklung. Beim Abschluß des Kreditvertrages herrscht darüber allerdings keine Klarheit. Der Kreditvertrag kann deshalb diesbezüglich nur unvollständig formuliert werden. Erst zu einem späteren Zeitpunkt wird offenbar, welche Strategie für den Kreditnehmer und den Kreditgeber optimal ist. Der Kreditgeber verschafft sich deshalb bei Vertragsabschluß durch eine pauschale Kündigungsklausel die Möglichkeit, den Vertrag während der Laufzeit nachzuverhandeln und an eine neue Informationslage anzupassen, um ein für ihn konformes Verhalten des Kreditnehmers zu induzieren oder zumindest um die mit der neuen Informationslage einhergehenden Folgen so weit wie möglich zu mildern. Trotz einer durch die Kündigungsklausel gesicherten Erhöhungsmöglichkeit der vereinbarten Rückzahlung kann sich für bestimmte, während der Laufzeit des Kreditvertrages festgestellte Kreditnehmerqualitäten eine Verringerung der geforderten Rückzahlung als zweckmäßig erweisen, während bei Kreditnehmern mit vergleichbar besserer bzw. schlechterer Qualität eine Erhöhung oder Beibehaltung der ursprünglich vereinbarten Rückzahlung angebracht ist. Die Monotonie der Rückzahlungen in Abhängigkeit von der Kreditnehmerqualität ist also nicht gewährleistet. Wie im Modell zusätzlich gezeigt wird, ist diese Konstellation wiederum nicht unabhängig von der beim Vertragsabschluß vereinbarten Rückzahlung. Eine ausschließliche Ausrichtung der Rückzahlungsvereinbarung auf die spätere Anpassungsmöglichkeit des Vertrages ist nicht ausreichend. Im folgenden wird das Modell detailliert dargestellt. Einen Überblick gibt auch Abb. 3-1.

Der Unternehmer und seine Investitionsmöglichkeiten

Der Unternehmer kann im Zeitpunkt t=0 einen normierten Betrag von einer Geldeinheit (GE) in ein Projekt investieren, das im Zeitpunkt t=2 eine Zahlung von $y_2(\theta)$ und im Zeitpunkt t=3 eine Zahlung von $Y_3(\theta)$ in Abhängigkeit vom Projektrisiko θ erbringt.

Im Zeitpunkt t=0 ist das Projektrisiko noch stochastisch. Erst im Zeitpunkt t=1 wird es dem Kreditnehmer und dem Kreditgeber in gleichem Maße bekannt. Durch die Konkretisierung von θ ist auch die Zahlung $y_2(\theta)$ festgelegt. Zudem konkretisiert sich (in Abhängigkeit von θ) die Verteilung $Y(\theta)$ der Zahlung $Y_3(\theta)$. Der Wert von $Y_3(\theta)$ als Realisation der Zufallsvariablen $Y(\theta)$ konkretisiert sich schon im Zeitpunkt t=2. Er kann aber erst über die Fortführung des Projektes in t=3 zur Auszahlung gelangen. Da ein risikoloser Kapitalmarktzins von Null angenommen wird, ist die Realisation des Fortführungswertes in t=2 gleich der Auszahlung $Y_3(\theta)$ aus dem Projekt in t=3.

Der hier angesprochene Fortführungswert des Projektes in t=2, der zur Zahlung von $Y_3(\theta)$ führt, versteht sich als Projektwert nach der Auszahlung von $y_2(\theta)$ an den Unternehmer. Die Zahlungen $y_2(\theta)$ und $Y_3(\theta)$ sind umso größer, je höher die in t=1 realisierte Qualität θ des Unternehmers ist.

Der Qualtiätsparameter θ ist in t=0 eine Zufallsvariable mit der Dichte $h(\theta)$ und der zugehörigen Basis $[\theta_l,\theta_h]$. Kreditgeber und Kreditnehmer gehen in t=0 bei der Verteilung $g(Y \mid \theta)$ von $Y(\theta)$ von einem mittleren θ aus. Bei der Realisation eines niedrigen θ in t=1, verändert sich die Verteilung so, daß mehr Gewicht auf den niedrigen Werten der Basis von $Y(\theta)$ liegt. Es ergibt sich dann auch ein niedrigerer Erwartungswert von $Y(\theta)$ in t=1 bezogen auf t=2.

In t=1 kann der Unternehmer das Risiko des Projekts erhöhen. Diese Risikoerhöhung wird durch den Parameter $\alpha=1$ notiert. Eine Beibehaltung des bisherigen Risikos ist durch $\alpha=0$ gekennzeichnet. Bei einer Risikoerhöhung wird die Varianz der Zufallsvariablen $Y(\theta)$ erhöht, während der Erwartungswert gleich bleibt. Sie wird im folgenden mit $Y(\theta;\alpha=1)$, oder kurz $Y(\theta;1)$, notiert. Die Zufallsvariable $Y(\theta;1)$ geht also aus der Zufallsvariablen $Y(\theta;0)$ durch einen "mean preserving spread" hervor. Bei der Risikoerhöhung entstehen fixe Kosten in Höhe von c.

Der Erwartungswert bzw. die Varianz der Wahrscheinlichkeitsverteilung $G(Y;\theta,\alpha)$ von $Y(\theta,\alpha)$ ist somit von der Qualität θ des Unternehmers bzw. dem Projektrisiko α abhängig. Der Projektertrag $Y(\theta;1)$ mit Risikoerhöhung ist auch als Addition der beiden Zufallsvariablen $Y(\theta;0)$ und der Streuvariablen ε darstellbar. Es gilt dann

$Y(\theta,1) = Y(\theta,0) + \varepsilon$.

Die Basen der beiden Zufallsvariablen sind mit $[Y_L,Y_H]$ für $Y(\theta,0)$ und mit $[\varepsilon_L,\varepsilon_H]$ für ε vorgegeben.

Das Projekt besitzt in den Zeitpunkten t=1 und t=2 einen Zerschlagungs- oder Liquidationswert L_1 bzw. L_2.

Der Unternehmer verfügt in t=0 über ein Eigenkapital in Höhe von 1-K Geldeinheiten. Er benötigt deshalb einen Kredit in Höhe von K < 1.

Bank und Kreditvertrag

Eine Bank stellt den vom Unternehmer benötigten Kredit K zur vollständigen Finanzierung des Projekts in t=0 zur Verfügung. Beide vereinbaren in t=0 auch den vorläufigen Rückzahlungsbetrag R_0, der in t=2 zu zahlen ist. Der Kreditvertrag enthält aber eine Klausel, die es dem Kreditgeber in t=1 erlaubt, den Vertrag zu kündigen und das Projekt zu liquidieren, also den Liquidationserlös L_1 einzustreichen, oder den Rückzahlungsbetrag nachzuverhandeln. Der nachverhandelte Rückzahlungsbetrag lautet R^N.

Informationslage

Die Qualität θ des Unternehmers ist in t=0 noch stochastisch. Kreditgeber und Kreditnehmer kennen aber die Verteilung von θ. In t=1 konkretisiert sich θ und wird sowohl dem Unternehmer als auch dem Kreditgeber in gleichem Maße bekannt. Sie ist allerdings nicht durch Dritte verifizierbar. Somit entfällt für den Kreditgeber die Möglichkeit, in t=1 eine direkte Anpassung der in t=2 zu leistenden Rückzahlung an die realisierte Qualität durchzusetzen. Es verbleibt diesem nur der Versuch, über Kündigung und Nachverhandlung entsprechende Maßnahmen durchzusetzen.

Die Wahl des Projektrisikos α und der sich in t=2 realisierte Projektwert $Y_3(\theta,\alpha)$ sind nur dem Kreditnehmer bekannt. Somit besteht auch keine Möglichkeit, diese Parameter in durchsetzbare Vertragsformulierungen einzubeziehen.

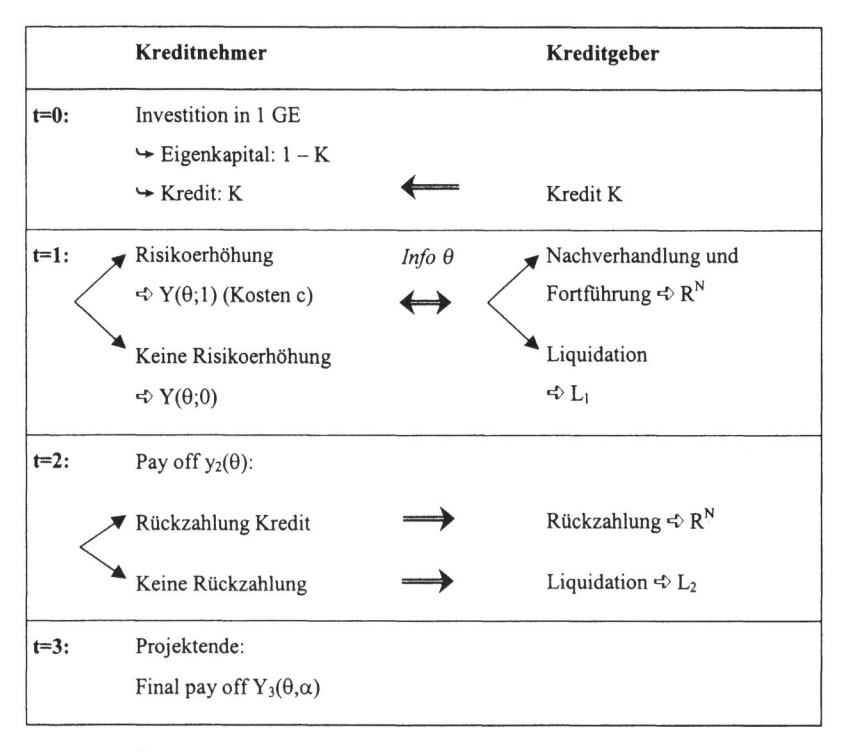

	Kreditnehmer		Kreditgeber
t=0:	Investition in 1 GE ↳ Eigenkapital: 1 – K ↳ Kredit: K	⟵	Kredit K
t=1:	↗ Risikoerhöhung ⇨ $Y(\theta;1)$ (Kosten c) ↘ Keine Risikoerhöhung ⇨ $Y(\theta;0)$	*Info* θ ⟷	↗ Nachverhandlung und Fortführung ⇨ R^N ↘ Liquidation ⇨ L_1
t=2:	Pay off $y_2(\theta)$: ↗ Rückzahlung Kredit ↘ Keine Rückzahlung	⟹ ⟹	Rückzahlung ⇨ R^N Liquidation ⇨ L_2
t=3:	Projektende: Final pay off $Y_3(\theta,\alpha)$		

Abb. 3-1: Überblick über die Informationsstruktur des Modells und über die Handlungsmöglichkeiten des Unternehmers bzw. der Bank

Bezüglich der Zahlung $y_2(\theta)$ aus dem Projekt zum Zeitpunkt t=2 existiert eine ähnliche Informationslage wie beim Qualitätsparameter θ. Sowohl Kreditnehmer als auch Kreditgeber können diese Zahlung beobachten, sie ist aber nicht durch Außenstehende verifizierbar. $y_2(\theta)$ ist allerdings so hoch, daß der Kreditnehmer die in t=1 endgültig vereinbarte Rückzahlung in t=2 leisten kann. Aufgrund der fehlenden Einklagbarkeit kann sich der Kreditnehmer aber strategisch verhalten und nicht zahlen. Er muß dann allerdings die Liquidation durch den Kreditgeber akzeptieren, womit das Projekt beendet ist und er den Fortführungswert $Y_3(\theta;\alpha)$ im Zeitpunkt t=2 verliert. Der Kreditgeber streicht dann L_2 ein.

Letztlich sind nur die vom Kreditnehmer geleisteten oder nicht geleisteten Zahlungen und die Projektliquidationswerte L_1 und L_2 von allen beobachtbar und von Dritten auch verifizierbar. Somit können sich vertragliche Konsequenzen nur auf deren Grundlage ergeben.

Weitere Modellannahmen

Die Liquidationswerte L_1 und L_2 des Projekts sind kleiner als der Kreditbetrag K und der in t=0 vereinbarte Rückzahlungsbetrag R_0. Damit ist der Kredit nie vollständig durch den vom Kreditgeber bei Vertragskündigung direkt erzielbaren Liquidationswert abgedeckt. Es gilt:

$R_0 \geq K > L_1 > L_2$.

Die Autoren treffen weitere Plausibilitätsanahmen, um mit dem Modell nur die ökonomisch relevanten Fälle zu behandeln.[108] Sie sollen hier nur verbal aufgenommen werden:

- Die vereinbarten Rückzahlungen R_0 bzw. R^N dürfen den erwarteten Rückfluß bei positivem Ausgang des riskanten Projektes nicht übersteigen,
- auch bei Risikoerhöhung gibt es eine positive Wahrscheinlichkeit für eine ordentliche Rückzahlung des Kredits,
- ceteris paribus steigen die Bankgewinne mit der Höhe des Rückzahlungsbetrages R.

Präferenzen und Ertragsfunktionen

- Bank und Unternehmer sind risikoneutral, d. h. sie maximieren den erwarteten Gewinn.
- Der Erwartungswert des gesamten Projektertrags π^T in Abhängigkeit von der realisierten Kreditnehmerqualität θ sowie in Abhängigkeit vom nachverhandelten Rückzahlungsbetrag R^N und der vom Kreditnehmer vorgenommenen Risikowahl α zum Zeitpunkt t=1 ist in allgemeiner Form wie folgt gegeben:

$$\pi^T(R^N, \theta, \alpha) \equiv L_2 G(R^N(\theta) + \alpha c \mid \theta, \alpha) + \int_{R^N(\theta) + \alpha c}^{Y_H + \alpha \varepsilon_H} Y g(Y \mid \theta, \alpha) dY + y_2(\theta) - \alpha c.$$

$G(R^N(\theta)|\theta,\alpha)$ ist dabei die Wahrscheinlichkeit, daß der in t=1 noch stochastische Projektwert $Y(\theta,\alpha)$, gegeben die in t=1 sich einstellenden bzw. gewählten Parameter θ und α, in t=2 kleiner oder gleich dem in t=1 endgültig festgelegten Rückzahlungswert R^N ist.[109] In diesem Fall wird der Kreditgeber das Projekt liquidieren und den Liquidationswert L_2 erzielen. Für den Kreditnehmer besteht kein Grund, die Differenz $R^N - Y(\theta,\alpha)$ durch einen Teil der nur ihm bekannten Zahlung $y_2(\theta)$ auszugleichen, um die Liquidation zu vermeiden. Er würde sich dadurch schlechter stellen.

---

[108] Vgl. Gorton / Kahn (1996), S. 7f.
[109] Dabei kann der ursprünglich vereinbarte Rückzahlungsbetrag R_0 auch beibehalten werden.

Der zweite Summand repräsentiert den Erwartungswert des Projektertrages unter der Bedingung, daß der realisierte Projektertrag in t=2 ausreicht, um die Rückzahlung R^N zu leisten. Das Projekt erwirtschaftet zwar darüber hinaus die Zahlung $y_2(\theta)$. Diese ist aber annahmegemäß nur dem Kreditnehmer bekannt. Sie wird von diesem nur dann zur Leistung der Rückzahlung $R^N(\theta)$ in t=2 benutzt, wenn der in t=2 aus der Zufallsvariablen Y realisierte Fortführungswert $Y_3(\theta)$ des Projektes größer als $R^N(\theta)$ ist. Dadurch vermeidet er die Liquidation und kann das Projekt mit entsprechend höheren Ertragsaussichten zu Ende führen.

Im Falle einer Risikoerhöhung durch den Kreditnehmer entstehen fixe Kosten in Höhe von c. Sie sind sowohl vom Liquidationswert als auch vom Projektertrag bei Fortführung des Projekts zu subtrahieren.

Es sollte bei der Darstellung des zu erwartenden Projektertrags in t=1 nicht vergessen werden, daß der Kreditgeber in t=1 auch eine Kündigung aussprechen kann, um den Liquidationswert L_1 zu realisieren. Als risikoneutraler Akteur wird er das natürlich nur tun, wenn L_1 den erwarteten Projektertrag übersteigt.

Der gesamte Projektertrag wird auf die beiden Vertragspartner verteilt. Dabei spielen die Parameter R^N, θ und α die entscheidende Rolle. Der Erwartungswert des Bankertrages in t=1 aus der bis t=2 fortgesetzten Kreditbeziehung lautet:

$$\pi^B(R^N,\theta,\alpha) \equiv (L_2 - \alpha c)G(R^N(\theta)+\alpha c|\theta,\alpha) + R^N(\theta)[1-(G(R^N(\theta)+\alpha c)|\theta,\alpha)].$$

Der Kreditgeber erhält also in t=2 den Liquidationswert L_2 aus dem Projekt, wenn der Kreditnehmer den in t=1 endgültig vereinbarten Rückzahlungsbetrag R^N nicht zahlt. Bei Vorliegen eines erhöhten Projektrisikos ist L_2 um die Kosten c gemindert. Ansonsten leistet der Kreditnehmer die vollständige Zahlung von R^N an den Kreditgeber.

Der Kreditnehmer erzielt den zum Bankertrag komplementären Teil des Projektertrages. Der Erwartungswert des Kreditnehmerertrages ergibt sich wie folgt:

$$\pi^{KN}\left(R^N,\theta,\alpha\right) \equiv \int_{R^N(\theta)+\alpha c}^{Y_H+\alpha c_H}\left(Y - R^N(\theta) - \alpha c\right)g\left(Y \mid \theta,\alpha\right)dY + y_2(\theta)$$

Risikoerhöhung des Kreditnehmers

Die Kreditnehmerqualität θ konkretisiert sich in t=1. Darauf können die Vertragspartner unterschiedlich reagieren. Der Kreditnehmer hat die Möglichkeit, das Projektrisiko zu erhöhen. Der Kreditgeber kann den Kreditvertrag kündigen und über eine Nachverhandlung den Rückzahlungsbetrag R anpassen. Diese Maßnahmen sind nicht unabhängig voneinander. Die beiden Akteure versuchen jedenfalls, bei ihrem Zusammenspiel den eigenen Gewinn zu maximieren.

Gorton und Kahn zeigen, daß es sich nach den bisher getroffenen Modellannahmen für den Kreditnehmer bei gegebenem Rückzahlungsbetrag R_0 aus t=0 auf jeden Fall lohnt, das Projektrisiko zu erhöhen, wenn die realisierte Qualität nur hinreichend klein ist.[110] Sie zeigen, daß es ein θ^* gibt, für das gilt:

Bei gegebenem Rückzahlungsbetrag R_0 und in t=1 realisierter Projektqualität $\theta < \theta^*$ lohnt es sich für den Kreditnehmer, das Projektrisiko zu erhöhen ($\alpha=1$).

Diese Aussage erscheint insofern plausibel, als nach der Realisation einer niedrigen Projektqualität θ in t=1 der Erwartungswert des Projekts geringer ist als in t=0. Zum Ausgangszeitpunkt wird bei der Bewertung von einem durchschnittlichen Wert von θ ausgegangen. Der erwartete Anteil des Kreditnehmers am Projektertrag ist dann bei festem Rückzahlungsbetrag R_0 entsprechend niedrig. Durch die Risikoerhöhung kann er seinen erwarteten Ertrag bei einem für ihn positiven Projektausgang (d. h. der realisierte Projektertrag übersteigt den vereinbarten Rückzahlungsbetrag) im Vergleich zur Situation ohne Risikoerhöhung steigern. In diesem Zusammenhang ergibt sich aus dem Modellrahmen auch die Aussage:

Je höher R_0 in t=0 festgelegt wird, desto größer ist θ^*, d. h. desto höher ist die Wahrscheinlichkeit, daß ein Kreditnehmer in t=1 eine Risikoerhöhungstendenz besitzt.

Zudem läßt sich die folgende plausible Hilfsaussage aus dem Modellannahmen ableiten:

Die Risikoerhöhung beim Kreditnehmer ist für die Bank von Nachteil.

Die Bank wird deshalb versuchen, den Kreditnehmer über eine Senkung des Rückzahlungsbetrages von der Risikoerhöhung abzuhalten oder durch eine Erhöhung des Rückzahlungsbe-

---

[110] Vgl. Gorton und Kahn (1996), Appendix A, S. 30.

trages eine Kompensation zu erreichen. Die Durchsetzung einer Ertragskompensation über die Erhöhung des Rückzahlungsbetrages ist dabei von einer glaubhaften Liquidationsdrohung abhängig. Diese ist gegeben, falls $\pi^B(R_0,\theta,\alpha) < L_1$ ist. θ^{RN} soll dabei die höchste Projektqualität bezeichnen, die eine glaubwürdige Liquidationsdrohung gerade noch erlaubt und es damit der Bank ermöglicht, eine Nachverhandlung von R zu ihren Gunsten zu erzwingen.[111] Es gibt allerdings auch Fälle, für die der erwartete gesamte Projektertrag $\pi^T(R_0,\theta,\alpha)$ schon kleiner als L_1 ist. In diesem Fall ist es für die Bank rational, sofort zu liquidieren. Die höchste Projektqualität, die eine sofortige Liquidation nach sich zieht, wird im folgenden mit θ^{L1} gekennzeichnet. Je nach Festlegung des Rückzahlungsbetrages R_0 in t=0 ergeben sich für die soeben genannten kritischen Werte von θ der Größe nach unterschiedliche Reihenfolgen. In Abb. 3-2 werden die Handlungen von Kreditgeber und Kreditnehmer für den Fall eines hohen in t=0 vereinbarten Rückzahlungsbetrages R_0 illustriert.[112]

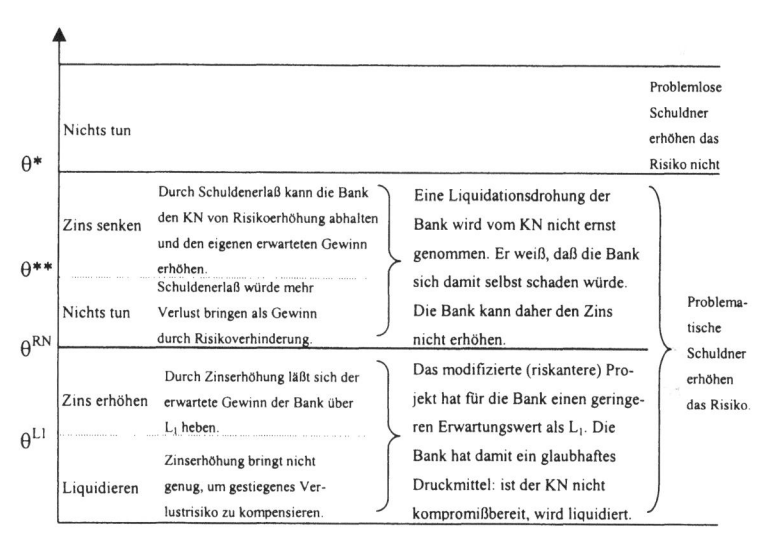

θ^*	Nichts tun			Problemlose Schuldner erhöhen das Risiko nicht
θ^{**}	Zins senken	Durch Schuldenerlaß kann die Bank den KN von Risikoerhöhung abhalten und den eigenen erwarteten Gewinn erhöhen.	Eine Liquidationsdrohung der Bank wird vom KN nicht ernst genommen. Er weiß, daß die Bank sich damit selbst schaden würde. Die Bank kann daher den Zins nicht erhöhen.	
θ^{RN}	Nichts tun	Schuldenerlaß würde mehr Verlust bringen als Gewinn durch Risikoverhinderung.		Problematische Schuldner erhöhen das Risiko.
θ^{L1}	Zins erhöhen	Durch Zinserhöhung läßt sich der erwartete Gewinn der Bank über L_1 heben.	Das modifizierte (riskantere) Projekt hat für die Bank einen geringeren Erwartungswert als L_1. Die Bank hat damit ein glaubhaftes Druckmittel: ist der KN nicht kompromißbereit, wird liquidiert.	
	Liquidieren	Zinserhöhung bringt nicht genug, um gestiegenes Verlustrisiko zu kompensieren.		

Abb. 3-2:   Handlungen von Kreditnehmer und Kreditgeber in Abhängigkeit von der Kreditnehmerqualität θ bei hohem R_0

---

[111] Der Index RN steht für das englische Wort „renegotiation", das in diesem Zusammenhang mit „Nachverhandlung" zu übersetzen ist.
[112] Vgl. dazu Gorton und Kahn (1996), S. 16.

Kritische Würdigung

Das Modell von Gorton und Kahn (1996) stellt strategisches Verhalten von Kreditnehmer und Kreditgeber in einem Umfeld dar, das durch die Unmöglichkeit der Formulierung vollständiger Verträge gekennzeichnet ist. Das Verhalten von Kreditgeber und Kreditnehmer ist durch Dritte nicht verifizierbar und somit auch nicht ex ante in Abhängigkeit von einer sich ex post einstellenden Kreditnehmerqualität festzuschreiben. Beide Vertragsparteien legen deshalb zu Beginn der Vertragsbeziehung die Vertragsparameter wie Rückzahlung und Kündigungsmöglichkeit pauschal fest. Nach der Konkretisierung der Kreditnehmerqualität werden neue Konditionen ausgehandelt. Trotz ihrer Kündigungsmöglichkeit liegt die Verhandlungsmacht nicht nur bei der Bank. Der Kreditnehmer hat bei Realisation bestimmter Projektqualitäten die Möglichkeit, das Projektrisiko zu erhöhen. Die Bank muß diese Tatsache bei der Maximierung ihres erwarteten Ertrages berücksichtigen. Sie wird bei bestimmten Konstellationen den Rückzahlungsbetrag sogar senken, um Risikoerhöhung zu vermeiden. Durch die Abhängigkeit vom Rückzahlungsbetrag wird die Risikowahl des Kreditnehmers endogenisiert. Diese Abhängigkeit sowie die realisierte Kreditnehmerqualität ist beiden Vertragsparteien bekannt. Insofern liegt ein Modell mit symmetrischer Informationsverteilung vor. Der mögliche nichtmonotone Zusammenhang zwischen Kreditzinsen und Kreditnehmerqualität ist somit allein auf die Unmöglichkeit der Formulierung unvollständiger Verträge zurückzuführen. Das Vorliegen asymmetrischer Information über die Kreditnehmerqualität würde eine gezielte Anpassung der Kreditkonditionen an das Risikoverhalten des Kreditnehmers nicht erlauben. Eine Realitätsferne muß dem Modell deswegen nicht konstatiert werden. Durch Monitoring kann die Bank quasi eine Informationssymmetrie herstellen. Der Kreditnehmer seinerseits kann die Bank ausführlicher informieren, indem er unternehmensinterne Daten zur Verfügung stellt. Besonders in Zeiten der Krise, wenn der Kreditnehmer die Bank zur Finanzierung von Sanierungskonzepten benötigt, ist das der Fall. Gerade in solchen Zeiten besitzt der Kreditnehmer auch eine Tendenz, riskantere Projekte durchzuführen. Die Bank kann ihn durch Stundung oder Erlaß von Zins- oder Tilgungsleistungen unterstützen.

Ableitung einer Hypothese

Die aus dem Modell abgeleiteten Ergebnisse haben gezeigt, daß es nicht immer rational sein muß, bei einer schlechteren Kreditnehmerqualität höhere Zinsen zu fordern, um eine Kompensation für den erwarteten Ausfall des Kreditnehmers zu erreichen. Das Abhalten des Kreditnehmers von einer Risikoerhöhung hat oft einen positiveren Effekt auf den Bankertrag als der negative Effekt einer damit verbundenen Senkung des Rückzahlungsbetrages.

Hypothese ZQ(~)GK96:

(Zusammenhang Kreditzins und Kreditnehmerqualität)

Aufgrund der Anreizwirkungen von Rückzahlungsforderungen in Kreditverträgen sind Kreditzinsen nicht monoton von der Kreditnehmerqualität abhängig.

3.5 Der Einfluß von Geldillusion auf die Konditionensetzung

Mit Geldillusion wird menschliches Verhalten bezeichnet, das bei einer objektiv gleichen Situation davon abhängt, ob diese Situation durch nominale oder reale Geldwerte beschrieben wird.[113]

In der mikroökonomischen Theorie wurde dieses Phänomen vernachlässigt, weil es dem Gewinnmaximierungsparadigma eines rationalen Wirtschaftssubjektes widerspricht.[114]

Shafir, Diamond und Tversky illustrieren eine Verzerrung von Entscheidungen durch Geldillusion anhand eines „buy-now-and-beat-inflation"-Experiments.[115] Dabei stellen sie folgende Frage, um die Einstellung von Kunden zur Höhe nominaler Kaufpreise zu vergleichen:

„Gehen Sie davon aus, daß innerhalb der letzten 6 Monaten Löhne und Vergütungen sowie die Preise für alle Güter und Dienstleistungen um 25 % stiegen. Vor 6 Monaten wollten Sie einen Ledersessel kaufen. Dieser stieg in dieser Zeit von 400 auf 500 Dollar. Wären Sie momentan mehr oder weniger als vor 6 Monaten dazu geneigt, den Sessel zu kaufen?"

Bei einer Betrachtung der realen Preise für den Sessel müßten die Leute indifferent zwischen dem Kauf heute und vor 6 Monaten sein. Tatsächlich hätten signifikant mehr Kunden den Sessel gerne vor 6 Monaten gekauft.

Dieses Beispiel zeigt, daß Geldillusion durchaus ein reales Phänomen ist. Das Kaufverhalten von Individuen wird dadurch beeinflußt.[116] Auch bei der Aufnahme von Krediten durch Bankkunden könnte Geldillusion eine Rolle spielen. Die von der Bank in Rechnung gestellten

---

[113] Vgl. Fehr und Tyran (1998), S. 2.
[114] Vgl. Howitt (1987), S. 518 f.
[115] Vgl. Shafir, Diamond und Tversky (1997), S. 355.
[116] Einen Überblick über Studien zur Psychologie des Kaufens bieten Lea, Tarpy und Webley (1987).

Zinsen sind dabei die nominalen Preise für diese Form der Finanzierung.[117] In Zeiten hoher Inflation sind die von den Banken berechneten Zinsen entsprechend hoch. Wenn Geldillusion das Verhalten von Bankkunden beeinflußt, werden diese in solchen Zeiten weniger geneigt sein, Kredite aufzunehmen. Dementsprechend sollte das abgesetzte Kreditvolumen geringer sein, oder aber, die Banken reagieren auf die geringere Nachfrage mit einer Senkung der geforderten Kreditzinsen. Dabei nehmen sie eine Verringerung ihrer Gewinnmargen in Kauf. In Zeiten niedriger Inflationsraten wird Geldillusion dagegen zu relativ hohen Gewinnmargen führen. Wenn davon ausgegangen wird, daß sich die Inflationsrate in der Höhe der Geld- und Kapitalmarktzinsen widerspiegelt, läßt sich folgende Hypothese ableiten:

Hypothese ZZ(~)Geldillusion:
(Kreditzinsglättung durch Geldillusion)

Aufgrund des Vorliegens von Geldillusion sind die Gewinnmargen von Banken in Zeiten hoher Inflation und damit einhergehend hoher Geld- und Kapitalmarktzinsen im Vergleich zu Zeiten niedriger Inflation relativ gering. In Zeiten niedriger Inflation sind sie relativ hoch. Über die Zeit ist somit eine Glättung der Nominalzinsen relativ zu den Geld- und Kapitalmarktzinsen zu beobachten.

Zur Illustration dieser Tatsache sei folgende stilisierte Grafik eingefügt, die den über die Zeit t schwankenden Geld- und Kapitalmarktzinsen gedämpft reagierende Kreditzinsen gegenüberstellt.

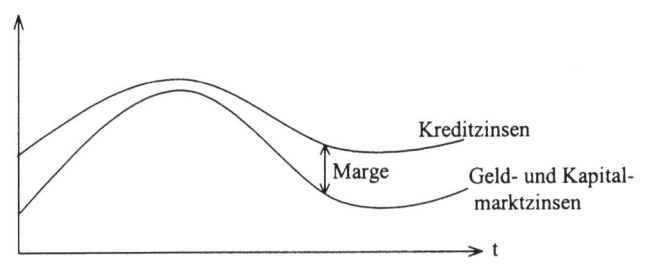

Abb. 3-3: Illustration der Glättung von Kreditzinsen

---

[117] Zur Erläuterung der Rolle von Geldillusion in diesem Kontext soll hier von anderen preisbeeinflussenden Faktoren wie Sicherheiten und Vertragsklauseln abgesehen werden.

3.6 Der Einfluß von Kunde-Bank-Beziehungen auf die Konditionensetzung

In Abschnitt 3.3.1 wurde das Problem der Kreditrationierung erläutert, das aus der asymmetrischen Informationsverteilung zwischen Kreditgeber und Kreditnehmer resultiert. Der Ausgleich einer Überschußnachfrage nach Krediten durch höhere Zinsen ist für den Kreditgeber deswegen nicht immer opportun, weil eine Zinserhöhung zu Adverser Selektion und zu Moral Hazard führt und diese beiden Phänomene einen stärkeren negativen Effekt auf den Gewinn der Bank besitzen können als der positive Effekt aus der Zinserhöhung. In einer Situation ohne asymmetrische Information würde die Bank die Überschußnachfrage durch höhere Zinsen ausgleichen, da sie in diesem Fall Adverse Selektion und Moral Hazard ausschließen kann.

Eine Möglichkeit, die Asymmetrie der Information abzubauen, besteht in der Pflege enger Kunde-Bank-Beziehungen, im anglo-amerikanischen Sprachraum auch „relationship banking" genannt.[118] Der Kreditgeber kann über die Dauer der Geschäftsbeziehung die Qualität und die Verläßlichkeit des Kreditnehmers erfahren.[119] Wenn zusätzlich eine feste Bindung des Kunden an eine Bank besteht oder entwickelt werden kann, ist es möglich, durch eine Zinsglättung über die Zeit Kreditrationierung zu vermeiden. Die Bank verlangt dann in Anfangsphasen der Kunde-Bank-Beziehung relativ zur Qualität der Kreditnehmer niedrige Zinsen mit der Gewißheit, daß ihr genügend Kreditnehmer guter Qualität über die Zeit erhalten bleiben, von denen sie später relativ hohe Zinsen verlangen kann, um eine Kompensation für die anfänglichen Zugeständnisse zu erreichen. Diese Überlegung wird anhand des Modells von Petersen und Rajan (1995) weiter unten ausführlich dargestellt.

Im Extremfall ist es denkbar, daß eine Bank ihren Kunden in schwierigen Zeiten vor dem Konkurs bewahrt, indem sie Zins- und Rückzahlungen stundet oder erläßt, um diese bei einer Erholung des Kreditnehmers in späterer Zeit wieder einzufordern.[120] Durch diese Maßnahmen werden Liquidationskosten vermieden und „wertvolle" Produktionskapazität erhalten.

Neben der soeben besprochenen Zinsglättung in Bezug auf die Kreditnehmerqualität (kreditnehmerrisikoorientierte Zinsglättung) kann bei Vorliegen einer Kundenbindung auch eine Zinsglättung in Bezug auf die Geld- und Kapitalmarktzinsen gleicher Laufzeit (zinsände-

---

[118] Einen systematischen Überblick über die theoretische und empirische Literatur in diesem Bereich bieten Berger und Udell (1995), S. 354 ff.
[119] Krahnen erläutert die Möglichkeiten sequentiellen Lernens in mehrperiodigen Vertragsbeziehungen, vgl. Krahnen (1985), S. 130.
[120] Vgl. dazu das Modell von Berlin und Mester (1996).

rungsrisikoorientierte Zinsglättung) erfolgen. Damit stellt sich eine Bank bei der Zinssetzung auf die Risikoaversion ihrer Kreditnehmer ein und stiftet so zusätzlichen gesamtwirtschaftlichen Nutzen. Denn risikoaverse Kreditnehmer ziehen es vor, geringen Zinsschwankungen ausgesetzt zu sein. Eine Bank kann deshalb als Versicherung fungieren. In Zeiten hoher Geld- und Kapitalmarktzinsen bietet sie ihren Kreditnehmern relativ niedrige Zinsen für Kredite an, um in Zeiten niedriger Geld- und Kapitalmarktzinsen relativ hohe Zinsen zu verlangen. Der Durchschnitt der über die Zeit geforderten Zinsen wird bei entsprechender Verhandlungsmacht der Bank höher sein als im Falle ohne diese Zinsversicherung. Sie berechnet sozusagen eine Versicherungsprämie. Das Modell von Fried und Howitt (1980), welches weiter unten erläutert wird, stellt diesen Sachverhalt formal dar.

3.6.1 Charakterisierung von Kunde-Bank-Beziehungen und Kundenbindung

Der Begriff „Kunde-Bank-Beziehung" ist zu allgemein, um den Begriff „relationship banking", der eine enge Beziehung zwischen Kunde und Bank ausdrückt, zu übersetzen. Im deutschen Sprachgebrauch eignet sich dazu eher der Begriff der „Hausbankverbindung". Fischer (1990) gibt zur Charakterisierung einer Hausbankverbindung folgende Merkmale an:[121]

- Langfristigkeit,
- guter Informationsstand der Bank,
- erhöhte Sanierungsbereitschaft der Bank,
- Dominanz der Bank bei Finanzgeschäften des Kunden; sie ist erster Ansprechpartner des Kunden

Die genannten Merkmale sind zwar Indizien aber keine Garantie für eine feste Bindung des Kunden an die Bank, wie sie für die bereits erläuterten wohlfahrtsfördernden Zinsglättungsphänomene notwendig ist.[122] Gerade in der neueren Zeit, in der Bankkunden nach Unabhängigkeit streben, um über Verhandlungen mit vielen konkurrierenden Banken ihre Bankkosten zu senken, ist eine Kundenbindung immer schwerer zu sichern.

Eine Kundenbindung läßt sich für eine Bank immer noch am einfachsten durch eine starke, wenn nicht sogar monopolartige Stellung am Markt erreichen. Eine solche Marktmacht ist dann gegeben, wenn in einer Region nur wenige oder keine Konkurrenten vorhanden sind.

---

[121] Vgl. Fischer (1990), S. 3 und S. 18.
[122] Auch Mayer (1988), S. 1181 und Hellwig (1989), S. 280 sehen den Aufbau langfristiger Bindungen als wesentliche Funktion einer Hausbankbeziehung im engeren Sinne an.

67

Die Zahl der Konkurrenten repräsentiert in diesem Falle den Monopolgrad und ist im klassischen Sinne ein Maß für die Stärke der Marktmacht.

Über die Dauer der Kunde-Bank-Beziehung kann aber eine verstärkte Kundenbindung auch dadurch erreicht werden, daß aufgrund der gegenseitigen Bekanntheit der beiden Geschäftspartner gewisse Anlauf- und Informationskosten gespart werden. Hier wäre die Dauer der Kunde-Bank-Beziehung ein Maß für die Marktmacht der Bank. Dieses Phänomen kommt der in der Praxis als Hausbankverbindung bezeichneten engen Bindung zwischen Kunde und Bank am nächsten. Das Modell von Fischer (1990) zeigt, daß Hausbanken gegenüber Konkurrenten aufgrund einer langfristigen Kundenbeziehung einen Informationsvorsprung bezüglich der Qualität des Kreditnehmers besitzen. Orientiert an der Qualität hat sie nun die Wahl, Konkurrenzangebote zu unterbieten oder ihre Kunden der Konkurrenz zu überlassen. Die anderen Banken sind dem Risiko ausgesetzt, nur schlechte Kreditnehmer abwerben zu können. Sie müssen deshalb entsprechend „vorsichtig" agieren. Die Hausbank hat damit einen Wettbewerbsvorsprung. Sie kann die Kundenbindung beeinflussen. Eine solche Bindung ist dann vorteilhaft, wenn die Bank während der Beziehung zu ihrem Kunden Vorleistungen erbringen muß, die erst zu einem späteren Zeitpunkt kompensiert werden können. Ein Beispiel sind die bereits erläuterten Zinsglättungsphänomene. Ohne eine Kundenbindung wäre sie dazu nicht bereit.

3.6.2 Kreditnehmerrisikoorientierte Glättung von Kreditzinsen und Vermeidung von Kreditrationierung - Das Modell von Petersen und Rajan (1995)

Petersen und Rajan zeigen in ihrem Modell, daß die Stärke der Bindung von Kreditnehmern an eine Bank ausschlaggebend für die intertemporale Glättung von Kreditzinsen bezogen auf das zu erwartende Kreditnehmerrisiko ist. Die Bank ist zu Beginn der Kreditbeziehung noch nicht in der Lage, die Qualität des Kreditnehmers genau zu bestimmen. Sie kennt aber die Wahrscheinlichkeitsverteilung der Kreditnehmerqualität. Wenn sie nun einen Kunden über die Zeit an sich binden kann, ist es möglich, am Anfang einer Kreditbeziehung relativ zur erwarteten Kreditnehmerqualität niedrige Zinsen zu verlangen und in späteren Stadien, bei zunehmender Klarheit über eine gute Qualität, relativ hohe. Es kann also eine Kompensation stattfinden. Durch die anfänglich relativ niedrigen Zinsen bei asymmetrischer Information zwischen Kreditnehmer und Kreditgeber verringern sich Probleme Adverser Selektion und Moral Hazard wie sie im Modell von Stiglitz und Weiss (1981) dargestellt werden. Dadurch ist es der Bank möglich auch an Kreditnehmer Kredite zu vergeben, die in einer Konkurrenzsituation keine erhalten würden. Die Existenz von Kreditrationierung wird abhängig von der Marktmacht der Bank reduziert. Das Modell soll im folgenden näher beleuchtet werden.

Unternehmen und Investitionsmöglichkeiten

Zunächst gilt es, die potentiellen Kreditnehmer und ihre Investitionsmöglichkeiten zu charakterisieren (vgl. dazu auch Abb. 3-4). Es gibt Unternehmer guter und schlechter Qualität, die eine Investition finanzieren wollen, aber kein Eigenkapital besitzen. Beide Typen sind risikoneutral. Sie maximieren somit ihren erwarteten Gewinn. Der gute Unternehmer kann im Zeitpunkt t=0 in ein sicheres Projekt investieren, das ihm bei einem Kapitaleinsatz von I_0 im Zeitpunkt t=1 einen Rückfluß von Y_1^S erbringt. Er kann anschließend einen Betrag I_1^S in ein anderes sicheres Projekt investieren, das bis zum Zeitpunkt t=2 einen Rückfluß von Y_2^S erwirtschaftet. Für den guten Unternehmer besteht weiterhin die Möglichkeit im Zeitpunkt t=0 in ein riskantes Projekt zu investieren. Mit einer Wahrscheinlichkeit von p ergibt sich in t=1 ein Rückfluß von Y_1^R, worauf der Unternehmer den Betrag I_1^R in ein weiteres sicheres Projekt investieren kann, das in t=2 den Ertrag Y_2^R abwirft. Mit einer Wahrscheinlichkeit von 1-p ist kein Rückfluß aus dem riskanten Projekt zu erwarten. Der Unternehmer kann dann auch keine Anschlußinvestition tätigen.

Die Investitionsprojekte des schlechten Unternehmers aus t=0 schlagen grundsätzlich fehl. Er wird deshalb in t=1 ebenfalls keine weitere Investition realisieren können.

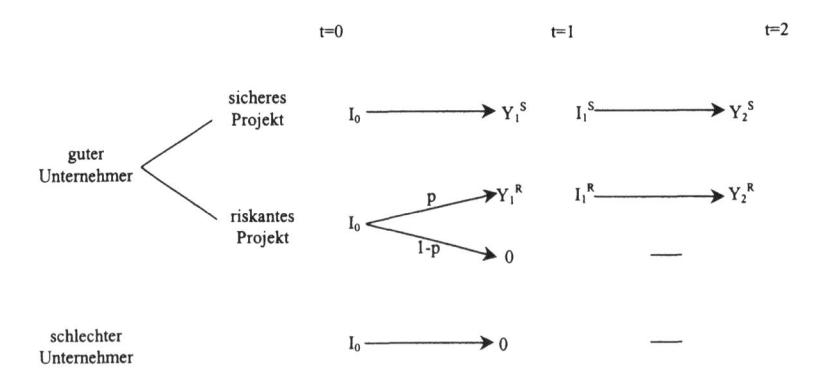

Abb. 3-4: Die Investitionsmöglichkeiten eines Unternehmers

Im Modell werden folgende Annahmen getroffen:

$Y_2^S + Y_1^S - I_1^S - I_0 > 0$,

die sichere Projektlinie erwirtschaftet einen positiven Kapitalwert.

$p(Y_2^R + Y_1^R - I_1^R) - I_0 < 0$, (7)

die riskante Projektlinie erwirtschaftet im Erwartungswert einen negativen Kapitalwert.

$pY_2^R = Y_2^S > pI_1^R = I_1^S$,

im Erwartungswert erwirtschaftet der Kreditnehmer aus dem sicheren Projekt, das in t=1 möglich ist, den gleichen Rückfluß und benötigt dafür im Erwartungswert auch den gleichen Investitionsbetrag unabhängig davon, ob in t=0 ein sicheres oder ein riskantes Projekt durchgeführt wird.

$I_1^R \geq I_1^S > Y_1^R > Y_1^S$,

die Rückflüsse der möglichen Investitionen in t=0 reichen nicht aus, um die Anschlußprojekte in t=1 zu finanzieren. Da die Unternehmer kein Eigenkapital zur Verfügung haben, folgt aus dieser Bedingung, daß sie auch in t=1 Kredite aufnehmen müssen, um ihre Projekte vollständig zu finanzieren.

Banken und Informationslage

Als Kreditgeber fungieren Banken.[123] Sie besitzen im Zeitpunkt t=0 keine Informationen über die Qualität der Unternehmer, die Kredite nachfragen. Es ist ihnen nur der zu erwartende Anteil θ guter Unternehmer und der zu erwartende Anteil 1-θ schlechter Unternehmer bekannt. Die Unternehmer hingegen kennen ihre Qualität genau. Zwischen Bank und Kreditnehmern besteht also eine Informationsasymmetrie, die in einer Qualitätsunsicherheit zum Ausdruck kommt. Es besteht darüber hinaus eine Verhaltensunsicherheit bezüglich der Projektwahl des guten Unternehmers in t=0. Zur Vereinfachung der Betrachtung wird in diesem Modell angenommen, daß die Bank im Zeitpunkt t=1 vollständig über die Qualität der Kreditnehmer informiert ist. Die Projekte schlechter Kunden scheitern auf jeden Fall. Zudem erhalten auch die mit ihrem Projekt gescheiterten guten Kunden in t=1 keinen weiteren Kredit. In t=1 wird von einem sicheren Folgeprojekt ausgegangen, unabhängig davon, ob der Kreditnehmer vorher ein sicheres oder riskantes Projekt durchgeführt hat. In t=1 existiert also auch keine Verhaltensunsicherheit mehr.

---

[123] Ihre Geschäftstätigkeit auf der Passiv- oder Refinanzierungsseite wird von Petersen und Rajan nicht problematisiert.

Kreditvertrag

Im Zeitpunkt t=0 schließt die Bank einen Kreditvertrag mit dem antragstellenden Unternehmen ab. Der Kreditvertrag besitzt eine Laufzeit bis zum Zeitpunkt t=1.[124] Die Bank fordert eine nominale Rückzahlung R_1, die sich aus dem im Kreditvertrag festgelegten Zinssatz r_1 und der Kreditsumme K als $R_1 = (1+r_1)K$ errechnet.

Annahmegemäß legt die Bank die Rückzahlung R_1, orientiert an ihrer Marktmacht, so fest, daß sie von t=0 bis t=1 im Erwartungswert eine Rückzahlungsrate m erwirtschaftet. Bei Vorliegen eines Kapitalmarktes mit vollkommener Konkurrenz, also ohne Marktmacht der Bank, und einem Zinssatz z = 0 für sichere Kredite auf dem Kapitalmarkt wäre m = 1.[125]

Die Markmacht der Bank geht in das Modell von Petersen und Rajan letztlich als von der Bank maximal aushandelbare Rückzahlungsrate ein. Sie wird als gegeben angenommen. Es stellt sich natürlich die Frage, woher eine solche Marktmacht stammt. Eine explizite Aussage wird von den Autoren nicht getroffen. Es ist naheliegend, Marktmacht über die Zahl der Konkurrenten einer Bank auf dem Kreditmarkt zu definieren. Es wäre auch möglich den erworbenen Grad eines Informationsmonopols bezogen auf den Kunden als Ursache zu benennen. Im Modell von Petersen und Rajan ist aber die Marktmacht sowohl in der ersten als auch in der zweiten Periode in gleichem Maße vorhanden. Eine Informationsakkumulation über die Zeit von t=0 bis t=2 ist nicht ausschlaggebend. Die Existenz einer Hausbankbeziehung erscheint deshalb besonders geeignet, die Marktmacht einer Bank gegenüber ihrem Kunden zu erklären. Die Enge einer solchen Beziehung wird durch die Faktoren, die in Abschnitt 3.6.1 aufgeführt sind, bestimmt.

Im Zeitpunkt t=1 schließen die verbliebenen Kreditnehmer einen Anschlußkredit der Höhe K_2 bis zum Zeitpunkt t=2 ab. Die finanzierten Folgeprojekte besitzen aber kein Risiko. Die Bank muß deshalb nicht mehr mit einem Ausfall von im Kreditvertrag vereinbarten Zahlungen rechnen. Sie wählt eine Rückzahlungsrate $R_2/K_1 = m$, die ihrer Marktmacht entspricht.

---

[124] Im nächsten Abschnitt wird noch gezeigt werden, daß Kreditverträge mit einer Laufzeit von zwei Perioden in dieser Modellformulierung nicht existieren.
[125] Dabei wird davon ausgegangen, daß die Refinanzierungskosten der Bank gerade den Zinsen am Kapitalmarkt entsprechen.

Imitationsverhalten der schlechten Kreditnehmer und Laufzeitstruktur

Bei Vorliegen einer Selektionsmöglichkeit in t=0 würde die Bank nur den guten Kreditnehmern einen Kredit gewähren. Schlechte Kreditnehmer versuchen deshalb, gute Kreditnehmer zu imitieren, um überhaupt einen Kredit zu erhalten. Gelingt dies, so hat die Bank im Durchschnitt niedrigere Rückzahlungen zu erwarten. Sie wird diese Tatsache durch höhere im Kreditvertrag festgelegte Zinsen ausgleichen.

Im Modell von Petersen und Rajan haben schlechte Kreditnehmer die Möglichkeit, gute Kreditnehmer zu imitieren. Die Qualität von Kreditnehmern ist somit in t=0 nicht zu unterscheiden. Gute Kreditnehmer kennen aber das Imitationsverhalten der schlechten Kreditnehmer und sie wissen, daß die Bank in t=1 eine Identifizierung anhand des Projekterfolges vornimmt, sofern sie sich in t=0 nicht dazu verpflichtet hat, einen Kredit über zwei Perioden zur Verfügung zu stellen. Im Zeitpunkt t=1 kann also ein guter Kreditnehmer einen Kreditvertrag zu günstigeren Konditionen abschließen als im Zeitpunkt t=0, weil der Kreditgeber nicht mehr von einem Pool guter und schlechter Kreditnehmer ausgehen muß, die er nicht unterscheiden kann. Demgemäß beantragt ein guter Kreditnehmer in t=0 nur einen Kredit mit einperiodiger Laufzeit. Er wird zudem nur den in t=0 gerade benötigten Kreditbetrag in Anspruch nehmen, um sein erstes Projekt zu finanzieren. Ein späterer Bedarf wird nicht vorfinanziert, weil dieser in t=1 zu günstigeren Konditionen erhältlich ist. Schlechte Kreditnehmer müssen sich in gleicher Weise verhalten, um überhaupt einen Kredit zu bekommen. Abb. 3-5 illustriert noch einmal die vereinbarten und tatsächlichen Auszahlungen und Einzahlungen aus Sicht der Bank. In t=0 wird der Kreditbetrag $K = I_0$ und die in t=1 zu leistende Rückzahlung R_1 vereinbart. In t=1 können nur die erfolgreichen Unternehmer einen weiteren Kredit aufnehmen, der ihren dann noch benötigten zusätzlichen Finanzierungsbedarf abdeckt. Die Rückzahlung in t=2 ist gerade das m-fache dieses Anschlußkredits.

		t=0	t=1	t=2

vereinbart: $-I_0$ $+R_1$ $-(I_1^{R/S}-(Y_1^R-R_1))$ $+m(I_1-(Y_1-R_1))$

tatsächlich:

bei guten Kreditnehmern:
- riskantes Projekt — p: $-I_0$ $+R_1$ $-(I_1^R-(Y_1^R-R_1))$ $+m(I_1^R-(Y_1^R-R_1))$
- $1-p$: $-I_0$ 0 — —
- sicheres Projekt: $-I_0$ $+R_1$ $-(I_1^S-(Y_1^S-R_1))$ $+m(I_1^S-(Y_1^S-R_1))$

θ / $1-\theta$

bei schlechten Kreditnehmern: $-I_0$ 0 — —

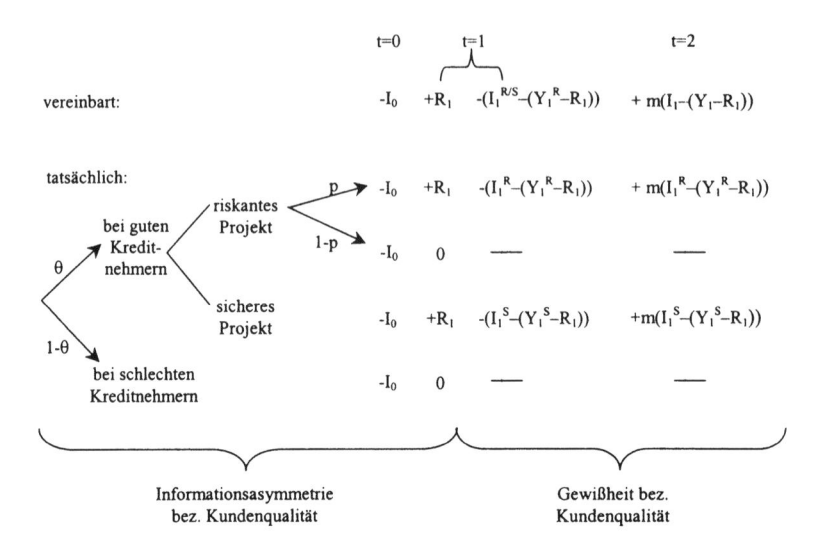

$\underbrace{\qquad\qquad}_{\text{Informationsasymmetrie bez. Kundenqualität}}$ $\underbrace{\qquad\qquad}_{\text{Gewißheit bez. Kundenqualität}}$

Abb. 3-5: Auszahlungen und Einzahlungen im Rahmen der Kreditbeziehung aus Sicht der Bank

Herleitung der Ergebnisse

In t=0 erhält der Kreditnehmer einen Kredit in Höhe von $K_0=I_0$ mit einer Rückzahlungsvereinbarung von R_1, zahlbar in t=1.

Wenn der gute Kreditnehmer in t=0 das sichere Projekt wählt, nimmt er in t=1 einen Kredit auf in Höhe von

$$K_1 = I_1^S - (Y_1^S - R_1).$$

Wenn der gute Kreditnehmer in t=0 das riskante Projekt wählt und dieses erfolgreich verläuft, nimmt er in t=1 einen Kredit auf in Höhe von

$$K_1 = I_1^S - (Y_1^R - R_1).$$

Der Kreditgeber wird in t=1, seiner Marktmacht entsprechend, die Rückzahlungsrate $R_2/K_1 = m$ fordern. Diese ist absolut gesehen kleiner als R_1 / I_0. In t=1 liegt jedoch eine bessere durchschnittliche Kreditnehmerqualität vor als in t=0. Die Kredite sind alle sicher. Am Markt müßte der Zins $z = 0$ gezahlt werden. Insofern ist die in den zum Zeitpunkt t=1 abgeschlossenen Kreditverträgen vereinbarte Rückzahlungsrate relativ zur Kreditnehmerqualität als hoch zu erachten. Der von der Bank in der zweiten Periode geforderte Aufschlag auf den Marktzins z dient der Kompensation für Zugeständnisse in der ersten Periode.

Für den Zeitpunkt t=2 erwartet der gute Kreditnehmer bei Wahl des sicheren Projekts in t=0 den folgenden Gewinn:

$$G_{KN}^S = \max[Y_2^S - m(I_1^S - (Y_1^S - R_1)), 0].$$

Bei Wahl des riskanten Projekts ergibt sich ein erwarteter Gewinn von

$$G_{KN}^R = \max[p\{Y_2^R - m[I_1^R - (Y_1^R - R_1)]\}, 0].$$

Ein guter Unternehmer wählt in t=0 das sichere Projekt, falls $G_{KN}^S \geq G_{KN}^R$, somit muß gelten

$$Y_2^S - m(I_1^S - (Y_1^S - R_1)) \geq p\{Y_2^R - m[I_1^R - (Y_1^R - R_1)]\},$$

$$Y_1^S - R_1 \geq p(Y_1^R - R_1),$$

$$(Y_1^S - pY_1^R)/(1 - p) \geq R_1. \tag{8}$$

Die Bank wird in t=0 nur dann einen Kredit geben, falls

- sie den Kreditvertrag so formulieren kann, daß der gute Kreditnehmer das sichere Projekt wählt und falls
- sie bei einem risikolosen Zinssatz von Null im Erwartungswert mindestens ihren zur Verfügung gestellten Kreditbetrag wieder zurückerhält.

Die erste Bedingung rührt von der Tatsache her, daß der erwartete Kapitalwert des Unternehmers aus dem riskanten Projekt kleiner Null ist (siehe dazu Ungleichung (7)). Somit wird die Bank im Erwartungswert ebenfalls Verluste machen.

Die zweite Bedingung sichert der Bank im Vergleich zum Kapitalmarkt bei einem Zinssatz von z=0 und damit bezogen auf ihre Refinanzierungskosten zumindest im Erwartungswert Nullgewinne. Es muß dafür die folgende formale Bedingung erfüllt sein:

$$G_B = \theta[R_1 - I_0 + (m - 1)(I_1^S - (Y_1^S - R_1)) + (1-\theta)(-I_0) \geq 0,$$

$$\Rightarrow R_1 \geq \frac{I_0}{\theta m} - \frac{m-1}{m}(I_1^S - Y_1^S). \tag{9}$$

Aus (8) und (9) ergibt sich die durchschnittliche Kreditnehmerqualität θ*(m) in Abhängigkeit von der Marktmacht des Kreditgebers, die für die Bank gerade noch akzeptabel ist, um mindestens Nullgewinne aus der Kreditgewährung zu erwirtschaften. Die Markmacht wird durch die für den Kreditgeber aufgrund dieser Marktmacht maximal erzielbare erwartete Rückzahlungsrate m repräsentiert. Es ergibt sich also:

$$\theta^*(m) = \frac{I_0(1-p)}{m(Y_1^S - pY_1^R) + (m-1)(I_1^S - Y_1^S)(1-p)}.$$

θ* wird mit zunehmendem m, d. h. mit zunehmender Marktmacht der Bank, geringer. Das bedeutet, die Bank kann bei zunehmender Marktmacht noch schlechtere Kreditnehmer versorgen, ohne daß sie aus ihrem gesamten Kreditgeschäft über zwei Perioden Verluste zu erwarten hat. Dieses erste wichtige Ergebnis soll explizit festgehalten werden.

Ergebnis 1:

Je größer die Marktmacht der Bank ist, desto eher erhalten auch Kreditnehmer mit geringerer durchschnittlicher Qualität einen Kredit.

Diesem Ergebnis liegt die Tatsache zugrunde, daß die Bank die geforderte Rückzahlung R_1 in t=1 bezogen auf die durchschnittliche Qualität ihrer Kreditnehmer niedriger ansetzen kann als in einer perfekt kompetitiven Situation, bei der sie die volle Entlohnung ihres eingegangenen Risikos sofort verlangen müßte. In der zweiten Periode kann sie aufgrund ihrer Marktmacht von den verbliebenen risikolosen Kreditnehmern eine im Vergleich zum risikolosen Zins höhere Rückzahlungsrate m verlangen. Dieser Aufschlag dient zur Kompensation der Zugeständnisse in Form einer niedrigen Rückzahlung R_1 in der ersten Periode. Der hier vorliegende Mechanismus hat aufgrund der Berechnung eines niedrigen Zinses in der ersten Periode relativ zu einer Marktlösung mit vollkommener Bankenkonkurrenz über beide Perioden den zusätzlichen Effekt, daß gute Kreditnehmer in der ersten Periode das sichere Projekt zu wählen. Das bedeutet für die Bank gegenüber einer möglichen Wahl riskanter Projekte im Erwartungswert ein Mehr an Ertrag aus dem Kreditgeschäft. Die somit erzielten Effizienzgewinne führen innerhalb des Mechanismus' zusätzlich dazu, daß die Schwelle der gerade noch finanzierten Kreditnehmerqualitäten sinkt.

Die Rückzahlungsforderung R_1 in t=1 kann durch folgende Ungleichung eingegrenzt werden:

$$\min\left[\frac{I_0 m}{\theta}, \frac{Y_1^S - pY_1^R}{1-p}\right] \geq R_1 \geq \frac{I_0}{\theta m} - \frac{m-1}{m}(I_1^S - Y_1^S)$$

Der linke Teil der Minimumfunktion gibt die aufgrund der Marktmacht der Bank maximal mögliche Rückzahlungsforderung in t=0 an. Dabei wird davon ausgegangen, daß die Marktmacht der Bank in t=0, ausgedrückt durch die Rückzahlungsrate, nicht größer als diejenige in t=1, nämlich m, sein kann. Wenn die Bank nun ihre Marktmacht in t=0 voll ausspielt erhält sie im I_0m in t=1 zurück. Es können aber nur die guten Kreditnehmer dazu beitragen. Der Anteil der guten Kreditnehmer an allen Kreditnehmern ist θ. Wenn die Bank also im Erwartungswert I_0m in der ersten Periode erzielen will, muß sie im Kreditvertrag bei allen Kreditnehmern I_0m/θ als Rückzahlung R_1 festschreiben.

Der rechte Teil der Minimumfunktion ist aus (8) übernommen. Er stellt eine bindende obere Begrenzung zur Vermeidung der Auswirkungen von Moral Hazard dar. Nimmt die Rückzahlungsforderung R_1 diese Höhe an, so kann der gute Kreditnehmer gerade noch von der Wahl des riskanten Projekts abgehalten werden.

R_1 wird nach unten durch die Bedingung (9) begrenzt. Die untere Begrenzung stellt den Rückzahlungsbetrag R_1 dar, bei dem die Bank gerade einen erwarteten Gewinn von Null erzielt. Dabei spielt die Marktmacht m und damit die Möglichkeit, gute Kreditnehmer zu binden und von ihnen in der zweiten Periode höhere Zinsen zu verlangen, eine große Rolle. Sie führt zu der nächsten zentralen Aussage des Modells.

Ergebnis 2:

Die bei gegebener durchschnittlicher Kreditnehmerqualität θ minimal mögliche Rückzahlung R_1, bei der die Bank im Erwartungswert gerade noch Nullgewinne erzielt, ist um so geringer, je größer die Marktmacht m der Bank ist.

Es wird weiterhin festgestellt, daß bei zunehmender Marktmacht der Bank die relative Abnahme der geforderten Rückzahlungsrate von R_1/I_0 in Periode 1 nach m in Periode 2 geringer wird. Wenn der Kreditgeber sich auf die Kunde-Bank-Beziehung verlassen kann, wird er die anfängliche (absolut gesehen) hohen Rückzahlungen R_1 im Vergleich zu einer vollkommenen Konkurrenzsituation kürzen, um Risikoerhöhung zu vermeiden. Aufgrund seiner Marktmacht und der damit einhergehenden Kundenbindung kann er zum Ausgleich die mit der erreichten Selektion guter Kreditnehmer verbundenen absolut niedrigen Rückzahlungen in der Folgezeit höher halten als dies in einer vollkommenen Konkurrenzsituation möglich wäre. Somit ergibt sich als drittes wichtiges Ergebnis des Modells ein mit dem Kreditnehmerrisiko verbundenes Zinsglättungsphänomen.

Ergebnis 3:

Die Senkung der geforderten Rückzahlung bzw. Zinszahlung über die Zeit zur Anpassung an die verbesserte zu erwartende Kreditnehmerqualität ist umso schwächer, je größer die Marktmacht der Bank ist.

Alternative Kontrahierungsmöglichkeiten

Die soeben angestellten Modellüberlegungen haben gezeigt, daß mehrperiodige Kreditbeziehungen, die aufgrund von zwischenzeitlich auftretenden Signalen über die Kreditnehmerqualität bezüglich ihrer Konditionen angepaßt werden können, Effizienzgewinne im Vergleich zu über die ganze Zeit festgelegten Verträgen aufweisen. Grundlegend dafür ist eine besondere Marktstellung der Bank, die eine Kundenbindung herstellt und es ihr dadurch ermöglicht, einen Ausgleich für anfänglich zu günstige Kreditkonditionen relativ zur erwarteten Kreditnehmerqualität zu erzielen. Die niedrigen Kreditzinsen am Anfang der Kreditbeziehung verhindern negative Effekte asymmetrischer Information. Es sind allerdings auch andere Vertragskonstruktionen denkbar, die gleiches leisten können.

Ein alternativer Ansatz wäre die Beteiligung der Bank am Unternehmen des Kunden. Diese besäße dadurch ein Machtmittel, um sich an zukünftigen Gewinnen des Kreditnehmers zum Ausgleich für die zunächst günstigen Finanzierungsmöglichkeiten, zu beteiligen. Da die Bank aber in der Regel nur einen geringen Anteil am Unternehmen halten wird, unterliegt sie hier dem Problem, sich bei der Realisierung ihrer Ziele mit anderen Anteilseignern abstimmen zu müssen. Sie kann also nicht frei agieren. Gerade bei kleineren Anteilen unterliegt sie zusätzlich dem Phänomen der „agency costs of outside equity", d. h. sie muß die anderen Anteilseigner, welche die Geschäftspolitik direkt oder indirekt bestimmen, überwachen, um ihren erwarteten Anteil an den zukünftigen Gewinnen auch wirklich zu erhalten.[126]

Eine weitere Möglichkeit der Durchsetzung später höherer Zinsen zum Ausgleich für am Anfang der Kreditbeziehung zu niedrige Zinsen relativ zur Kreditnehmerqualität kann bei Kreditverträgen durch die Einfügung von Covenants erreicht werden, die dem Kreditgeber ent-

---

[126] Vgl. Jensen und Meckling (1976), S. 312 ff.

sprechende Eingriffsmöglichkeiten gewähren. Das Problem bei der Formulierung von Covenants liegt aber darin, daß sie nicht jeden Einzelfall der Zukunft genau abdecken können. Von daher besteht für den Kreditgeber, aber auch für den Kreditnehmer eine bleibende Unsicherheit. Je nach Ausgestaltung der Covenants werden die Entscheidungen des Kreditnehmers eingeschränkt. Gegebenenfalls muß deren Einhaltung überwacht werden. Dadurch entstehen zusätzlich Kosten der Beobachtung und gegebenenfalls der Nachverhandlung.[127]

Gegenüber den soeben vorgeschlagenen Vertragsalternativen besitzt eine von Petersen und Rajan angenommene Kundenbindung Vorteile. Jedoch muß eine solche Bindung von der Bank erst erreicht und dann verteidigt werden. Dies kann mit entsprechenden Kosten verbunden sein. Insbesondere bei einem erworbenen Informationsmonopol muß Abwerbungsstrategien von Konkurrenten begegnet werden.[128]

Kritische Würdigung

Das Modell von Petersen und Rajan ist eine in manchen Aspekten sicherlich vereinfachte Darstellung der Konditionengestaltung in einer Kreditbeziehung. So hat der erfolgreiche Kreditnehmer in Periode zwei nur noch die Möglichkeit der Durchführung eines sicheren Projekts. Es ist aber aus den getroffenen Modellannahmen nicht direkt ersichtlich, warum er nicht auch in dieser Periode eine Risikoerhöhung durchführen sollte. Eine Unterstützung dieser Vereinfachungsmöglichkeit liefern die Modelle von Diamond (1989) und von Martinelli (1997) über den Reputationserwerb von Kreditnehmern auf Kreditmärkten. Nach diesen Modellen erwerben sich Kreditnehmer über eine Vielzahl von ordentlich zurückgezahlten Krediten einen Ruf als zahlungskräftige und -willige Vertragspartner. Dieser Ruf ist für den Kreditnehmer Geschäftskapital insofern, als er dadurch niedrigere Ausfallprämien als Kreditzinsbestandteil entrichten muß. Diesen erworbenen Vorteil wird er ab einem gewissen Zeitpunkt nicht mehr durch die Wahl eines riskanten Projektes, das die Möglichkeit eines hohen Verlustes und damit eines Kreditausfalls verbunden mit Reputationsverlust in sich birgt, aufs Spiel setzen. Unter bestimmten Bedingungen bezüglich der Zusammensetzung des qualitativ zunächst nicht differenzierbaren Kreditnehmerpools kann dieser Zeitpunkt relativ früh innerhalb einer Kreditbeziehung angesiedelt sein. Somit erscheint die vorgenommene Vereinfachung von Petersen und Rajan durchaus plausibel. Sie ermöglicht es die kreditnehmerrisikobezogene

---

[127] Vgl. Jensen und Meckling (1976), S. 337ff.
[128] Vgl. Greenbaum, Kanatas und Venezia (1989).

Zinsglättung über die Dauer der Kreditbeziehung und die damit verbundenen Effizienzgewinne durch Vermeidung von Moral Hazard klarer herauszuarbeiten.

Ableitung von Hypothesen

Die Ergebnisse des Modells sind für eine direkte Umsetzung in empirisch testbare Hypothesen gut geeignet. Aus Ergebnis 1 läßt sich eine Hypothese über die Neigung der Bank zur Bereitstellung von Krediten bzw. Kreditlinien in Abhängigkeit von der Enge der Kunde-Bank-Beziehung ableiten.

Hypothese VB(+)PR95:
(Kreditverfügbarkeit bei enger Kunde-Bank-Beziehung)

Wenn Kunde und Bank eine enge Beziehung unterhalten ist die Bank bei vergleichbarer Kreditnehmerqualität in höherem Maße bereit, Kredit zu gewähren, als das bei Kunden mit einer weniger engen Beziehung der Fall ist.

Die Enge der Kunde-Bank-Beziehung wird im Modell von Petersen und Rajan durch die Marktmacht der Bank repräsentiert. Sie kann durch eine Hausbankbeziehung, aber auch aufgrund der reinen Dauer einer Kunde-Bank-Beziehung, und damit verbunden mit einem Informationsvorsprung der Bank gegenüber Konkurrenten, verursacht sein. Nicht zuletzt bietet auch die Anzahl der Konkurrenten einer Bank auf dem Markt für Kredite einen Anhaltspunkt. In der noch folgenden empirischen Untersuchung dieser Arbeit wird eine Differenzierung nach diesen Ursachen vorzunehmen sein.

Ergebnis 2 und Ergebnis 3 beziehen sich auf den Zusammenhang zwischen Kreditnehmerqualität und Kreditzinsen unter Berücksichtigung von Kompensationsmöglichkeiten der Bank über die Zeit. Daraus läßt sich die folgende Hypothese ableiten.

Hypothese ZQ(~)PR95:
(Kreditzinsglättung hinsichtlich der Kreditnehmerqualität)

Aufgrund einer engen Kunde-Bank-Beziehung können Banken Kreditzinsen über die Zeit glätten, d. h. ein direkter Zusammenhang zwischen Kreditnehmerqualität und Kreditzinsen, der bei einer einmaligen vertraglichen Bindung von der Bank wegen der Berücksichtigung des Ausfallrisikos sofort zu fordern wäre, wird aufgrund intertemporaler Kompensationsmöglichkeiten aufgegeben.

Zinsglättungen können wie im vorliegenden Modell zur Erzielung einer Wohlfahrtsverbesserung bewußt vorgenommen werden. Sie werden aber auch oft als Ausdruck inkonsequenter Preispolitik von Banken gesehen.[129] Eine Operationalisierung der zweiten Ursache ist allerdings schwierig. Konkrete Anhaltspunkte sind aus Kreditdaten, wie sie in Kapitel 5 noch beschrieben werden, nicht zu entnehmen.

3.6.3 Zinsänderungsrisikoorientierte Glättung von Kreditzinsen - Das Modell von Fried und Howitt (1980)

Eine Glättung von Kreditzinsbewegungen über die Zeit mit dem Effekt, daß die Kreditzinsen weniger variieren als die Geld- und Kapitalmarktzinsen gleicher Laufzeit, stiftet Kreditnehmern insofern zusätzlichen Nutzen als sie Zinsschwankungen aufgrund ihrer Präferenzen zu vermeiden suchen. Banken, die ihren Kunden während einer Kreditbeziehung explizit oder implizit solche Verträge anbieten, fungieren als eine Art Versicherung. Sie werden dafür bei Vorliegen entsprechender Marktmacht eine Versicherungsprämie verlangen, die in Form höherer durchschnittlicher Zinsen über die Zeit erhoben wird.

Fried und Howitt (1980) zeigen, daß solche Kreditbeziehungen bei der Annahme risikoneutraler und bei der Annahme risikoaverser Kreditgeber existieren.[130] Risikoneutrale Kreditgeber haben in ihrem Modellkontext sogar die Möglichkeit einen gesamtwirtschaftlich optimalen Kreditvertrag anzubieten, der Kreditzinsschwankungen über die Zeit vollständig eliminiert.[131]

Die Bindung der Kreditnehmer an eine Bank, die notwendige Voraussetzung für die Bereitschaft dieser Bank ist, Verträge mit Zinsglättung anzubieten, wird im Modell durch Kosten, die mit einem Bankwechsel verbunden sind, hergestellt. Der Neukunde einer Bank verursacht höhere Kosten der Kreditwürdigkeitsbeurteilung. Diese Kosten schlagen sich in einer geringeren Wahrscheinlichkeit der Kreditvergabe nieder. Kunden mit Wechselabsichten haben also Opportunitätskosten zu berücksichtigen.[132]

---

[129] Vgl. Drzik und Strothe (1997), Berger und Mester (1997) sowie Rose (1990).
[130] Auf eine ausführliche formale Darstellung des Modells wird hier verzichtet, da dies aufgrund der Komplexität zu viel Raum beanspruchen würde.
[131] Vgl. Fried und Howitt (1980), S. 477. Bei risikoaversen Kreditgebern wird auf jeden Fall eine Glättung gegenüber den Marktzinsen erreicht, vgl. ebenda, S. 486.
[132] Milde (1980) erklärt dagegen Zinsdispersion auf dem Markt für Bankkredite unter Annahme der Existenz von Kosten des Bankwechsels beim Kreditnehmer. Unvollständige Information über den Markt (Welche Bank bietet welchen Zins bei welchem Sicherheitenniveau?) und die damit verbundene Suchtätigkeit von Kreditnehmern mit Wechselabsichten sind Ursachen anzunehmender Kosten eines Bankwechsels.

Aus den Überlegungen von Fried und Howitt läßt sich folgende Hypothese ableiten:

Hypothese ZZ(~)FH80:
(Kreditzinsglättung hinsichtlich des Zinsänderungsrisikos)
Aufgrund einer engen Kunde-Bank-Beziehung können Banken Kreditzinsen über die Zeit glätten, d. h. ein direkter Zusammenhang zwischen dem Niveau der Geld- und Kapitalmarktzinsen und der Kreditzinsen, der bei einer einmaligen vertraglichen Bindung von der Bank wegen der Berücksichtigung des Ausfallrisikos sofort zu fordern wäre, wird aufgrund intertemporaler Kompensationsmöglichkeiten und der erzielbaren Effizienzgewinne aufgegeben.

3.7 Der Einfluß weiterer Kreditnehmercharakteristika auf das Bankverhalten, insbesondere auf die Kreditkonditionen und auf die Kreditverfügbarkeit

In den bisherigen theoretischen Ausführungen sind verschiedene Aspekte der Kreditnehmerqualität und deren Wirkung auf die Kreditkonditionen behandelt worden. Kreditnehmer haben aber auch ganz konkrete Eigenschaften wie Unternehmensgröße und Rechtsform, die sich ebenfalls auf die Kreditkonditionen auswirken sollten. Obwohl diese Größen sicherlich auch die Qualitätsbeurteilung des Kreditgebers beeinflussen, können sie eventuell eine darüber hinausgehende Wirkung auf die Gestaltung von Kreditkonditionen in der Kreditbeziehung besitzen.

3.7.1 Der Einfluß der Unternehmensgröße

Eine über die Beeinflussung der Kreditnehmerqualität hinausgehende Wirkung der Unternehmensgröße ist die Tatsache, daß bei Verhandlungen über Kreditkonditionen die Größe eines Kreditnehmers das Potential höherer Kreditinanspruchnahmen in sich birgt. Die Kreditinanspruchnahme oder der Umsatz ist aber häufig Grundlage für entsprechende „erfolgsabhängige"[133] Gehaltszulagen von Kreditsachbearbeitern. Diesen Aspekt kann sich ein Kreditantragsteller mit entsprechender Größe zu Nutze machen, um die Verhandlungsspielräume

---

[133] Das Wort „erfolgsabhängig" ist deshalb in Anführungszeichen gesetzt, weil der Umsatz nur eine Komponente des Bankerfolges darstellt. Die Kosten beispielsweise in Form von Kreditausfällen gehen in den Erfolg negativ ein. Aufgabe des Kreditsachbearbeiters sollte es sein, auch auf die Minimierung der Kosten zu achten. Der „erfolgsabhängige" Teil der Entlohnung orientiert sich aber häufig nur am Umsatz, weil diese Größe leichter zuzurechnen ist. Die negativen Folgen einer Kreditvergabe in Form von Ausfällen zeigen sich ja oft erst später und sind dann vom Kreditbetreuer z.B. aufgrund eines Arbeitswechsels nicht mehr zu verantworten.

der Bank auszunutzen. Aufgrund der stärkeren Verhandlungsmacht ist auch erwarten, daß die Kreditverfügbarkeit bei großen Unternehmen nicht nur in absoluten Zahlen, sondern auch relativ zur Unternehmensgröße, ausgedrückt beispielsweise durch die Bilanzsumme, größer ist als bei kleinen Unternehmen. Dabei muß allerdings vorausgesetzt werden, daß die großen Unternehmen nicht an die Kapitalmärkte abwandern.[134]

Ein weiterer Aspekt, der für eine stärkere Verhandlungsmacht von großen Unternehmen spricht, ist die geringere Konkurswahrscheinlichkeit. Große Unternehmen besitzen häufig ein breit diversifiziertes Produktportefeuille. Erfolgsschwankungen in den einzelnen Unternehmensbereichen sind nicht perfekt positiv miteinander korreliert und mindern somit die Volatilität des Gesamterfolges. Stark negative Ausschläge in der Erfolgsentwicklung treten dadurch weniger häufig auf. Auch wenn dieser Punkt schon in der Qualitätsbeurteilung von Unternehmen berücksichtigt wird, könnte er darüber hinaus zusätzliche Effekte auf die Kreditkonditionen haben.

Es ist des weiteren anzunehmen, daß die Gläubiger großer Unternehmen bei Insolvenzen eher bereit sein, einen Vergleich einzugehen, um über eine erfolgreiche Fortführung der Unternehmen in späteren Zeiten doch noch ihre Ansprüche geltend machen zu können. Häufig werden diese Gläubiger von Dritten zu einer Unterstützung mehr oder weniger gezwungen. Insbesondere bei großen Unternehmen, die eine Vielzahl von Arbeitnehmern beschäftigen, wird die Politik versuchen, auf Banken einzuwirken, um trotz einer Schieflage eine Fortführung zu erreichen. Die Banken können sich diesen Forderungen nur schwer entziehen, weil sie selbst auch von politischen Entscheidungen betroffen sind.

Aus diesen informellen Überlegungen lassen sich folgende Hypothesen generieren:

Hypothese ZU(-):

(Zusammenhang zwischen Kreditzins und Unternehmensgröße)

Je größer der Kreditnehmer ist, desto geringer ist ceteris paribus der von der Bank geforderte Kreditzins.

---

[134] Dies ist bei der Betrachtung der Gruppe kleiner und mittelständischer Unternehmen der Fall.

Hypothese SU(-):
(Zusammenhang zwischen Kreditsicherheiten und Unternehmensgröße)
Je größer der Kreditnehmer ist, desto geringer ist ceteris paribus die Sicherheitenforderung der Bank.

Hypothese VU(+):
(Zusammenhang zwischen Kreditverfügbarkeit und Unternehmensgröße)
Je größer der Kreditnehmer ist, desto größer ist die Kreditverfügbarkeit (auch in Relation zur Unternehmensgröße).

3.7.2 Der Einfluß der Rechtsform des Unternehmens

Eigentlich sind für die Bank Personengesellschaften als Vertragspartner bei Kreditverträgen vorteilhafter, sofern eine unbeschränkte Haftung der Teilhaber auch bezüglich ihres Privatvermögens besteht. Die Haftungsmasse ist im Vergleich zur Rechtsform der Kapitalgesellschaft mit beschränkter Haftung bei sonst ähnlicher Ausstattung des Unternehmens größer.

Kapitalgesellschaften sind aber häufig größer als Personengesellschaften. Die Überlegungen zum Einfluß der Unternehmensgröße auf die Kreditkonditionen gelten somit auch hier. In einer empirischen Analyse muß deshalb bezüglich eines Größeneffektes kontrolliert werden, um einen darüber hinausgehenden Rechtsformeffekt feststellen zu können. Wenn dies gelingt sollten folgende Hypothesen gelten:

Hypothese ZR(-):
(Zusammenhang zwischen Kreditzins und Rechtsform)
Personengesellschaften erzielen bei Kreditvertragsverhandlungen ceteris paribus niedrigere Kreditzinsen als Kapitalgesellschaften.

Hypothese SR(-):
(Zusammenhang zwischen Kreditsicherheiten und Rechtsform)
Personengesellschaften müssen für Kredite ceteris paribus in geringerem Maße Sicherheiten stellen als Kapitalgesellschaften.

Hypothese VR(+):
(Zusammenhang Kreditverfügbarkeit und Rechtsform)
Personengesellschaften erhalten – in Relation zur Unternehmensgröße - in höherem Maße Kredite.

3.7.3 Der Einfluß des Geschäftsumfangs

Wie bereits in den Ausführungen zum Einfluß der Unternehmensgröße auf die Kreditkonditionen angesprochen, ist der Geschäftsumfang bei Verhandlungen zwischen Bank und Kreditnehmer über Kreditverträge eine wichtige Größe. Die Unternehmensgröße steht dabei stellvertretend für den potentiellen Geschäftsumfang.[135] Bei einer empirischen Untersuchung von Einflüssen des tatsächlichen Geschäftsumfanges ist deshalb eine Kontrolle bezüglich der Effekte der Unternehmensgröße, aber auch der Unternehmensrechtsform notwendig, um die Wirkung des aktuellen Geschäftsvolumens darzustellen. Es lassen sich folgende Hypothesen formulieren (eine Hypothese zur Kreditverfügbarkeit entfällt hier):

Hypothese ZG(-):
Zusammenhang Kreditzins und Geschäftsumfang
Je höher der Geschäftsumfang mit einem Kunden, desto niedriger ist ceteris paribus der Kreditzins.

Hypothese SG(-):
(Zusammenhang Kreditsicherheiten und Geschäftsumfang)
Je höher der Geschäftsumfang mit einem Kunden, desto geringer ist ceteris paribus die Sicherheitenforderung der Bank.

3.8 Zusammenstellung der testbaren Hypothesen

Die aus den theoretischen Überlegungen gewonnenen Hypothesen werden im folgenden noch einmal zusammenfassend dargestellt. Dabei erfolgt eine Gliederung nach ihren Aussagen über Kreditzinsen, Kreditbesicherung und über Kreditverfügbarkeit. Zur Erleichterung der späteren Identifizierbarkeit erhalten die einzelnen Hypothesen spezielle Abkürzungen, wobei die ersten beiden Zeichen die folgende Bedeutung haben:

---

[135] Im folgenden ist damit das Kreditvolumen gemeint.

Tab. 3-1: Erklärung der Hypothesenabkürzungen (erstes und zweites Zeichen)

Abkürzung	Erklärung
ZQ	Hypothese über den Zusammenhang zwischen Kreditzins und Kreditnehmerqualität
ZS	Hypothese über den Zusammenhang zwischen Kreditzins und Kreditsicherheiten
ZB	Hypothese über Kreditzinsen in Abhängigkeit von der Qualität der Kunde-Bank-Beziehung
ZZ	Hypothese über den Zusammenhang zwischen Kreditzins und den entsprechenden Zinsen am Geld- und Kapitalmarkt
ZU, ZR, ZG	Hypothese über den Zusammenhang zwischen Kreditzins und Unternehmensgröße, Rechtsform bzw. Geschäftsumfang
SQ	Hypothese über den Zusammenhang zwischen Kreditsicherheiten und Kreditnehmerqualität
SB	Hypothese über die Kreditbesicherung in Abhängigkeit von der Qualität der Kunde-Bank-Beziehung
SU, SR, SG	Hypothese über den Zusammenhang zwischen Kreditsicherheiten und Unternehmensgröße, Rechtsform bzw. Geschäftsumfang
VB	Hypothese über die Kreditverfügbarkeit in Bezug auf die Qualität der Kunde-Bank-Beziehung
VU, VR	Hypothese über den Zusammenhang zwischen Kreditverfügbarkeit und Unternehmensgröße bzw. Rechtsform

Nach den ersten beiden Zeichen der Hypothesenabkürzung schließt sich bei Hypothesen über Zusammenhänge von Kreditparametern in Klammern eingeschlossen eine Charakterisierung des Zusammenhangs an.

Tab. 3-2: Erklärung der Hypothesenabkürzungen (drittes Zeichen in Klammern)

Abkürzung	Erklärung
(+)	positiver Zusammenhang zwischen betrachteten Kreditparametern
(-)	negativer Zusammenhang zwischen betrachteten Kreditparametern
(~)	Zusammenhang zwischen Kreditparametern wird durch angesprochenen Sachverhalt verschleiert

Darauf folgt eine Kurzbezeichnung der Quelle, aus der die Hypothesen abgeleitet worden sind. Es kann sich dabei um die Autoren einer theoretischen Arbeit oder um die Bezeichnung eines Abschnittes dieser Arbeit, in dem entsprechende theoretische Überlegungen angestellt worden sind, handeln.

3.8.1 Hypothesen bezogen auf Kreditzinsen

Hypothese ZQ(-)Risiko:

(Quelle: Abschnitt 3.2.2 Kreditkonditionen in einer riskanten Welt)

Je höher das Ausfallrisiko des Kreditnehmers bei gegebener Sicherheitenstellung ist, desto höher ist der Kreditzins.

Hypothese ZQ(~)SW81:

(Quelle: Abschnitt 3.3.1 Das Modell von Stiglitz und Weiss (1981))

Zur Vermeidung von Adversen-Selektionseffekten und Risikoerhöhungseffekten kann es für einen Kreditgeber sinnwoll sein, von Kreditnehmern einen Kreditzins zu verlangen, der geringer ist als der Zins, der zur Kompensation der durchschnittlichen Ausfallrisiken der Kreditnehmer realisierbar wäre, wenn solche Effekte ausgeschlossen werden könnten.

Hypothese ZQ(-)B85:

(Quelle: 3.3.2 Das Modell von Bester (1985))

Kreditnehmer schlechter Qualität präferieren die Zahlung höherer Kreditzinsen gegenüber der Stellung von Sicherheiten; bei Kreditnehmern guter Qualität verhält es sich umgekehrt.

Hypothese ZQ(~)GK96:

(Quelle: Abschnitt 3.3.2 Das Modell von Bester (1985))

Aufgrund der Anreizwirkungen von Rückzahlungsforderungen in Kreditverträgen sind Kreditzinsen nicht monoton von der Kreditnehmerqualität abhängig.

Hypothese ZQ(~)PR95:

(Quelle: Abschnitt 3.6.2 Kreditnehmerrisikoorientierte Glättung von Kreditzinsen und Vermeidung von Kreditrationierung, das Modell von Petersen und Rajan, 1995)

Aufgrund einer engen Kunde-Bank-Beziehung können Banken Kreditzinsen über die Zeit glätten, d. h. ein direkter Zusammenhang zwischen Kreditnehmerqualität und Kreditzinsen, der bei einer einmaligen vertraglichen Bindung von der Bank wegen der Berücksichtigung des Ausfallrisikos sofort zu fordern wäre, wird aufgrund intertemporaler Kompensationsmöglichkeiten aufgegeben.

Hypothese ZB(-)Asymm:

(Quelle: Abschnitt 3.3 Kreditkonditionen im Kontext asymmetrischer Informationsverteilung zwischen Kreditgeber und Kreditnehmer)

Die Asymmetrie der Information zwischen Kreditgeber und Kreditnehmer wird durch eine enge Kunde-Bank-Beziehung abgebaut. Der Kreditgeber ist aufgrund dieser Tatsache bereit, niedrigere Kreditzinsen zu verlangen.

Hypothese ZZ(~)Sicherheit:

(Quelle: Abschnitt 3.2.1 Kreditkonditionen in einer sicheren Welt)

Je höher (niedriger) das Niveau der Geld- und Kapitalmarktzinsen, desto höher (niedriger) das Niveau der Kreditzinsen für entsprechende Kreditlaufzeiten und umgekehrt.

Hypothese ZZ(~)FH80:

(Quelle: Abschnitt 3.6.3 Zinsänderungsrisikoorientierte Glättung von Kreditzinsen, das Modell von Fried und Howitt, 1980)

Aufgrund einer engen Kunde-Bank-Beziehung können Banken Kreditzinsen über die Zeit glätten, d. h. ein direkter Zusammenhang zwischen dem Niveau der Geld- und Kapitalmarktzinsen und dem Niveau der Kreditzinsen, der bei einer einmaligen vertraglichen Bindung von der Bank wegen der Berücksichtigung des Ausfallrisikos sofort zu fordern wäre, wird aufgrund intertemporaler Kompensationsmöglichkeiten und der erzielbaren Effizienzgewinne aufgegeben.

Hypothese ZZ(~)Geldillusion:

(Quelle: Abschnitt 3.5 Der Einfluß von Geldillusion auf die Konditionensetzung)

Aufgrund des Vorliegens von Geldillusion sind die Gewinnmargen von Banken in Zeiten hoher Inflation und damit einhergehend hoher Geld- und Kapitalmarktzinsen im Vergleich zu Zeiten niedriger Inflation relativ gering. In Zeiten niedriger Inflation sind sie relativ hoch. Über die Zeit ist somit eine Glättung der Nominalzinsen relativ zu den Geld- und Kapitalmarktzinsen zu beobachten.

Hypothese ZS(-)Risiko:

(Quelle: Abschnitt 3.2.2 Kreditkonditionen in einer riskanten Welt)

Je größer der Umfang der Sicherheitenstellung bei gegebenem Ausfallrisiko ist, desto niedriger ist der Kreditzins.

Hypothese ZU(-):

(Quelle: Abschnitt 3.7.1 Der Einfluß der Unternehmensgröße)

Je größer der Kreditnehmer ist, desto geringer ist ceteris paribus der von der Bank geforderte Kreditzins.

Hypothese ZR(-)[136]:

(Quelle: Abschnitt 3.7.2 Der Einfluß der Rechtsform des Unternehmens)

Personengesellschaften und Einzelunternehmen erzielen bei Kreditvertragsverhandlungen ceteris paribus niedrigere Kreditzinsen als Kapitalgesellschaften.

Hypothese ZG(-):

(Quelle: Abschnitt 3.7.3 Der Einfluß des Geschäftsumfangs)

Je höher der Geschäftsumfang mit einem Kunden ist, desto niedriger ist ceteris paribus der Kreditzins.

3.8.2 Hypothesen bezogen auf Kreditsicherheiten

Hypothese SQ(-)Risiko:

(Quelle: Abschnitt 3.2.2 Kreditkonditionen in einer riskanten Welt)

Je höher das Ausfallrisiko des Kreditnehmers bei gegebenem Kreditzins ist, desto höher ist die Sicherheitenstellung.

Hypothese SQ(+)B85:

(Quelle: 3.3.2 Das Modell von Bester (1985))

Kreditnehmer guter Qualität präferieren die Stellung von Sicherheiten gegenüber der Zahlung höherer Kreditzinsen; bei Kreditnehmern schlechter Qualität verhält es sich umgekehrt.

---

[136] Das negative Vorzeichen bezüglich dieses Zusammenhangs ist so zu verstehen, daß eine Rechtsform umso positiver für die Bank ist, je geringer die Haftungsbeschränkung sich darstellt. Somit sind Personengesellschaften positiver als Kapitalgesellschaften zu werten.

Hypothese SQ(-)BH89:
(Quelle:3.3.3 Das Modell von Bester und Hellwig (1989))

Bei einer Erhöhung des Kreditangebots verbunden mit einer allgemeinen Erhöhung der Kreditzinsen fordern Kreditgeber von Kreditnehmern zusätzliche Sicherheiten, um eine Risikoerhöhung zu verhindern.

Hypothese SQ(~)unvollV:
(Quelle: Abschnitt 3.4 Kreditkonditionen im Kontext unvollständiger Verträge)

Zur Sicherung ihrer Verhandlungsposition neigen Kreditgeber dazu, unabhängig von der Qualität des Kreditnehmers in großem Ausmaß Sicherheiten zu verlangen. Deshalb ist nicht von einem strengen Zusammenhang zwischen Sicherheitenstellung und Kreditnehmerqualität auszugehen.

Hypothese SB(-)Asymm:
(Quelle: Abschnitt 3.3 Kreditkonditionen im Kontext asymmetrischer Informationsverteilung zwischen Kreditgeber und Kreditnehmer)

Die Asymmetrie der Information zwischen Kreditgeber und Kreditnehmer wird durch eine enge Kunde-Bank-Beziehung abgebaut. Der Kreditgeber ist aufgrund dieser Tatsache bereit, weniger Kreditsicherheiten zu fordern.

Hypothese SU(-):
(Quelle: Abschnitt 3.7.1 Der Einfluß der Unternehmensgröße)

Je größer der Kreditnehmer ist, desto geringer ist ceteris paribus die Sicherheitenforderung der Bank.

Hypothese SR(-)[137]:
(Quelle: Abschnitt 3.7.2 Der Einfluß der Rechtsform des Unternehmens)

Personengesellschaften müssen für Kredite ceteris paribus in geringerem Maße Sicherheiten stellen.

---

[137] Das negative Vorzeichen bezüglich dieses Zusammenhangs ist so zu verstehen, daß eine Rechtsform umso positiver für die Bank ist, je geringer die Haftungsbeschränkung sich darstellt. Somit sind Personengesellschaften positiver als Kapitalgesellschafter zu werten.

Hypothese SG(-):

(Quelle: Abschnitt 3.7.3 Der Einfluß des Geschäftsumfangs)

Je höher der Geschäftsumfang mit einem Kunden ist, desto geringer ist ceteris paribus die Sicherheitenforderung der Bank.

3.8.3 Hypothesen bezogen auf die Kreditverfügbarkeit

Hypothese VB(+)PR95

(Quelle: Abschnitt 3.6.2 Kreditnehmerrisikoorientierte Glättung von Kreditzinsen und Vermeidung von Kreditrationierung, das Modell von Petersen und Rajan, 1995)

Wenn Kunde und Bank eine enge Beziehung unterhalten, ist die Bank bei vergleichbarer Kreditnehmerqualität in höherem Maße bereit, Kredit zu gewähren, als dies bei Kunden mit einer weniger engen Beziehung der Fall ist.

Hypothese VB(+)Asymm:

(Quelle: Abschnitt 3.3 Kreditkonditionen im Kontext asymmetrischer Informationsverteilung zwischen Kreditgeber und Kreditnehmer)

Die Asymmetrie der Information zwischen Kreditgeber und Kreditnehmer wird durch eine enge Kunde-Bank-Beziehung abgebaut. Der Kreditgeber ist aufgrund dieser Tatsache eher bereit weitere Kredite zur Verfügung zu stellen.

Hypothese VU(+)

(Quelle: Abschnitt 3.7.1 Der Einfluß der Unternehmensgröße)

Je größer der Kreditnehmer ist, desto größer ist die Kreditverfügbarkeit (auch in Relation zur Unternehmensgröße).

Hypothese VR(+):

(Quelle: Abschnitt 3.7.2 Der Einfluß der Rechtsform des Unternehmens)

Personengesellschaften erhalten – in Relation zur Unternehmensgröße - in höherem Maße Kredite.

Kapitel 4
Empirische Studien zur Untersuchung der Determinanten von Kreditkonditionen in Kunde-Bank-Beziehungen

Nach der Herleitung testbarer Hypothesen im theoretischen Teil dieser Arbeit sollen nun bereits existierende empirische Studien vorgestellt werden, die sich zur Evaluierung dieser Hypothesen eignen. Untersuchungen, die im Rahmen des Forschungsprojektes „Kreditmanagement" am Institut für Kapitalmarktforschung (Center for Financial Studies), Frankfurt am Main zusammen mit der vorliegenden Untersuchung entstanden sind und die deshalb auch die gleiche Datenbasis verwenden, werden nicht in diesem, sondern im nächsten Kapitel nach der Erläuterung des erhobenen Datensatzes behandelt.[138] Die im folgenden diskutierten empirischen Arbeiten befassen sich mit der Auffindung und Erklärung von Einflußfaktoren auf Kreditkonditionen und auf die Verfügbarkeit von Krediten. Der Zusammenhang zwischen Kreditnehmerqualität und Kreditzinsen wird zunächst isoliert für empirische Studien im Anleihebereich dargestellt, weil hier der Einfluß von engen Kreditgeber-Kreditnehmer-Beziehungen nicht zu erwarten ist und dieser Effekt somit keinen verschleiernden Einfluß ausüben kann. Danach erfolgt die Erläuterung von Studien, die sich mit den Konditionen und der Verfügbarkeit von Bankkrediten beschäftigen. Neben der Kreditnehmerqualität und der Kundenbindung werden auch andere Einflußgrößen wie Unternehmenscharakteristika und Geld- und Kapitalmarktzinsen in die Darstellung mit einbezogen.

Die Ergebnisse der vorgestellten empirischen Studien in Bezug auf die testbaren Hypothesen werden an deren Ende bzw. am Ende eines zusammengehörigen Blocks von Studien in einer

---

[138] Es handelt sich hierbei um die Studien von Ewert und Schenk (1998) und von Elsas und Krahnen (1998).

Kreuztabelle präsentiert. Diese führt in den Zeilen die jeweiligen Hypothesen auf, die für die Studien relevant sind, und in den Spalten eine Kurzbezeichnung der jeweiligen Studie. Die Kurzbezeichnung einer Studie wird in der Überschrift des zugehörigen Abschnitts in eckigen Klammern „[...]" mit angegeben.[139] In den Feldern der Kreuztabelle ist „+" verzeichnet, falls eine Studie die in der Zeile aufgeführte Hypothese in signifikanter Form unterstützt, „-", falls sie aufgrund ihrer Ergebnisse die Hypothese ablehnt, „~", falls keine signifikante Aussage vorliegt und „ " (Leerfeld), falls eine Aussage bezüglich der angegebenen Hypothese nicht Ziel der Studie war. Zur Veranschaulichung dient folgende noch unausgefüllte Tabelle mit sämtlichen im letzten Kapitel abgeleiteten Hypothesen in den Zeilen und den noch einzuführenden Kurzbezeichnungen der vorzustellenden Studien in den Spalten:

---

[139] In der Regel ist die Kurzbezeichnung auf der rechten Seite der Überschriftenzeile des Abschnittes angezeigt, in dem die Studie erläutert wird.

Tab. 4-1: Illustration der empirischen Ergebnisse bezogen auf die zu testenden Hypothesen (Beispieltabelle)

Hypothese	F 87	A 89	N 95	DUW 98	BU 92	PR 94	BU 95	PR 95	BW 97	BU 90	HK 98	LN 98	ES 98	EK 98	M
ZQ(-)Risiko															
ZQ(~)SW81															
ZQ(-)B85															
ZQ(~)GK96															
ZQ(~)PR95															
ZB(-)Asymm															
ZZ(+)Sicherheit															
ZZ(~)FH80															
ZZ(~)Geldillusion															
ZS(-)Risiko															
ZU(-)															
ZR(-)															
ZG(-)															
SQ(-)Risiko															
SQ(+)B85															
SQ(-)BH89															
SQ(~)unvollV															
SB(-)Asymm															
SU(-)															
SR(-)															
SG(-)															
VB(+)PR95															
VB(+)Asymm															
VU(+)															
VR(+)															

„+": Ergebnisse unterstützen Hypothese in signifikanter Form,
„-": Ergebnisse konträr zur Hypothese in signifikanter Form,
„~": Ergebnisse sind nicht signifikant,
„ ": (Leerfeld): keine Ergebnisse bezüglich der Hypothese herausgearbeitet.

4.1 Empirische Studien über den Zusammenhang zwischen Kreditkonditionen und Kreditnehmerqualität auf Anleihemärkten

Ein Zusammenhang zwischen den Kreditkonditionen und der Kreditnehmerqualität, wie Hypothese „ZQ(-)Risiko" und Hypothese „SQ(-)Risiko" ihn fordern, ist für risikoneutrale und risikoaverse Kapitalgeber nach der Erwartungsnutzentheorie rational.[140] In der Realität kommen aber Einflußfaktoren zum Tragen, die diesen Zusammenhang verschleiern. Insbesondere ist bei Bankkrediten ein intertemporaler Ausgleich bezüglich der Konditionensetzung möglich, wenn von einer dauerhaften Kundenbindung ausgegangen werden kann. Empirische Studien von börsengehandelten Schuldverschreibungen eignen sich deshalb eher dazu, den Zusammenhang zwischen Kreditkonditionen und Kreditnehmerqualität aufzudecken. Da Schuldverschreibungen von einem Schuldner begeben und von vielen Kapitalgebern finanziert werden, besteht normalerweise keine enge Bindung zwischen den Beteiligten. Eine diesbezügliche Wirkung auf die Konditionensetzung ist somit ausgeschlossen. Für die Analyse von auf Kapitalmärkten gehandelten Anleihen spricht zudem die Tatsache, daß die Kreditnehmerqualität in der Regel durch Kreditnehmer-Ratings beschrieben wird, die von speziellen Agenturen erstellt und dann für jedermann zugänglich gemacht werden. Kreditwürdigkeitsbeurteilungen im Bankkreditgeschäft sind dagegen nicht öffentlich, weil die Güte solcher Schätzungen für Banken ein Wettbewerbsfaktor darstellt. Es besteht deshalb auch eine grundsätzliche Abneigung seitens der Banken, Daten für wissenschaftliche Zwecke zur Verfügung zu stellen.[141]

Bezüglich der Verwendung von Ratings in empirischen Studien sollte bedacht werden, daß es sich bei diesen Größen, so sorgfältig sie auch ermittelt wurden, immer noch um Schätzungen der Kreditnehmerqualität durch die Kreditgeber handelt. Ratings sind insofern reine Stellvertretervariablen. Sie stellen zudem ein rein ordinales Konzept dar, das die Kreditnehmer in absteigende Qualitätsklassen unterteilt. Eine Zuordnung der Ausfallwahrscheinlichkeiten zu bestimmten Rating-Klassen muß über eine empirische Auswertung von Kreditengagements erfolgen.[142] Dabei ist eine Stabilität dieser Zuordnung über die Zeit nicht gegeben.

---

[140] Vgl. Abschnitt 3.2.2.
[141] Die in den nächsten Kapiteln dargestellten Studien basieren allerdings auf bankinternen Daten und sind somit in dieser Hinsicht selten.
[142] Vgl. dazu die Studie von Altman und Suggitt (1997) für syndizierte Bankkredite. Ansonsten existieren nur Kapitalmarktstudien, vgl. u.a. Altman (1989), Fons und Carty (1995) sowie Altman (1997).

Ältere empirische Studien über den Zusammenhang zwischen Anleihekonditionen und Anleihequalität stellen den zu einem bestimmten Zeitpunkt beobachtbaren annualisierten Anleiherenditen durchschnittliche jährliche Ausfallraten gegenüber. Anleiheratings werden in diesen Arbeiten noch nicht verwendet. Die Ausfallraten sind hierbei Stellvertretervariablen für die Kreditnehmerqualität. In ihrer traditionellen Form werden sie berechnet, indem der Wert ausgefallener Anleihen innerhalb eines analysierten Zeitraums durch den Wert der zu Beginn (oder auch zu einem anderen Zeitpunkt während) dieses Zeitraums existierenden Anleihen geteilt wird.[143] So können für mehrere Beobachtungsjahre jährliche Ausfallraten gebildet und gemittelt werden, um durchschnittliche jährliche Ausfallraten zu erhalten. Andere Studien untersuchen den Zusammenhang zwischen den in den Anleiherenditen enthaltenen Risikoprämien und vorgegebenen Determinanten.[144] Anleiherisikoprämien berechnen sich dabei als Differenz zwischen den Renditen der betrachteten Anleihen und den Renditen von quasi risikolosen Staatsanleihen mit gleicher Ausstattung. In diesem Fall wird davon ausgegangen, daß die Risikoprämien Ausdruck der vom Markt geschätzten Anleihequalität sind. Es werden daraufhin Merkmale des Anleiheemittenten gesucht, die als Ursache für diese Qualitätseinschätzung gelten können. Im Umkreis dieser Forschungsrichtung gibt es auch Studien, die auf finanziellen Kennziffern der Anleiheschuldner basierende univariate bzw. multivariate Klassifikationsmodelle verwenden, um Anleihen mit dem zugehörigen Ausfallrisiko zu charakterisieren.[145]

Neuere Studien über den Zusammenhang zwischen Anleihekonditionen und Anleihequalität verwenden theoretische Modelle zur Erklärung von Anleiherisikoprämien, um die ihnen innewohnende (implizite) Ausfallrate zu berechnen.[146] Fons (1987) stellt diese impliziten Ausfallraten den von Altman und Nammacher (1985, 1987) beobachteten realen Ausfallraten gegenüber. Im folgenden soll seine Arbeit kurz vorgestellt werden.

4.1.1 Die Studie von Fons (1987) [F87]

Das von Fons verwendete theoretische Modell zur Berechnung der impliziten Ausfallraten von Anleihen geht von risikoneutralen Präferenzen der Investoren aus. Somit ist der Erwar-

---

[143] Vgl. stellvertretend die Pionierarbeit von Hickman (1958).
[144] Vgl. dazu die frühe Arbeit von Fisher (1959).
[145] Vgl. u.a. Beaver (1966), Altman (1968). Varianten zu dieser Vorgehensweise bieten Wilcox (1971), Frydman, Altman und Kao (1985) sowie Queen und Roll (1987).
[146] Vgl. dazu die früheren Arbeiten von Bierman und Hass (1975), Yawitz (1977) und Yawitz, Maloney und Ederington (1983).

tungswert alleiniges Entscheidungskriterium. Die Volatilität von beobachteten Anleiherenditen geht in die Betrachtung nicht ein. Für einen Kapitalgeber ist es nach dieser Annahme rational, in eine riskante Anleihe zu investieren, wenn er im Erwartungswert eine Rendite erzielt, die derjenigen von risikolosen Anleihen mindestens entspricht. Deshalb werden im Modell die möglichen Zahlungen riskanter Anleihen, gewichtet mit der entsprechenden Eintrittswahrscheinlichkeit und diskontiert mit dem Zins für risikolose Anlagen bei sonst gleichen Merkmalen, den sicheren Zahlungen risikoloser Anleihen, diskontiert mit dem Zins für durchschnittlich riskante Anlagen und damit risikoadjustiert, gegenübergestellt, um so die implizite Ausfallrate zu berechnen. Es ergibt sich folgende Gleichung:

$$\sum_{t=1}^{T-1} \frac{p^t cu + p^{t-1}(1-p)\beta(cu+1)}{(1+z)^t} + \frac{p^T(cu+1) + p^{T-1}(1-p)\beta(cu+1)}{(1+z)^T} = \sum_{t=1}^{T} \frac{cu}{(1+r)^t} + \frac{1}{(1+r)^T}.$$

Die Variable t steht dabei für die einzelnen Jahre der Anleihelaufzeit T. p ist die Wahrscheinlichkeit für die Einhaltung der Zahlungsverpflichtungen in einem Jahr t, wobei davon ausgegangen wird, daß die Anleihe bis dahin nicht ausgefallen ist. Demgemäß lautet die Wahrscheinlichkeit für eine ordnungsgemäße Erfüllung der Zahlungsverpflichtungen im Zeitpunkt t p^t und für eine Nichterfüllung $p^{t-1}(1-p)$. Im Zeitpunkt eines Ausfalls hat eine Anleihe noch einen Restwert, der mit einer Rate von $\beta(cu+1)$ notiert. Die möglichen Zahlungen der risikobehafteten Anleihe werden nach der Gewichtung mit ihren zugehörigen Wahrscheinlichkeiten auf den Zeitpunkt t=0 mit der durchschnittlichen Rendite z für risikolose Anleihen abgezinst (linke Seite der Gleichung). Zahlungen der risikolosen Anleihe werden mit der Rendite r für riskante Anlagen abgezinst (rechte Seite der Gleichung).

Eigentlich müßten die einzelnen Zahlungen zu verschiedenen Zeitpunkten mit den zugehörigen Diskontierungssätzen, abgeleitet aus der Zinsstrukturkurve, abgezinst werden. Fons unterläßt diese genaue Formulierung hier schon deshalb, weil er in der empirischen Analyse nicht von einzelnen Zahlungen ausgeht, sondern Durchschnittswerte für die einzelnen Parameter ansetzt. Insbesondere verwendet er für r und z den entsprechenden internen Zinsfuß. Bei der modellhaften Überlegung in seiner Arbeit hätte Fons diese Problematik stärker thematisieren müssen.

Nach Vorgabe der sonstigen Parameter läßt sich die implizite durchschnittliche Ausfallrate (1-p) durch Computersimulation ermitteln. Fons erhielt monatliche Daten bezüglich der Rendite r riskanter Anlagen für den Zeitraum vom Dezember 1979 bis Dezember 1985 in Form eines Indexes, der vom Salomon Brother's Corporate Bond Department erstellt wurde.[147] In diesen Index gingen US-amerikanische Anleihen ein, die gemessen an den Rating-Kategorien von Moody's eine Qualität gleich oder schlechter als die Klasse Baa3 aufweisen („speculative-grade" bonds).[148] Im September 1985 waren das beispielsweise 176. Für den Parameter cu wurde eine gewichtete Kuponrate und für den Parameter T eine gewichtete Restlaufzeit verwendet. Der Restwert β ausgefallener Anleihen wurde annahmegemäß auf Null gesetzt.[149] Die Berechnung der Rendite z risikoloser Anleihen erfolgte anhand des Salomon Brothers' New Medium Term Industrials Index, der Anleihen mit einem Aaa-Rating beinhaltet. Die in diesen Index eingehenden Anleihen besitzen allerdings eine Restlaufzeit von zehn Jahren. Es liegt somit keine exakte Laufzeitgleichheit mit dem Index für spekulative Anleihen vor.

Real beobachtete Ausfallraten für den Zeitraum von Dezember 1979 bis Dezember 1984 wurden von Altman und Nammacher (1985) und für den Zeitraum von Januar 1985 bis Dezember 1985 vom Standard & Poor's Bond Guide übernommen.

Die Untersuchung des Zusammenhangs zwischen den impliziten Ausfallraten und den die Kreditnehmerqualität repräsentierenden realen Ausfallraten erfolgte in Form einer Regressionsanalyse. Dabei wurden die berechneten impliziten Ausfallraten (1-p) für die einzelnen Monate als abhängige und die beobachteten Ausfallraten als unabhängige Variablen verwendet. Die Bildung von gleitenden Durchschnitten für jeweils fünf aufeinanderfolgende implizite Ausfallraten im Datensatz und deren Verwendung für die Regressionsanalyse führte zu signifikant positiven Ergebnissen bezüglich des Zusammenhangs zwischen den Anleihezinsen- oder –renditen, repräsentiert durch die aus diesen Größen berechneten impliziten Ausfallraten, und der Anleihequalität, repräsentiert durch einen gleitenden 12-Monats-Durchschnitt beobachteter Ausfallraten.[150] Das Bestimmheitsmaß R^2 betrug 31.3 %. Die t-Statistik weist mit einem Wert von 3,99 auf ein Signifikanzniveau unterhalb von 0,01 hin. Auch wenn der Korrelationskoeffizient für die geglätteten beobachteten Ausfallraten (SADR) von 0,1691 diesen Anschein nicht erweckt, so untermauert die graphische Gegenüberstellung von impliziten Ausfallraten und den geglätteten Ausfallraten den statistisch festgestellten signifikanten Zusammenhang. Insofern stützt diese Untersuchung von Fons die Hypothese ZQ(-)Risiko.

---

[147] Genauere Angaben zum Datensatz finden sich bei Fons (1987), S. 86.
[148] Eine Auflistung dieser Kategorien bietet Everling (1991), S. 35 ff.
[149] Vgl. Fons (1987), S. 86, FN. 2.
[150] Vgl. Fons (1987), S. 89.

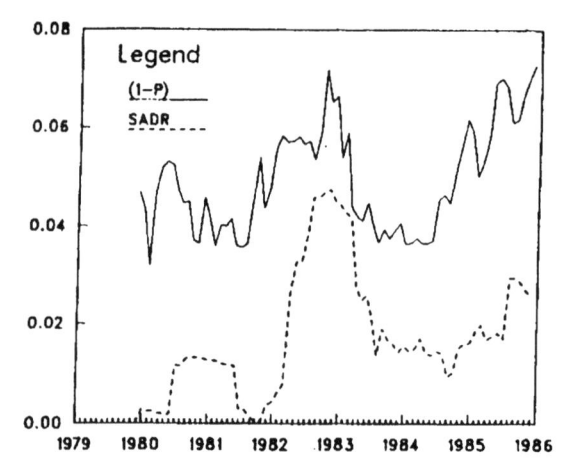

Abb. 4-1: Zeitreihe der impliziten Ausfallraten (1-p) versus Zeitreihe der geglätteten beobachteten Ausfallraten (SADR) (Quelle: Fons 1987)

4.1.2 Die Studie von Altman (1989) [A89]

Altman geht in seiner Studie des Zusammenspiels von Ausfallraten, Rating und Performance US-amerikanischer Anleihen detaillierter vor. Er ermittelt die Ausfallraten anhand des für diese Art von Untersuchung neuartigen Konzepts der Sterbewahrscheinlichkeiten, das in der Bevölkerungsstatistik verwendet wird. Dabei unterteilt er die Anleihen in die Rating-Klassen AAA, AA, A, BBB, BB, B und CCC (nach Standard & Poor's), die diesen bei der Emission zugewiesen worden sind.

Die sogenannte marginale Sterberate MSR(θ,t) jeder einzelnen Rating-Klasse θ von Anleihen für ein bestimmtes Jahr t nach der Anleiheemission ergibt sich als Quotient aus dem Gesamtwert der im Jahr t nach Emission ausgefallenen Anleihen der Klasse θ und dem Gesamtwert der Anleihenklasse θ zu Beginn des Jahres t nach der Emission.

Die marginale Überlebensrate beträgt dementsprechend ÜR(t) = 1 - MSR(t). Daraus errechnet sich die kumulierte Sterberate KSR(T) für den Zeitraum t=1 bis t = T wie folgt:

$$KSR(T) = 1 - \prod_{t=1}^{T} \text{ÜR}(t).$$

99

Marginale und kumulierte Sterberaten wurden innerhalb des Betrachtungszeitraums von 1971 bis 1987 für t=1 bis t =10 Jahre Lebensdauer der Anleihen nach Emission ermittelt. Die Berechnungen zeigen, daß Anleihen mit schlechteren Ratings die höheren Sterberaten aufweisen.[151] Insofern repräsentieren die einzelnen Ratings auch korrekt die Anleihequalität.[152]

In einem weiteren Schritt berechnet Altman die von Anleihen einer bestimmten Rating-Klasse bis zum Jahr t, t=1, ..., 10, nach der Emission durchschnittlich erwirtschafteten Nettoerträge. Zwischenzeitliche Kuponzahlungen werden zum vorherrschenden Zins für die Laufzeit bis zum Jahr t reinvestiert. Nachzahlungen von als ausgefallen erklärten Anleihen sind ebenso berücksichtigt wie vorzeitige Rückzahlungen.[153] Es ergibt sich, daß die Nettoerträge mit sich verschlechterndem Anleihe-Rating steigen. Anleger, die ein höheres Risiko eingehen, erhalten also in der Regel einen Mehrertrag gegenüber vorsichtigen Kapitalgebern. Die mit dem höheren Risiko verbundene Ausfallrate wird mehr als kompensiert.[154]

Die Arbeit von Altman unterstützt ebenso wie die von Fons (1987) die Hypothese ZQ(-)Risiko, nach der in einer Welt, die von Risiko geprägt ist, ein negativer Zusammenhang zwischen dem Kreditzins bzw. der Rendite des Kredites und der Kreditnehmerqualität besteht. Auch in dieser Arbeit werden keine Aussagen über Kreditsicherheiten gemacht.

4.1.3 Die Studie von Nöth (1995) [N95]

In der Studie von Nöth (1995) wird der Zusammenhang zwischen Kreditzins und Kreditnehmerqualität von auf dem Euromarkt gehandelten DM-Anleihen für den Zeitraum von 1988 bis 1991 untersucht. Die Kreditnehmerqualität ist wie bei Altman durch vorliegende Anleihe-Ratings repräsentiert. Eine Überprüfung der Konsistenz dieses Anleihe-Ratingsystems anhand von real beobachteten Ausfallraten findet aber aufgrund fehlender Daten nicht statt. Die Anleiherenditen bezogen auf die Restlaufzeit werden in einer Regressionsanalyse als abhängige Variablen verwendet. Als erklärende Variablen gehen die entsprechenden Renditen von risi-

---

[151] Vgl. Altman (1989), S. 913 ff.
[152] Unter Verwendung des Konzepts der Sterbewahrscheinlichkeiten ermitteln Fons und Carty (1995) die Ausfallraten von amerikanischen Anleihen für die Jahre 1970 bis 1993, Waldman und Altman (1998) führen diese Art der Studie für die Ausfallraten von Konsortialkrediten in den USA bezogen auf den Zeitraum von 1991 bis 1996 durch. In beiden Arbeiten ergibt sich ein schlüssiger Zusammenhang zwischen Rating und Ausfallrate. Es werden allerdings keine Performancemessungen durchgeführt.
[153] Altman zeigt, daß die Anleihegläubiger auch nach einem ersten Zahlungsausfall im Durchschnitt noch ca. 40% des Anleihewertes zurückerhalten. Vgl. Altman (1989), S. 916.
[154] Nur bei Rating-Klasse B und CCC ergeben sich andere Ergebnisse. Altman gibt dafür auch keine weitere Erklärung. Vgl. Altman (1989), S. 917 ff.

kolosen Bundesanleihen und die Zugehörigkeit zu den gewählten Rating-Klassen ein.[155] Weitere erklärende Variablen wie die Restlaufzeit der jeweiligen Anleihen und das Emissionsvolumen dienen als Kontrollgrößen.

Die Regressionsergebnisse zeigen, daß ein Zusammenhang zwischen Rating und Rendite von Anleihen besteht. Die Renditen sind um so höher, je schlechter das Rating ist. Zudem ergibt sich ein deutlich positiver Zusammenhang zwischen der Höhe des allgemeinen Zinsniveaus, repräsentiert durch die Renditen von Bundesanleihen, und den Renditespreads anderer Anleihen mit entsprechender Restlaufzeit. Diese Erkenntnis ist insofern interessant, als die Spreads oder Kreditzinsmargen im Bankkreditgeschäft aufgrund von Zinsglättungs- und Geldillusionseffekten eher ein umgekehrtes Verhalten aufweisen sollten.[156]

4.1.4 Die Studie von Düllmann, Uhrig-Homburg und Windfuhr (1998) [DUW98]

Düllmann, Uhrig-Homburg und Windfuhr gehen bei der Untersuchung des Zusammenhangs von Kreditzinsen bzw. Kreditzinsmargen und der Kreditnehmerqualität gegenüber allen bisher vorgestellten Arbeiten insofern genauer vor, als sie zunächst aus dem Bestand an risikolosen Staatsanleihen der Bundesrepublik Deutschland und den sonstigen gehandelten Anleihen der Rating-Klassen Aaa, Aa, A, Baa und Ba (nach Moody's) für den Zeitraum von Juli 1990 bis Dezember 1996 Zinsstrukturkurven schätzen, die Grundlage für eine akkurate Berechnung der Kreditzinsmargen sind.[157] Kreditzinsmargen ergeben sich in diesem Fall als Differenz zwischen dem für eine bestimmte Rating-Klasse zu einem bestimmten Zeitpunkt vorliegenden Zins der zugehörigen impliziten Zinsstrukturkurve und dem entsprechenden Zins für Staatsanleihen.

Es zeigt sich in dieser Arbeit, daß auch für DM-Anleihen, die in der Bundesrepublik Deutschland gehandelt werden, ein negativer Zusammenhang zwischen Kreditzinsen bzw. Kreditzinsmargen und der Kreditnehmerqualität in Form des Anleihe-Ratings besteht. Die für die einzelnen Rating-Klassen über den betrachteten Zeitraum ermittelten Kurven der Kredit-

---

[155] Nöth wählt hier eine eigene Klassifikation mit Aaa, Aa, A, Baa und Junk (Bonds), um die Anzahl der untersuchten Anleihen pro Klasse nicht zu klein werden zu lassen, vgl. Nöth (1995), S. 544 f. und insbesondere S. 550.
[156] Vergleiche dazu Hypothese ZZ(+)Sicherheit, Hypothese ZZ(~)FH80 und Hypothese ZZ(~)Geldillusion.
[157] Zur Schätzung wird die parsimonious-fitting-Funktion von Nelson und Siegel (1987) verwendet. Dieses Konzept wurde ansonsten nur noch von Schwartz (1997) für den US-amerikanischen Anleihemarkt eingesetzt.

zinsmargen liegen für schlechtere Rating-Klassen immer oberhalb der Kurven für bessere Rating-Klassen.[158]

4.1.5 Zusammenfassung der empirischen Ergebnisse dieses Abschnittes

Die soeben vorgestellten empirischen Arbeiten führen zu Aussagen bezüglich der im theoretischen Teil abgeleiteten Hypothesen,[159] die in der folgenden Kurzübersicht dargestellt werden.

Tab. 4-2: Kurzillustration der empirischen Ergebnisse in den Studien von Fons (1987), Altman (1989), Nöth (1995) sowie von Düllmann, Uhrig-Homburg und Windfuhr (1998) bezogen auf die zu testenden Hypothesen

Hypothese	F 87	A 89	N 95	D U W 98							
ZQ(-)Risiko	+	+	+	+							
ZZ(+)Sicherheit		+									

„+": Ergebnisse unterstützen Hypothese in signifikanter Form,
„-": Ergebnisse konträr zur Hypothese in signifikanter Form,
„~": Ergebnisse sind nicht signifikant,
„ ": (Leerfeld): keine Ergebnisse bezüglich der Hypothese herausgearbeitet.

4.2 Empirische Studien über Kreditkonditionen in einer Kunde-Bank-Beziehung

Nach der Vorstellung empirischer Studien über den Zusammenhang zwischen Kreditzinsen und Kreditnehmerqualität im Anleihebereich, folgt nun eine kritische Erläuterung von Untersuchungen, die sich mit Kreditkonditionen in Kunde-Bank-Beziehungen beschäftigen. Die Darstellung dieser Studien ist in der Regel chronologisch geordnet. Es werden solche Arbeiten ausführlich besprochen, die eine generelle Bedeutung für die Initiierung und Fortentwicklung der empirischen Bankforschung besitzen und/oder die speziell Kreditbeziehungen in Deutschland analysieren.

Im theoretischen Teil dieser Arbeit wurde bereits herausgestellt, daß enge Kunde-Bank-Beziehungen über die Zeit zu Zugeständnissen der Bank bezüglich der Kreditkonditionen führen können. Des weiteren sind Glättungseffekte bezüglich des Zusammenhangs zwischen

---

[158] Vgl. Düllman, Uhrig-Homburg und Windfuhr (1998), S. 15.
[159] Eine ausführliche Zusammenstellung der Hypothesen findet sich in Abschnitt 3.8.

den Kreditzinsen und den Geld- und Kapitalmarktzinsen und vor allem auch bezüglich des Zusammenhangs zwischen Kreditzinsen und Kreditnehmerqualität denkbar. Es existieren aber noch weitere Phänomene, wie etwa die Versicherung gegen Zinsänderungsrisiken oder die Geldillusion, die zu Zinsglättungen über die Zeit führen können. Neben den Variablen, die eng mit dem Bestehen und der Intensität von Kunde-Bank-Beziehungen verbunden sind, wirken sich auch andere Faktoren wie die Rechtsform und die Größe des Unternehmens auf die Kreditzinsen, aber auch auf die Kreditsicherheiten und die Kreditverfügbarkeit aus. Diese Einflußfaktoren werden bei der Vorstellung einzelner Studien direkt mitbehandelt. Somit ist es möglich, die Studien als Ganzes vorzustellen, was schon aufgrund der übergreifenden Einbindung von Parametern in die durchgeführten Regressionsanalysen als sinnvoll erscheint.

4.2.1 Die Studie von Berger und Udell (1992) [BU92]

Zur Untersuchung der Ursachen von Zinsglättungsphänomenen in Kunde-Bank-Beziehungen stellen Berger und Udell die erste empirische Arbeit im Bereich der Unternehmenskredite vor, die individuelle Kreditdaten verwendet. Frühere Studien wie Goldfield (1966), Jaffee (1971), Slovin und Sushka (1983), King (1986) und Sofianos, Wachtel und Melnik (1990), aber auch Winker (1997) verwenden makroökonomische Daten. Ihre Zielsetzung ist es, Zinsglättungsphänomene zu lokalisieren, um damit auf das Vorliegen von Kreditrationierung zurückschließen zu können. Der Zusammenhang zwischen Zinsglättung und Kreditrationierung wird am deutlichsten im Modell von Petersen und Rajan (1995) herausgestellt.[160] Berger und Udell argumentieren aber, daß es auch noch andere Gründe für die Existenz von Zinsglättungsphänomenen gibt. Eine Versicherung gegen Zinsänderungen für risikoaverse Kreditnehmer oder die Unterstützung problembehafteter Kreditnehmer in Zeiten hoher Zinsen zur Vermeidung eines Bankrotts können beispielsweise dafür verantwortlich sein.[161]

Die Studie von Berger und Udell basiert auf einem Datensatz der US-amerikanischen Federal Reserve Banks, die eine quartalsweise Umfrage bezüglich der Kreditkonditionen von Unternehmen durchführen. Es wurden vierteljährliche Daten über Einzelkredite ohne Identifikation der dahinterstehenden Kreditnehmer für den Zeitraum vom ersten Quartal 1977 bis zum zweiten Quartal 1988 erhoben. 460 verschiedene Kreditinstitute stellten insgesamt über eine Million Datensätze zur Verfügung.

---

[160] Vgl. Abschnitt 3.6.2 dieser Arbeit.
[161] Zur Zinsänderungsversicherung und zum zugehörigen Modell von Fried und Howitt (1980) vgl. Abschnitt 3.6.3. Die Unterstützung problembehafteter Schuldner in Krisenzeiten wird von Sharpe (1991) thematisiert.

In der durchgeführten Regressionsanalyse wird die Kreditzinsmarge als abhängige Variable verwendet (PREM). Sie ergibt sich als Differenz aus der annualisierten Zinsrate der betrachteten Kredite und der Rendite von risikolosen Staatsanleihen mit gleicher Restlaufzeit. Als erklärende Variable wird die Rendite der risikolosen Staatsanleihen in nominaler Form wie bei der Margenermittlung und alternativ auch in realer Form, also korrigiert um die entsprechende Inflationsrate, verwendet. Sie soll einen Hinweis auf eventuell vorliegende Glättungsphänomene geben.

Der Zusammenhang zwischen einer beobachteten Zinsglättung und der Rationierung von Krediten wird durch eine boolean'sche Variable (COMMIT) indiziert, die den Wert Eins annimmt, falls sich eine Bank für eine bestimmte Zeit in der Zukunft zur Einräumung eines Kredites an ihren Kunden verpflichtet hat, und die sonst den Wert Null besitzt. Dahinter steht die Annahme, daß Unternehmen in Zeiten restriktiver oder abzusehender restriktiver Kreditvergabe durch Banken bestrebt sind, sich optionale Kreditinanspruchnahmen für die Zukunft einräumen zu lassen, um einer Kreditrationierung aus dem Wege zu gehen. Eine weitere 0-1-Variable, die eine Indikation von Kreditrationierung unterstützen soll, nimmt den Wert Eins an, wenn zu bestimmten Erhebungszeitpunkten ein sogenannter „credit crunch", d. h. ein Zeitraum restriktiver Kreditvergabe durch Banken, vorliegt (CRUNCH).

Aus den Variablen PREM und COMMIT sowie PREM und CRUNCH werden Interaktionsvariablen gebildet. Diese kombinieren jeweils die Variablen. Beispielsweise nimmt die Interaktionsvariable PREM_COMMIT den Wert der Kreditzinsmarge nur für Kredite an, bei denen eine Kreditvergabeverpflichtung seitens der Bank vorliegt. Ansonsten besitzt sie den Wert Null. Es läßt sich damit untersuchen, ob eine Zinsglättung mit einer restriktiven Kreditpolitik von Banken, d. h. Kreditrationierung, zusammenhängt oder nicht.

Aus der Analyse ergeben sich signifikante Hinweise für das Vorliegen einer Zinsglättung über die Zeit. Der Koeffizient bezüglich der nominalen bzw. realen Renditen von Staatsanleihen ist negativ, d. h. bei steigendem Zinsniveau sinkt die Kreditzinsmarge und umgekehrt. Diese Zinsglättung ist allerdings nicht auf eine gleichzeitig vorliegende Kreditrationierung zurückzuführen, da die entsprechenden Interaktionsvariablen sowohl für Kredite mit Krediteinräumungsverpflichtung als auch für Kredite ohne Krediteinräumungsverpflichtung der Bank das Vorliegen von Zinsglättung anzeigen. Berger und Udell sehen diese Zinsglättungsphänomene eher als Ausdruck von Zinsänderungsversicherungen, die Kreditnehmer bei Banken abschließen Somit liegt hier ein unterstützender Hinweis für die Hypothese ZZ(~)FH80 vor.

Die Studie von Berger und Udell ist als Pionierarbeit zu bezeichnen. Die Verwendung von mikroökonomischen Daten aus einem langen Zeitintervall mit vielen Erhebungszeitpunkten läßt gesicherte Aussagen über die Existenz von Zinsglättungsphänomenen zu. Es erweist sich als sehr vorteilhaft, Kreditzinsmargen als abhängige Variablen in Regressionsanalysen zu verwenden und sie zum Zinsniveau vergleichbarer risikoloser Anleihen in Beziehung zu setzen. Eine Zinsglättung relativ zum Marktzinsniveau kann ja nur dann stattfinden, wenn die Banken zu bestimmten Zeiten auf einen Teil ihres Überschusses über die Refinanzierungszinsen verzichten und zu anderen Zeiten versuchen, diesen Verzicht zu kompensieren. In vielen späteren Studien werden die Kreditzinsen direkt als abhängige Variable verwendet und ein Bezug zum allgemeinen Zinsniveau nicht hergestellt. Das liegt vor allem daran, daß nur Daten für einen bestimmten Zeitpunkt erhoben wurden oder werden konnten. Diese Tatsache beeinträchtigt aber die Güte der empirisch ermittelten Aussagen. Das Ergebnis der Studie von Berger und Udell (1992) ist in der folgenden Tabelle kurz dargestellt.

Tab. 4-3: Kurzillustration der empirischen Ergebnisse in der Studie von Berger und Udell (1992) bezogen auf die zu testenden Hypothesen

Hypothese					BU 92							
ZZ(~)FH80					+							

„+": Ergebnisse unterstützen Hypothese in signifikanter Form,
„-": Ergebnisse konträr zur Hypothese in signifikanter Form,
„~": Ergebnisse sind nicht signifikant,
„ ": (Leerfeld): keine Ergebnisse bezüglich der Hypothese herausgearbeitet.

4.2.2 Die Studie von Petersen und Rajan (1994) [PR94]

Petersen und Rajan widmen sich in ihrer Untersuchung von Kunde-Bank-Beziehungen kleiner Unternehmen der Frage, inwiefern Kreditnehmer aufgrund enger Bindungen an Banken eher Kreditzusagen erhalten und inwieweit sie aufgrund solch enger Beziehungen günstigere Kreditkonditionen vereinbaren können. Die Antwort haben beide Autoren im Jahre 1995 in theoretischer Form gegeben.[162] Es wurden daraus die Hypothesen ZQ(~)PR95 und VB(+)_PR95 abgeleitet.

---

[162] Vgl. Petersen und Rajan (1995) und Abschnitt 3.6.2 dieser Arbeit.

Das Modell von Petersen und Rajan (1995) liefert eine schlüssige Erklärung dafür, warum Kreditinstitute bei enger Kundenbindung eher bereit sind, Kredite zu vergeben, als in einer vollkommenen Wettbewerbssituation ohne Kundenbindung. Die mit einer verläßlichen Kundenbeziehung verbundene intertemporale Kompensationsmöglichkeit für anfänglich gemachte Zugeständnisse bei den Kreditkonditionen ist als Grund dafür zu sehen. Die Studie von Petersen und Rajan (1994) kann allerdings aufgrund ihrer zeitpunktbezogenen Datenlage nicht den Anspruch erheben, dieses Modell korrekt zu testen. Die Untersuchung von Kundenbindungseffekten erscheint aber auch in der einfachen statischen Form lohnenswert.

Zur Kreditverfügbarkeit in engen Kunde-Bank-Beziehungen gab es schon frühere Arbeiten von Hoshi, Kashyab und Scharfstein (1990, 1991). Sie zeigen, daß japanische Konzerne, die enge Bindungen zu Banken pflegen, in geringerem Maße mit Liquiditätsschwierigkeiten zu kämpfen haben und in finanziell angespannten Zeiten in größerem Umfang Investitionen tätigen als Unternehmen ohne enge Bindungen. In Japan liegen enge Verbindungen von Unternehmen zu Banken gerade in sogenannten Keiretsus vor. Keiretsus sind faktische, aber nicht rechtliche Unternehmenszusammenschlüsse, in die regelmäßig auch eine Bank eingebunden ist.[163] Neben Deutschland mit seinem traditionellen Hausbanksystem[164] wird deshalb oft auch Japan als Beispiel gewählt, wenn es darum geht, die Auswirkungen enger Kunde-Bank-Beziehungen auf den Wettbewerb zwischen Kreditinstituten zu diskutieren.[165] Während nun aber für Japan durch die Untersuchungen von Hoshi, Kashyab und Scharfstein (1990, 1991) mikroökonomisch fundierte Zahlen vorliegen, die eine Wirkung von enger Kundenbindung auf die Kreditverfügbarkeit bestätigen, liegen für Deutschland nur Erkenntnisse auf der Basis makroökonomischer Größen vor, die zudem einen Effekt von Hausbank-Beziehungen auf die Kreditverfügbarkeit verneinen.[166] Die im nächsten Kapitel vorzustellenden Studien versuchen bezüglich dieses Mankos Abhilfe zu schaffen.

Die Daten der Studie von Petersen und Rajan (1994) stammen aus einer Befragung kleiner Unternehmen mit dem Titel „National Survey of Small Business Finances", die unter der Leitung des Board of Governors of the Federal Reserve System[167] und der Small Business Association in den Vereinigten Staaten von Amerika durchgeführt wurde. In den Datensatz gingen neben soziodemographischen Anhaltspunkten vor allem Finanzinformationen, und

---

[163] Vgl. D'Aveni und Gunther (1995) und Burt und Doyle (1994), S. 79.
[164] Vgl. dazu Fischer (1990), S. 6 ff.
[165] Vgl. Mayer (1988), S. 1180.
[166] Vgl. Edwards und Fischer (1994) und Fischer (1990).
[167] Vergleichbar mit dem Zentralbankrat der Deutschen Bundesbank in der Bundesrepublik.

hier insbesondere Informationen zu aufgenommenen Krediten, von 3404 Unternehmen für das Jahr 1987 ein. Die Erhebung beschränkte sich auf Unternehmen, die weder im Bereich Finanzdienstleistung noch im Bereich Landwirtschaft tätig waren. Zudem wurden nur Unternehmen mit einer Mitarbeiterzahl unter 500 betrachtet.[168]

Die Kreditkonditionen bzw. die Kosten der Finanzierung werden in der Studie durch den Zinssatz des letzten von einem Unternehmen aufgenommenen Kredites definiert. Die Kreditart ist dabei nicht festgelegt. Es kann sich also sowohl um kurzfristige Kredite auf dem laufenden Konto als auch um längerfristige Investitionsdarlehen handeln. Dieser Punkt gibt Anlaß zu Kritik. Die verschiedenen Kreditarten sind aufgrund ihrer unterschiedlichen Laufzeiten und Zinsbindungsfristen nicht einfach vergleichbar. Auch wenn in den im folgenden noch beschriebenen Regressionsanalysen bezüglich dieser Variablen kontrolliert wird, wäre es eigentlich angebrachter, sich entweder auf eine bestimmte Art von Krediten zu beschränken oder eine Vergleichbarkeit der Finanzierungskosten herzustellen. Die zweite Variante würde sich sicherlich aufgrund der restringierten Datenlage als schwierig erweisen. Die erste Variante wäre aber durchaus gangbar gewesen.[169]

Zur Analyse der Kreditverfügbarkeit wählen Petersen und Rajan den prozentualen Anteil der Lieferantenkredite, die von den betrachteten Unternehmen erst nach Fälligkeit beglichen wurden. Der interessierte Empiriker würde sich hier die Summe der beantragten, aber nicht gewährten Kredite als Variable wünschen.[170] Diese Größe ist jedoch nur schwer zu erhalten, da sie eine sensible Information für Unternehmen darstellt und deshalb diesbezügliche Auskünfte nicht bereitwillig erteilt werden.

Die Intensität der Kunde-Bank-Beziehung wird in Ermangelung direkter Abfragemöglichkeiten durch die Dauer der Kunde-Bank-Beziehung repräsentiert. Über die Dauer der Geschäftsverbindung sammelt eine Bank Informationen über ihre Kreditnehmer, die sie bei Neukunden in dieser Form nicht zur Verfügung hat. Dadurch wird es ihr ermöglicht genauere Risikobeurteilungen anzustellen. Einen weiteren Anhaltspunkt für die Enge einer Kunde-Bank-Beziehung soll auch das Alter des Kreditnehmers liefern. Dabei wird davon ausgegangen, daß ältere Unternehmen schon länger eine Beziehung zu einer Bank pflegen. Aussagen über die

---

[168] Für eine deskriptive Auswertung des Datensatzes vgl. Petersen und Rajan (1994), S. 7 ff.
[169] Vgl. Berger und Udell (1995), deren Studie in diesem Abschnitt vorgestellt wird.
[170] Ein erster Schritt in diese Richtung stellt die Studie von Cole (1998) dar. Cole untersucht die Kreditverfügbarkeit in bestehenden Kunde-Bank-Beziehungen, in dem er die Annahme oder die Ablehnung von Anträgen auf die Bereitstellung zusätzlicher Kredite zu erklärenden Variablen in Beziehung setzt.

Enge der Kundenbindung anhand dieser Variablen erscheinen aber eher gewagt. Insofern sollte dieser Parameter nur zur Erzielung ergänzender Hinweise herangezogen werden. Die als dritte Stellvertretervariable in dieser Studie gewählte „Anzahl der Banken", bei denen ein Kredit aufgenommen wurde, ist geeigneter, weil sie insbesondere in ihrer extremen Ausprägung, nämlich Kreditbeziehungen nur zu einer Bank,[171] eher einen Hinweis auf die Enge der Kundenbindung gibt. Aber auch das Vorliegen nur einer Bankverbindung muß noch keine direkten Hinweise auf die Wettbewerbssituation zwischen Banken im Umfeld des betrachteten Unternehmens geben.

Das Risiko des Kreditnehmers wurde gemäß der Beschreibung der Autoren[172] durch die Höhe des Buchwerts der Bilanzaktiva operationalisiert. Diese Variable kontrolliert aber eigentlich Größeneffekte. Sie stellt insofern nur in rudimentärer Form eine Risikogröße dar. Die Autoren gehen dabei von der Annahme aus, daß größere Unternehmen in der Regel ein breiter diversifiziertes Produktportfolio vorweisen und deswegen weniger riskant sind. Diese Überlegungen gehen in Bezug auf Kreditzinsen mit der im theoretischen Teil abgeleiteten Hypothese ZU(-) einher.

In der Studie von Petersen und Rajan werden nun zwei Regressionsanalysen durchgeführt. Die erste verwendet als abhängige Variable die bereits definierten Finanzierungskosten und als erklärende Variablen neben den bereits besprochenen Größen zur Charakterisierung der Kundenbindung und der Unternehmensgröße Parameter wie das Zinsniveau für Kredite an erstklassige Schuldner (Prime Rate), einen Spread für die Kreditrestlaufzeit, einen Spread für das allgemein zu erwartende Ausfallrisiko von Risikoanlagen im Vergleich zu risikolosen Staatsanleihen (Risikospread) sowie eine Dummy- bzw. 0-1-Variable die angibt, ob es sich beim Kreditnehmer um eine Körperschaft oder um eine Personengesellschaft handelt. Nach einer ordinary-least-squares-Schätzung[173] zeigt sich, daß die Höhe der Finanzierungskosten nur von der Prime Rate und der Unternehmensgröße signifikant erklärt wird. Insofern unterstützen die Ergebnisse die Hypothesen ZZ(+)Sicherheit und ZU(-). Die Analyse weist auch signifikante Ergebnisse bezüglich des Risikospreads auf. Jedoch handelt es sich hierbei nicht um eine Stellvertretervariable für das individuelle Risiko der untersuchten Kredite. Deshalb kann damit auch keine Aussage bezüglich der Hypothese ZQ(-)Risiko gemacht werden. Bei

---

[171] Die noch extremere Aussage wäre: keine Kreditbeziehung; dann würde sich aber auch eine Analyse von Kreditkonditonen erübrigen.
[172] Vgl. Petersen und Rajan (1994), S. 14.
[173] Zu diesem und anderen Schätzverfahren sowie zu den verschiedenen Ansätzen der Regressionsanalyse vgl. Gujarati (1995) und Greene (1997).

den die Kunde-Bank-Beziehung betreffenden Variablen gibt nur die Anzahl der Banken, zu denen eine Kreditbeziehung unterhalten wird, einen signifikanten Hinweis auf einen Zusammenhang zu den Kreditzinsen. Auch Petersen und Rajan erachten dies bezogen auf den Zusammenhang zwischen der Enge der Kunde-Bank-Beziehung und den Kreditzinsen (Hypothese ZB(-)Asymm) als wenig aussagekräftig.[174]

Eine zweite Regressionsanalyse untersucht den Zusammenhang zwischen der Kreditverfügbarkeit und der Enge der Kunde-Bank-Beziehung. Als abhängige Variable wird der prozentuale Anteil der Lieferantenkredite, die ein Kreditnehmer erst nach Fälligkeit bezahlt hat, verwendet. Dabei ist von der plausiblen Annahme auszugehen, daß mit einer höheren Kreditverfügbarkeit in Bezug auf alternative Finanzierungsquellen Lieferantenkredite eher beglichen werden. Als erklärende Variablen gehen die oben erläuterten Stellvertretervariablen für die Enge der Kunde-Bank-Beziehung ein. Zusätzlich werden Variablen bezüglich der Existenz alternativer Kreditaufnahmemöglichkeiten, bezüglich des Verschuldungsgrades und bezüglich anderer finanzieller Kennzahlen sowie bezüglich der Variablen zur Unternehmensgröße und -rechtsform verwendet. Es zeigt sich, daß die Enge der Kunde-Bank-Beziehung positiven Einfluß auf die Kreditverfügbarkeit hat. Alle drei Stellvertretervariablen für die Enge der Beziehung weisen bezogen auf den Anteil der erst nach Fälligkeit bezahlten Lieferantenkredite signifikant negative Koeffizienten auf. Somit werden Hypothese VB(+)Asymm und auch Hypothese VB(+)PR95 unterstützt. Die Höhe des Verschuldungsgrades besitzt erwartungsgemäß ebenfalls einen Effekt, der bezogen auf den prozentualen Anteil der nach Fälligkeit bezahlten Lieferantenkredite positiv ist. Bezüglich der anderen Variablen ergeben sich keine signifikanten Ergebnisse.

Die Aussagekraft der zweiten Regression wird durch einen hochsignifikanten Wert für das Bestimmtheitsmaß χ^2 der angewendeten Tobit-Regression unterstützt.[175] Bei der ersten Regression ergibt sich eine eher unbefriedigende Höhe des Bestimmtheitsmaßes R^2.[176] Wie Berger und Udell (1995) vermuten, liegen die unbefriedigenden Ergebnisse darin begründet, daß Petersen und Rajan alle möglichen Kreditarten des vorliegenden Datensatzes in ihre Analyse einbeziehen. Berger und Udell berücksichtigen deshalb dieses Problem in ihrer eigenen Untersuchung und kommen zu abweichenden Ergebnissen. Diese Studie wird im Anschluß an eine kurze Übersicht der Ergebnisse von Petersen und Rajan dargestellt. Die in tabellarischer

---

[174] Vgl. Petersen und Rajan (1994), S. 18.
[175] Vgl. den p-Wert bezogen auf die Variable χ^2 in Petersen und Rajan (1994), S. 27.
[176] Vgl. Petersen und Rajan (1994), S. 13.

Form erfaßten Ergebnisse beziehen sich auf die im theoretischen Teil dieser Arbeit abgeleiteten Hypothesen, sofern sie in der Studie tangiert wurden.

Tab. 4-4: Kurzillustration der empirischen Ergebnisse in der Studie von Petersen und Rajan (1994) bezogen auf die zu testenden Hypothesen

Hypothese	PR 94
ZB(-)Asymm	~
ZZ(+)Sicherheit	+
ZU(-)	+
ZR(-)	~
VB(+)PR95	+
VB(+)Asymm	+
VU(+)	~
VR(+)	~

„+": Ergebnisse unterstützen Hypothese in signifikanter Form,
„-": Ergebnisse konträr zur Hypothese in signifikanter Form,
„~": Ergebnisse sind nicht signifikant,
„ ": (Leerfeld): keine Ergebnisse bezüglich der Hypothese herausgearbeitet.

4.2.3 Die Studie von Berger und Udell (1995) [BU95]

Die Studie von Berger und Udell basiert auf demselben Datensatz wie diejenige von Petersen und Rajan (1995). Für die Analyse werden allerdings nur Kredite in Form von Kreditlinien auf laufenden Konten herangezogen. Die Autoren begründen diese Vorgehensweise damit, daß gerade die kurzfristigen Kreditlinien in ihrer Konditionensetzung sensibler auf die Enge und die Nachhaltigkeit der Kunde-Bank-Beziehung ausgerichtet sind als langfristige Darlehen. Sie führen die mangelnde Aussagefähigkeit der Studie von Petersen und Rajan auf die Nichtbeachtung dieser Tatsache zurück.[177]

Berger und Udell gehen von der Überlegung aus, daß Banken über die Dauer der Kreditbeziehung die Kreditnehmerqualität besser einschätzen können und deshalb gegenüber der Konkurrenz günstigere Konditionen in Bezug auf Kreditzins und Kreditsicherheiten anbieten. Im Modell von Petersen und Rajan (1995) sinken die Kreditzinsen im Absolutwert über die Dau-

---

[177] Vgl. Berger und Udell (1995), S. 356.

er der Kunde-Bank-Beziehung ebenfalls, jedoch werden vom Kreditnehmer relativ zur vom Kreditgeber festgestellten Kreditnehmerqualität am Anfang der Kreditbeziehung niedrigere Zinsen verlangt und in späteren Zeiten zur Erfolgskompensation höhere Zinsen. Die durchschnittliche Qualität des Kreditnehmerpools einer Bank hat sich allerdings über die Dauer der Kunde-Bank-Beziehung aufgrund des Ausfalls schlechter Kreditnehmer verbessert.[178] Ein Test der Modellaussagen von Petersen und Rajan (1995) ist demgemäß auch für Berger und Udell mit ihrer Analyse nicht möglich. Vielmehr überprüfen sie, ob durch eine Kunde-Bank-Beziehung die Asymmetrie der Information abgebaut werden kann, was sich in günstigeren Kreditkonditionen für Kreditnehmer mit langer Bankbindung ausdrückt. Damit werden die Hypothesen ZB(-)Asymm und SB(-)Asymm getestet.

Die Untersuchung des Einflusses der Dauer von Kunde-Bank-Beziehungen auf die Kreditzinsen erfolgt über eine Regressionsanalyse mit ordinary-least-squares-Schätzung. Als abhängige Variable wird der Spread oder die Prämie über der Prime Rate verwendet. Neben der Dauer der Kunde-Bank-Beziehung gehen als erklärende Variablen auch das Vorhandensein verschiedener Sicherheitenarten und weitere Kreditnehmermerkmale bezüglich der finanziellen Situation (mit der Verschuldungsquote als Stellvertretervariable für das Unternehmensrisiko), der Rechtsform, der Unternehmensgröße und der Branchenzugehörigkeit ein. Die Ergebnisse zeigen, daß für Kreditnehmer mit einer ausgedehnteren Kunde-Bank-Beziehung günstigere Zinsen bzw. Spreads veranschlagt werden.[179] [180] Insofern wird die Hypothese ZB(-)Asymm unterstützt. Die Insignifikanz des Koeffizienten für die Verschuldungsquote der betrachteten Unternehmen und damit für das Unternehmensrisiko läßt zumindest keine Unterstützung der Hypothese ZQ(-)Risiko zu. Bezüglich weiterer Variablen wie der Besicherung (Hypothese ZS(-)Risiko) und der Unternehmensgröße (Hypothese ZU(-)) ergeben sich keine signifikanten Aussagen. Lediglich die Rechtsform hat Einfluß auf die Zinsprämie. Der Hypothese ZR(-) wird widersprochen. Kapitalgesellschaften haben bei der Konditionensetzung Vorteile. Allerdings bleibt bezüglich der Analyse in ihrer Gesamtheit zu bedenken, daß die Güte der Erklärung durch die im vorliegenden Regressionsmodell verwendeten unabhängigen Variablen sehr zu wünschen übrig läßt. Das Bestimmtheitsmaß R^2 der durchgeführten Regressionsvarianten ist in allen Fällen sehr niedrig. Bei der Verwendung der gesamten Stichprobe ergibt sich

---

[178] Vgl. ausführlich Abschnitt 3.6.2 und Petersen und Rajan (1995).
[179] Einen schnellen Überblick gewähren die Tabellen 3-5 der Studie von Berger und Udell (1995).
[180] Eine neuere Studie für den italienischen Bankenmarkt von Angelini, Di Salvo und Ferri (1998) kommen bezüglich der Kreditbeziehungen von italienischen Geschäftsbanken mit ihren Kunden zu ähnlichen Ergebnissen.

ein Bestimmtheitsmaß von 0,089. Auch die Bestimmtheitsmaße bei der Verwendung von Teilstichproben sind durchweg kleiner als 0,16. Gegenüber der Analyse von Petersen und Rajan ist somit diesbezüglich nichts gewonnen.

Mit einer Logit-Regressionsanalyse wird in einer weiteren Untersuchung der Zusammenhang zwischen der Besicherung von Kreditengagements und der Dauer der Kunde-Bank-Beziehung untersucht. Die Besicherung wird durch eine 0-1-Variable repräsentiert. Ein Wert von Eins besagt, daß für den betrachteten Kredit Sicherheiten gestellt wurden. Der Wert der gestellten Sicherheiten ist dabei allerdings nicht relevant. Eine Besicherung in Höhe von einem Prozent des Kreditvolumens wird also mit einer Vollbesicherung gleichgesetzt. Damit wird die Genauigkeit der gewonnenen Aussagen beeinträchtigt. Aufgrund der Datenlage ist aber ein anderes Vorgehen nicht möglich. Berger und Udell gehen in einer Variation ihrer Analyse zusätzlich auf die spezielle Sicherheitenart „Abtretungen von Forderungen und zur Besicherung herangezogenes Unternehmensinventar" ein. Es ergibt sich ein signifikant negativer Zusammenhang zwischen dem Vorliegen einer Besicherung und der Dauer der Kunde-Bank-Beziehung (Hypothese ZB(-)Asymm). Mit zunehmendem Unternehmensrisiko (repräsentiert durch die Verschuldungsquote des Unternehmens) steigt die Wahrscheinlichkeit einer Besicherung des Kredits. Damit wird die Hypothese SQ(-)Risiko unterstützt, während der Hypothese SQ(+)B85 widersprochen wird. Die Größe des Kreditnehmerunternehmens hat signifikant positiven Einfluß auf die Wahrscheinlichkeit der Kreditbesicherung. Damit wird der Hypothese SU(-) widersprochen. Die Rechtsform hat dagegen keinen signifikanten Einfluß. Bezüglich der Hypothese SR(-) läßt sich also keine Aussage machen.

Die Studie von Berger und Udell hat trotz ihrer Problempunkte brauchbare Ergebnisse hervorgebracht. Insbesondere konnte der Einfluß verschiedener Variablen auf die Kreditbesicherung dargestellt werden. Die folgende Tabelle faßt die erzielten Ergebnisse in Bezug auf die im theoretischen Teil dieser Arbeit abgeleiteten Hypothesen kurz zusammen.

Tab. 4-5: Kurzillustration der empirischen Ergebnisse in der Studie von Berger und Udell (1995) bezogen auf die zu testenden Hypothesen

Hypothese	BU95
ZQ(-)Risiko	~
ZB(-)Asymm	+
ZS(-)Risiko	~
ZU(-)	~
ZR(-)	-
SQ(-)Risiko	+
SQ(+)B85	-
SQ(-)BH89	+
SB(-)Asymm	+
SU(-)	-
SR(-)	~

„+": Ergebnisse unterstützen Hypothese in signifikanter Form,
„-": Ergebnisse konträr zur Hypothese in signifikanter Form,
„~": Ergebnisse sind nicht signifikant,
„ ": (Leerfeld): keine Ergebnisse bezüglich der Hypothese herausgearbeitet.

4.2.4 Die Studie von Petersen und Rajan (1995) [PR95]

In einem weiteren Papier stellen Petersen und Rajan eine Studie vor, die die Aussagen eines zuvor dargestellten Modells zur Erklärung der Kreditverfügbarkeit und der Kreditzinsen in Abhängigkeit von der Kundenbindung bzw. der Marktmacht der Bank überprüft. Das Modell wurde im theoretischen Teil dieser Arbeit (Abschnitt 3.6.2) bereits besprochen.

Die Untersuchung basiert auf demselben Datensatz, den Petersen und Rajan (1994) und Berger und Udell (1995) bereits verwendet haben. Es werden zwei Regressionsanalysen durchgeführt, zum einen mit den Finanzierungskosten und zum anderen mit der Kreditverfügbarkeit als abhängiger Variable. Die Finanzierungskosten werden durch den Zinssatz des zuletzt vergebenen Kredits an ein Unternehmen repräsentiert. Als erklärende Variable wird der für das jeweilige Unternehmen relevante Herfindahl-Index[181] herangezogen, der als Maß für die Ban-

---

[181] Zur Definition des Herfindahl-Indexes und zu seiner Eignung als Konzentrationsmaß vgl. Piesch (1975), S. 151.

kenkonkurrenz der Region oder des Stadtgebietes dient, in der das Unternehmen seinen Sitz hat. Je stärker diese Konkurrenz ist, desto kleiner ist der Index. Des weiteren werden Interaktionsvariablen konstruiert, die eine Kombination der Variablen bezüglich des Unternehmensalters und der Bankenkonkurrenz darstellen.[182] Sie sollen im Regressionszusammenhang Auskunft über die Senkung von Kreditzinsen mit zunehmendem Alter eines Unternehmens unter Berücksichtigung der Stärke der Bankenkonkurrenz einer bestimmten Region geben. Nach dem Modell von Petersen und Rajan (1995)[183] müßte diese Senkung der Kreditzinsen in Regionen mit geringer Bankenkonkurrenz schwächer verlaufen. Damit würde die Zinsanpassung bei sich über die Dauer der Kunde-Bank-Beziehung verbessernden Kreditnehmerqualitäten schwächer ausfallen; es läge eine Zinsglättung vor (Hypothese ZQ(~)PR95). Weitere Variablen lehnen sich an diejenigen aus der Studie von Petersen und Rajan (1994) an und sollen hier nicht noch einmal näher erläutert werden. Es sind dies die Prime Rate, der Spread für die Restlaufzeit des betrachteten Kredits, der Spread für das durchschnittliche Ausfallrisiko von riskanten Anlagen und Variablen zur Charakaterisierung des Unternehmens wie die Unternehmensgröße und die Anzahl der Bankverbindungen.

Anhand der Koeffizienten der konstruierten Variablen zeigt sich, daß die Zinsanpassung mit dem Alter der Unternehmen in Regionen mit großer Bankenkonkurrenz stärker ausfällt als in Regionen mit geringerer Konkurrenz. Im Umkehrschluß wird somit Hypothese ZQ(~)PR95 unterstützt. Zudem ist ein Zusammenhang zwischen den Kreditzinsen und der Prime Rate gegeben (Hypothese ZZ(+)Sicherheit). Auch ein Größeneffekt ist zu entdecken. Je größer die Bilanzsumme ist, desto geringer sind die Kreditzinsen für sich verschuldende Unternehmen (Hypothese ZU(-)). Die Rechtsform des Unternehmens hat keinen Einfluß auf die Kreditzinsen (Hypothese ZR(-)).

Durch eine geschickte Variablenkonstellation konnten Petersen und Rajan somit zu einer modellorientierten Analyse kommen, die signifikante Aussagen ergab. Jedoch bleibt auch hier kritisch anzumerken, daß der Erklärungsgehalt des Regressionsansatzes mit einem Bestimmtheitsmaß $R^2 < 0{,}160$ nicht überzeugt. Zudem werden in dem zu testenden Modell Aussagen über intertemporale Zusammenhänge gemacht, die mit einem zeitpunktbezogenen Regressionsansatz nur in beschränktem Maße geprüft werden können. Eine Analyse der Zinsanpassung an die sich verändernde Kreditnehmerqualität über die Zeit kann nur mit einem Daten-

---

[182] Zur Konstruktion von Interaktionsvariablen und deren Einbindung in eine Regressionsanalyse vgl. Greene (1997), S. 391 f.
[183] Vgl. Abschnitt 3.6.2.

satz bewerkstelligt werden, der die Kreditinformationen von bestimmten Unternehmen zu verschiedenen aufeinanderfolgenden Zeitpunkten wiedergibt.

Eine zweite Regressionsanalyse untersucht den Zusammenhang zwischen der Kreditverfügbarkeit repräsentiert durch den prozentualen Anteil der Rabatte, die von einem Unternehmen für die vorzeitige Zahlung von Lieferantenkrediten in Anspruch genommen wurden, und Variablen wie der Bankenkonkurrenz und der Enge der Kunde-Bank-Beziehung. Zudem werden einige Unternehmenscharakteristika als erklärende Variablen herangezogen.

Es ergibt sich ein signifikant negativer Zusammenhang zwischen der Kreditverfügbarkeit und der im Wirkungskreis der Kreditnehmer vorherrschenden Bankenkonkurrenz. Hypothese VB(+)PR95 wird durch dieses Ergebnis unterstützt. Die Dauer der Kunde-Bank-Beziehung wirkt sich ebenfalls positiv auf die Kreditverfügbarkeit aus (Hypothese ZB(+)Asymm). Ein signifikant negativer Zusammenhang besteht zwischen der Kreditverfügbarkeit und der Zahl der Banken, mit denen Unternehmen eine Kreditbeziehung unterhalten. Aufgrund dieser Fülle von aussagekräftigen Ergebnissen ist ein gesicherter Hinweis auf den Zusammenhang zwischen der Kundenbindung und der Kreditverfügbarkeit gegeben. Die Unternehmensgröße (Hypothese VU(+)) und das Unternehmensalter sind zudem förderlich für die Verfügbarkeit von Krediten. Die Rechtsform des Unternehmens besitzt keinen Einfluß. Hypothese VR(-) wird somit nicht unterstützt.

Die Studie von Petersen und Rajan (1995) stellt zwar nur eine Variation der Studie dieser beiden Autoren von 1994 dar. Sie emöglicht aber, wenn auch weiterhin in statischer Form, einen Test des im gleichen Papier entwickelten Modells. In der folgenden Tabelle werden die erzielten Ergebnisse noch einmal kurz dargestellt.

Tab. 4-6: Kurzillustration der empirischen Ergebnisse in der Studie von Petersen und Rajan (1995) bezogen auf die zu testenden Hypothesen

Hypothese	PR 95
ZQ(~)PR95	+
ZZ(+)Sicherheit	+
ZU(-)	+
ZR(-)	~
VB(+)PR95	+
VB(+)Asymm	+
VU(+)	+
VR(+)	~

„+": Ergebnisse unterstützen Hypothese in signifikanter Form,
„-": Ergebnisse konträr zur Hypothese in signifikanter Form,
„~": Ergebnisse sind nicht signifikant,
„ ": (Leerfeld): keine Ergebnisse bezüglich der Hypothese herausgearbeitet.

4.2.5 Die Studie von Blackwell und Winters (1997)   [BW97]

Blackwell und Winters beschreiben in ihrer Untersuchung von Kreditzinsen bei Bankkrediten insofern Neuland als sie bankinterne Daten verwenden. Sie erhielten von 6 Banken Informationen aus dem Jahre 1988 zu insgesamt 174 Kreditfällen kleiner Unternehmen. Die Analyse beschränkt sich wie bei Berger und Udell (1995) auf kurzfristige Kreditlinien, weil hier der Einfluß der Kundenbindung bzw. der Einfluß von Reputation eine größere Rolle spielt als bei anderen Kreditarten.

Die Kreditzinsmargen bzw. Spreads, definiert als die Differenz zwischen dem eigentlichen Kreditzins für den in Anspruch genommenen Teil der Kreditlinien und der Prime Rate, werden in einer Regressionsanalyse als abhängige Variable definiert. Als erklärende Variable geht das Kreditnehmerrisiko ein. In der Studie werden Kreditnehmer mit geringem und mit hohem Risiko entsprechend der Zahl der Überwachungsvorgänge pro Jahr durch die Bank unterschieden. Die Autoren stellen mit dieser groben Einteilung ein einheitliches „Risikoraster" für die Gesamtheit der betrachteten Banken her. Hier wäre eine verfeinerte Unterteilung, beispielsweise in Form eines Ratings, wünschenswert gewesen, um fundiertere Aussagen über den Zusammenhang zwischen Kreditnehmerqualität und Kreditzinsen (entsprechend der Hypothese ZQ(-)Risiko) machen zu können. Als weitere erklärende Variablen gehen das Vorliegen von Kreditsicherheiten (0-1-Variable), die Unternehmensgröße in Form der Bilanzsumme und Größen zur Charakterisierung der Kundenbindung wie die Ausprägung der Bankenkonkurrenz im Wirkungskreis der betrachteten Unternehmen und die Dauer der Kunde-Bank-Beziehung ein. Die Konzentration der Kreditaufnahme wird durch den Anteil der von der kontaktierten Bank gewährten Kredite an der Gesamtverschuldung des Unternehmens repräsentiert.

Es ergibt sich ein signifikant negativer Zusammenhang zwischen der Kreditnehmerqualität und der Kreditzinsmarge entsprechend der Hypothese ZQ(-)Risiko. Eine stärkere Konzentration der Kreditaufnahme bedeutet für den Kreditnehmer zusätzlich niedrigere Zinsen. Banken sind somit bei größerem Geschäftsvolumen eher bereit günstigere Konditionen zu gewähren. Dies entspricht der Hypothese ZG(-). Auch die Unternehmensgröße hat einen signifikanten Einfluß auf die Kreditzinsen. Je größer ein Kreditnehmer (gemessen an seiner Bilanzsumme) ist, desto günstiger sind die Kreditkonditionen. Dagegen besitzt die Dauer der Kunde-Bank-Beziehung keine Wirkung auf die Kreditzinsen. Hypothese ZB(+)Asymm wird also nicht unterstützt.

Ein interessantes Ergebnis zeigt der Koeffizient der Variable Sicherheitenstellung an. Für besicherte Kredite werden demnach höhere Kreditzinsmargen verlangt. Die zugrundeliegende Kreditnehmerqualität muß also bei besicherten Krediten so schlecht sein, daß trotz des sich durch die Verwertbarkeit der Sicherheiten ergebenden geringeren Exposures der Effekt der höheren Ausfallwahrscheinlichkeit überwiegt. Zu einem ähnlichen Ergebnis kommt die Studie von Berger und Udell (1990), die im nächsten Abschnitt kurz besprochen wird,[184] während Berger und Udell (1995), wie bereits ausgeführt wurde, ein konträres Ergebnis erzielen. Der im theoretischen Teil dieser Arbeit abgeleiteten Hypothese ZS(-)Risiko wird somit widersprochen. Dagegen erfährt die Hypothese SQ(+)B85, die davon ausgeht, daß gute Kreditnehmer eher bereit sind, Sicherheiten zu stellen, um ihre gute Qualität zu signalisieren und um letztlich günstigere Zinskonditionen zu erhalten, eine Unterstützung. Im folgenden werden die soeben besprochenen Ergebnisse in Kurzform dargestellt.

---

[184] In diesem Fall wird eine Ausnahme in der chronologischen Reihenfolge der Darstellung vorgenommen, weil die Arbeit, obwohl sie viel früher entstanden ist, sich passend an die Ergebnisse von Blackwell und Winters anschließt und weil sie in ihrer Fragestellung sehr auf den Zusammenhang zwischen Kreditsicherheiten und der Kreditqualität konzentriert ist.

Tab. 4-7: Kurzillustration der empirischen Ergebnisse in der Studie von Blackwell und Winters (1997) bezogen auf die zu testenden Hypothesen

Hypothese	BW97
ZQ(-)Risiko	+
ZB(-)Asymm	+
ZS(-)Risiko	-
ZU(-)	+
ZG(-)	+
SQ(+)B85	+

„+": Ergebnisse unterstützen Hypothese in signifikanter Form,
„-": Ergebnisse konträr zur Hypothese in signifikanter Form,
„~": Ergebnisse sind nicht signifikant,
„ ": (Leerfeld): keine Ergebnisse bezüglich der Hypothese herausgearbeitet.

4.2.6 Die Studie von Berger und Udell (1990)[185]   [BU90]

Berger und Udell erzielen in ihrer Studie über den Zusammenhang zwischen Kreditqualität und der Kreditrisikoprämie, definiert als die Differenz zwischen dem Kreditzins und einem risikolosen Zins mit gleicher Laufzeit, das Ergebnis, daß besicherte Kredite riskanter sind. Bei besicherten Krediten überwiegt also der negative Effekt einer schlechten Kreditnehmerqualität und damit verbunden einer hohen Ausfallwahrscheinlichkeit den positiven Effekt eines geringeren Exposures aufgrund der Verwertungsmöglichkeit von Kreditsicherheiten. Damit wird die Hypothese SQ(-)Risiko gestützt, während der Hypothese SQ(+)B85 widersprochen wird. Einen positiven Effekt auf die Kreditrisikoprämien aus Sicht des Kreditnehmers haben die Größe eines Kreditnehmers (Hypothese ZU(-)) und die Dauer der Kunde-Bank-Beziehung (Hypothese ZB(-)Asymm). Ansonsten lehnt sich der Kreditzins an die Bewegungen des risikolosen Zinses signifikant an (Hypothese ZZ(+)Sicherheit).

Die Untersuchung basierte für die Querschnittsanalysen auf dem bereits bei Berger und Udell (1992) angesprochenen Datensatz von Einzelkrediten für die Jahre 1977 bis 1988. Aufgrund der anonymen Struktur des Datensatzes (eine Zuordnung der einzelnen Kredite zu bestimmten

---

[185] Zur Abweichung von der bisher praktizierten chronologsichen Reihenfolge vgl. Fußnote 184.

Personen existiert nicht) konnten keine Kunde-Bank-Beziehungen über den Zeitablauf erfaßt werden. Eine Kurzübersicht über die Ergebnisse liegt in der nun folgenden Tabelle vor.

Tab. 4-8: Kurzillustration der empirischen Ergebnisse in der Studie von Berger und Udell (1990) bezogen auf die zu testenden Hypothesen

Hypothese	BU90
ZZ(+)Sicherheit	+
ZB(-)Asymm	+
SQ(-)Risiko	+
SQ(+)B85	-
SQ(-)BH89	+

„+": Ergebnisse unterstützen Hypothese in signifikanter Form,
„-": Ergebnisse konträr zur Hypothese in signifikanter Form,
„~": Ergebnisse sind nicht signifikant,
„ ": (Leerfeld): keine Ergebnisse bezüglich der Hypothese herausgearbeitet.

4.2.7 Die Studie von Harhoff und Körting (1998) [HK98]

Die Studie von Harhoff und Körting basiert auf einer Befragung von 1399 kleinen und mittelständischen deutschen Unternehmen im Jahre 1997. Der Fragenkatalog zur Erhebung der Finanzierungsmerkmale dieser Unternehmen ist dem Fragenkatalog sehr ähnlich, der von der US-amerikanischen Small Business Administration bei ihrer „National Survey of Small Business Finances" verwendet wurde.[186] Die Konzeption ihrer empirische Analyse übernehmen die Autoren von Petersen und Rajan (1994) und von Berger und Udell (1995). In die durchgeführten Regressionsanalysen gehen die Kreditzinsen für Kreditlinien auf laufenden Konten, die Eigenschaft der Besicherung oder Nichtbesicherung solcher Kreditlinien und die Verfügbarkeit von Außenfinanzierungsmöglichkeiten, repräsentiert durch den Anteil der in Anspruch genommenen Rabatte für die Zahlung von Lieferantenkrediten vor Fälligkeit, als abhängige Variablen ein.

Die Eigenschaft der Besicherung oder Nichtbesicherung wird in Form einer boolean'schen Variablen abgebildet. Der ausschließliche Bezug der Besicherungseigenschaft auf die Kredit-

---

[186] Vgl. Harhoff und Körting (1998), S. 1350 und hier auch FN. 21.

linien laufender Konten erscheint aber nicht sehr akkurat, wenn davon auszugehen ist, daß befragte Unternehmen auch andere Kreditformen im Rahmen ihrer Bankverbindung beansprucht haben. Banken stellen bei ihren Kreditentscheidungen den Gesamtbestand an dargebotenen Sicherheiten der Gesamthöhe aller dem Kunden eingeräumten Kreditlinien gegenüber. Dementsprechend werden auch die Kreditzinsen für zusätzliche Kredite ausgehandelt. Es ist hier also die gesamte Kreditbeziehung relevant und nicht nur einzelne Kredite. Die Zinsen für Kredite auf laufenden Konten sind dagegen für eine Analyse sehr geeignet, weil es zum einen nicht *den* bestimmten Zins in einer Kunde-Bank-Beziehung gibt und weil zum anderen eine Vergleichbarkeit bezüglich dieser Zinsart zwischen Krediten verschiedener Kreditnehmer aufgrund der gleichen Laufzeit (d. h. hier, sofortige Verfügbarkeit und Tilgungsmöglichkeit) ohne weiteres gegeben ist. Allerdings hat die Studie von Harhoff und Körting aufgrund der Zeitpunktbezogenheit der Daten den Nachteil, daß eine Einbindung des Zusammenhangs zwischen den Kreditzinsen und den am Interbanken-Geldmarkt vorliegenden Zinsen für risikolose Kredite in die Analyse nicht möglich ist. Es ist zu erwarten, daß darunter die Ergebnisse der Regressionsanalyse bezüglich der Einflußfaktoren von Kreditzinsen leiden.

Die Untersuchung der Kreditzinsen ergibt keinen Zusammenhang zur Besicherungseigenschaft. Hypothese ZS(-)Risiko wird also nicht unterstützt. Kreditnehmer schlechter Qualität zahlen höhere Kreditzinsen. Das ergibt der Koeffizient der 0-1-Variable, die anzeigt, ob sich ein Kreditnehmer in Zahlungsschwierigkeiten befindet oder nicht. Auch die Größe eines Unternehmens, hier durch die Zahl der Mitarbeiter repräsentiert, hat signifikante Auswirkungen auf die Kreditzinsen (Hypothese ZU(-)). Dagegen hat die Rechtsform keinen Einfluß.

Die Enge der Kunde-Bank-Beziehung soll in der Studie neben der Dauer der Kunde-Bank-Beziehung und der Zahl der Banken, zu der die betrachteten Unternehmen eine Kreditbeziehung unterhalten, durch eine Abfrage der Stärke des gegenseitigen Vertrauens von Unternehmen und Bank erfolgen. Diese Größe erscheint aber ungeeignet, um die Enge der Kundenbindung zu repräsentieren. Ein Kunde kann großes Vertrauen in eine Bank haben, sich aber trotzdem nicht an eine Bank gebunden fühlen. Insbesondere dann, wenn genügend Konkurrenzangebote vorliegen. Die Existenz bestimmter Zinsglättungsphänomene in Kunde-Bank-Beziehungen (vgl. insbesondere Hypothese ZQ(~)PR95 und Hypothese ZZ(~)FH80) wird über die Variable der Stärke des gegenseitigen Vertrauens nicht erklärt. Zudem ist der Grad des Abbaus asymmetrischer Information, der durch die Dauer der Kunde-Bank-Beziehung traditionell repräsentiert wird, anhand dieser Variablen nicht klarer zu machen (Hypothese ZB(-)Asymm). Während aufgrund der nichtsignifikanten Koeffizienten der anderen Variablen die Hypothesen ZQ(~)PR95, ZZ(~)FH80 und ZB(-)Asymm nicht unterstützt werden können, zeigt der Koeffizient zur Variable „Vertrauensverhältnis" signifikant negative Ergebnisse an, d. h. mit zunehmendem Vertrauen werden dem Kreditnehmer niedrigere Kreditzinsen zugestanden. Eine Zuordnung zu den bereits genannten Ergebnissen bezüglich der obigen Hypothesen erscheint aber nicht angebracht.

Mit einer Probit-Regression werden die Einflußfaktoren auf die Tatsache der Besicherung oder Nichtbesicherung von Krediten analysiert. Die Wahrscheinlichkeit der Stellung von Sicherheiten ist hoch, wenn Kreditnehmer sich in Zahlungsschwierigkeiten befinden. Dieses Ergebnis geht einher mit der Hypothese SQ(-)Risiko. Die Wahrscheinlichkeit einer Besicherung ist zudem um so höher, je größer die Kreditlinie beim Kreditnehmer ausfällt. Die Hypothese SG(-) wird somit abgelehnt. Dagegen müssen größere Kreditnehmer weniger Sicherheiten stellen (Hypothese SU(-)). Gerade aufgrund dieses Größeneffekts wäre es interessant gewesen, die Wirkung der mit der Unternehmensgröße normierten Kreditlinie auf die Sicherheitenstellung zu ermitteln. Für die Normierung wäre die Bilanzsumme des Kreditnehmers am besten geeignet. Diese ist jedoch im Datensatz von Harhoff und Körting nicht enthalten. Die Rechtsform der Kreditnehmer spielt bei der Sicherheitenstellung ebenso wie bei den Kreditzinsen keine Rolle.

Enge Kunde-Bank-Beziehungen, repräsentiert durch die Dauer der Beziehung und durch die Anzahl der kreditgebenden Banken, signalisieren in signifikanter Weise einen positiven Einfluß auf die Kreditbesicherung gemäß der Hypothese SB(-)Asymm.

In einem letzten Schritt werden die Bestimmungsfaktoren der Kreditverfügbarkeit lokalisiert. Kreditnehmer, die sich in Zahlungsschwierigkeiten befinden, werden auch in diesem Punkt restriktiv behandelt. Sie haben offensichtlich weniger flüssige Mittel zur Verfügung, da sie deutlich weniger Vorauszahlungsrabatte in Anspruch nehmen können. Die anderen Variablen wie Unternehmensgröße, Rechtsform und Enge der Kunde-Bank-Beziehung weisen keinen nachhaltig signifikanten Einfluß auf. Das Bestimmtheitsmaß R^2 ist relativ klein. Für die vier in diesem Zusammenhang durchgeführten Regressionsvarianten ergeben sich Werte von 0,0150 bis 0,018. Ein Blick auf die Bestimmtheitsmaße der anderen Regressionsanalysen zeigt, daß auch dort die Gesamtaussagen der Regressionsmodelle nicht sehr überzeugend sind.

Tab. 4-9: Kurzillustration der empirischen Ergebnisse in der Studie von Harhoff und Körting (1998) bezogen auf die zu testenden Hypothesen

Hypothese	HK98
ZQ(-)Risiko	+
ZQ(~)PR95	~
ZB(-)Asymm	~
ZZ(~)FH80	~
ZS(-)Risiko	~
ZU(-)	+
ZR(-)	~
SQ(-)Risiko	+
SU(-)	+
SR(-)	~
SG(-)	-
VB(+)_PR95	~
VB(+)Asymm	~
VU(+)	~
VR(+)	~

„+": Ergebnisse unterstützen Hypothese in signifikanter Form,
„-": Ergebnisse konträr zur Hypothese in signifikanter Form,
„~": Ergebnisse sind nicht signifikant,
„ ": (Leerfeld): keine Ergebnisse bezüglich der Hypothese herausgearbeitet.

4.2.8 Die Studie von Lehmann und Neuberger (1998)[187] [LN98]

Lehmann und Neuberger führten im Jahr 1997 eine Befragung von Banken bezüglich ihrer Kreditbeziehungen zu kleinen und mittelständischen Unternehmen durch. Die Firmenkundenbetreuer der Bank sollten Auskünfte über Kreditanträge geben, die ein Volumen von DM 100.000 bis DM 10 Millionen aufweisen. Bei einer Rücklaufquote von 32,5 Prozent betrug die Zahl der zur Analyse bereitstehenden Datensätze 357. Eine Beschränkung auf bestimmte Kreditarten liegt nicht vor. In die erfolgte Untersuchung der Einflußfaktoren von Kreditzinsen gehen also wie bei vielen vorherigen Studien Zinssätze verschiedener Kreditarten ein, deren

---

[187] Diese Studie erschien als Arbeitspapier der Universität Rostock, nachdem die Ergebnisse der vorliegenden Arbeit (siehe nächstes Kapitel) bereits als Working Paper No. 98-08 und als Projektabschlußbericht in Insitut für Kapitalmarktforschung (Hrsg.) (1997) dokumentiert waren.

Vergleichbarkeit letztlich nicht in akkurater Weise hergestellt werden kann. Eine Beschränkung der Betrachtung auf Kreditzinsen für Kreditinanspruchnahmen von laufenden Konten der Unternehmen wäre sinnvoller gewesen, zumal diese Zinssätze aufgrund ihrer Kurzfristigkeit und Flexibilität eher die Auswirkungen der Qualität einer Kunde-Bank-Beziehung widerspiegeln.[188]

In einer Regressionsanalyse werden die Kreditzinsmargen (die Differenz zwischen den angegebenen Kreditzinsen und den risikolosen Refinanzierungszinsen) als abhängige Variable definiert. Bei der Verwendung aller erhobenen Kreditfälle in der Analyse ergibt sich ein signifikanter Effekt der Kreditnehmerqualität auf die Kreditzinsmarge. Je höher die Qualität, desto geringer die Kreditzinsmarge. Dieses Ergebnis geht einher mit der Hypothese ZQ(-)Risiko. Zur Abfrage der Kreditnehmerqualität wurde von den Firmenkundenbetreuern eine Einordnung in die Rating-Klassen Eins bis Fünf gefordert. Es handelt sich also hier um eine diskrete Variable, die in der Form auch in das Regressionsmodell aufgenommen wurde. Eine genaue Analyse der Effekte einzelner Rating-Klassen hätte aber auch durch Dummy-Variablen erfolgen können. Damit wäre die Margendifferenz zwischen einzelnen Rating-Klassen darstellbar gewesen. In der hier vorliegenden Form ist nicht klar, zwischen welchen benachbarten Rating-Klassen Zinsmargenunterschiede bestehen und wie stark diese Unterschiede sind. Es ist nur eine Pauschalaussage möglich. Nichtsdestotrotz weist der zum erklärenden Parameter „Credit rating" gehörende Koeffizient auf einen signifikanten Zusammenhang hin.

Auch die Besicherung der beantragten Kredite hat einen statistisch signifikanten Einfluß auf die Kreditzinsmargen. Es läßt sich nun darüber streiten, ob dieser Zusammenhang ökonomisch gesehen signifikant ist. Wenn der Kredit statt zu 25 Prozent mit 75 Prozent Sicherheiten unterlegt ist, ergibt sich eine Margenverringerung für die Bank von 0,3 Prozentpunkten. Das sind DM 3.000 Zinsersparnis bei einer Kreditsumme von DM 10 Mio. Aber dafür ist auch ein höherer Sicherheitenumfang im Gegenwert von DM 5 Mio. zu stellen. Aufgrund dieser Verhältnisse kann gefolgert werden, daß Hypothese ZS(-)Risiko tendenziell nicht unterstützt wird.

Wie bei vielen anderen Studien ist auch in der Untersuchung von Lehmann und Neuberger ein Einfluß der Unternehmensgröße auf die Kreditzinsen bzw. die Kreditzinsmarge festzustellen.

---

[188] Schon Berger und Udell (1995) weisen daraufhin, daß diese Art der Kredite bzw. Kreditzinsen „relationship-driven" sind, während gerade längerfristige Kredite eher „transaction-driven" sind. Vgl. Berger und Udell (1995), S. 356.

123

Hypothese ZU(-) wird unterstützt. Die Rechtsform der betrachteten Kreditnehmer hat allerdings keinen Einfluß (Hypothese ZR(-)).

Für die Analyse der Auswirkungen von Kunde-Bank-Beziehungen auf die Kreditzinsen werden von Lehmann und Neuberger Variablen herangezogen, die aus der Theorie der Interaktion zwischen Individuen stammen.[189] Zur Charakterisierung einer Kunde-Bank-Beziehung sind von der Bank bzw. dem antwortenden Firmenkundenbetreuer Aspekte wie gegenseitiges Vertrauen, gute Erfahrungen im Laufe der Beziehung, empfundene Verpflichtung gegenüber dem Vertragspartner aufgrund der Beziehung, Bereitwilligkeit der Zurverfügungstellung von Informationen durch den Kreditnehmer und empfundene Stabilität der Beziehung anhand einer Likert-Skala mit den Kategorien „1" bis „5" abgefragt worden. Außer dem Aspekt der empfundenen Stabilität zeigen alle anderen Merkmale keine signifikanten Auswirkungen. Mit zunehmender empfundener Stabilität der Kunde-Bank-Beziehung sinkt die Kreditzinsmarge.

Die Aufspaltung der analysierten Datensätze in Fälle mit einer Hausbankbeziehung und in Fälle ohne eine solche Beziehung und die anschließenden Regressionsanalysen getrennt für diese beiden Gruppen von Datensätzen bringen auch keine weiteren stringenten Erkenntnisse bezüglich des Einflusses der einzelnen Aspekte sozialer Interaktion zwischen Bank und Kunde auf die Kreditzinsen. Hausbankkunden können zwar bei Vorliegen „gegenseitigen Vertrauens" niedrigere Kreditzinsen erwarten, jedoch ist eine Seitens der Bank „empfundene Stabilität" der Hausbankbeziehung kein Anlaß bei Kreditzinsen Zugeständnisse zu machen. Die Tatsache, daß in Hausbankbeziehungen die Bereitschaft zur Hergabe von Informationen zu höheren Kreditzinsen für den Kunden führt ist darüber hinaus nur schwer erklärbar. Insofern scheinen die Ergebnisse keinen konsistenten Hinweis auf die besondere Wirkung von engen Kunde-Bank-Beziehungen auf die Kreditzinsen zu geben. Hypothese ZB(-)Asymm wird nicht unterstützt. Aussagen über die Hypothese ZQ(~)PR95 sind aufgrund der zeitpunktbezogenen Daten in dieser Studie nicht möglich.

Die Untersuchung von Lehmann und Neuberger gibt dennoch einen deutlichen Hinweis darauf, daß in empirischen Studien zu Kunde-Bank-Beziehungen großer Wert auf die Genauigkeit der Definition von Begriffen wie Hausbankbeziehung, Kundenbindung und ähnlichem gelegt werden sollte. Insbesondere den Aspekten des gegenseitigen Vertrauens und der emp-

---

[189] Vgl. Lehmann und Neuberger (1998), S. 10.

fundenen Stabilität sollte in weiteren Analysen Beachtung geschenkt werden. Die Ergebnisse der Studie sind im folgenden kurz dargestellt.

Tab. 4-10: Kurzillustration der empirischen Ergebnisse in der Studie von Lehmann und Neuberger (1998) bezogen auf die zu testenden Hypothesen

Hypothese	LN 98
ZQ(-)Risiko	+
ZB(-)Asymm	~
ZS(-)Risiko	~
ZU(-)	+
ZR(-)	~

„+": Ergebnisse unterstützen Hypothese in signifikanter Form,
„-": Ergebnisse konträr zur Hypothese in signifikanter Form,
„~": Ergebnisse sind nicht signifikant,
„ ": (Leerfeld): keine Ergebnisse bezüglich der Hypothese herausgearbeitet.

4.3 Zusammenfassung der empirischen Ergebnisse bezogen auf die im theoretischen Teil abgeleiteten Hypothesen

Die bisherige Diskussion empirischer Arbeiten hat gezeigt, daß ein Konsens bezüglich des Zusammenhangs zwischen Kreditnehmerqualität und Kreditzinsen bzw. Kreditzinsmargen besteht. Sowohl in den Studien von Anleihemärkten als auch in Untersuchungen von Kunde-Bank-Beziehungen geht eine steigende Kreditnehmerqualität mit sinkenden Zinsen einher. Auch die Forderungen der Banken nach der Stellung von Kreditsicherheiten nehmen mit zunehmender Kreditnehmerqualität ab. Die fortschreitende Dauer einer Kunde-Bank-Beziehung veranlaßt Banken dazu, weniger Zinsen und weniger Sicherheiten zu beanspruchen. Außerdem nimmt die Kreditverfügbarkeit für Kreditnehmer zu. Ein Abbau asymmetrischer Information über die Dauer der Kunde-Bank-Beziehung scheint dafür verantwortlich zu sein. In den Studien tritt regelmäßig auch ein Größeneffekt auf. Bei großen Unternehmen fallen die Kreditzinsen niedriger aus.

In der folgenden Tabelle sind die Ergebnisse der in diesem Kapitel vorgestellten empirischen Studien - bezogen auf die im theoretischen Teil abgeleiteten Hypothesen - noch einmal komplett aufgelistet. Dadurch ist ein Vergleich leichter möglich. Diese Ergebnisse werden im nächsten Kapitel noch um die Aussagen der Studien von Ewert und Schenk (1998) und von Elsas und Krahnen (1998) sowie der hier vorgelegten Arbeit, die alle gleichzeitig im Rahmen des Forschungsprojekts „Kreditmanagement" am Institut für Kapitalmarktforschung entstanden sind, ergänzt.

Tab. 4-11: Zusammenfassende Kurzillustration der empirischen Ergebnisse vorgestellter Studien bezogen auf die zu testenden Hypothesen

Hypothese	F 87	A 89	N 95	DUW 98	BU 92	PR 94	BU 95	PR 95	BW 97	BU 90	HK 98	LN 98
ZQ(-)Risiko	+	+	+	+			~	+		+	+	
ZQ(~)SW81												
ZQ(-)B85												
ZQ(~)GK96												
ZQ(~)PR95							+			~		
ZB(-)Asymm					~	+		+		~	~	
ZZ(+)Sicherheit		+				+		+				
ZZ(~)FH80					+					~		
ZZ(~)Geldillusion												
ZS(-)Risiko							~	-		~		
ZU(-)					+	~	+	+		+	+	
ZR(-)						~	-	~		~	~	
ZG(-)								+				
SQ(-)Risiko							+			+	+	
SQ(+)B85						-		+		-		
SQ(-)BH89							+			+		
SQ(~)unvollV												
SB(-)Asymm							+					
SU(-)							-				+	
SR(-)							~				~	
SG(-)											-	
VB(+)PR95						+		+			~	
VB(+)Asymm							+				~	
VU(+)						~		+			~	
VR(+)						~		~			~	

„+": Ergebnisse unterstützen Hypothese in signifikanter Form,
„-": Ergebnisse konträr zur Hypothese in signifikanter Form,
„~": Ergebnisse sind nicht signifikant,
„ ": (Leerfeld): keine Ergebnisse bezüglich der Hypothese herausgearbeitet.

Kapitel 5
Empirische Untersuchung des Bankverhaltens in Kreditbeziehungen – Projekt, Datensatz und Parallelstudien

Nach der Diskussion der bereits existierenden theoretischen und empirischen Literatur zur Erklärung der Einflußfaktoren auf das Bankverhalten in Kreditbeziehungen, das besonders in den Kreditkonditionen und der Kreditverfügbarkeit zum Ausdruck kommt, folgt nun die Darstellung der eigenen diesbezüglichen Untersuchung. Sie basiert auf einem Datensatz, der im Rahmen des Projekts „Kreditmanagement" in Kooperation mit dem Institut für Kapitalmarktforschung / Center for Financial Studies, Frankfurt am Main erhoben wurde. Die Datenerhebung und die Datenstruktur werden zusammen mit deskriptiven Statistiken bezüglich der erhobenen Stichproben in diesem Kapitel ausführlich dargestellt. Daran schließt sich, auch in diesem Kapitel, eine kurze Besprechung der Arbeiten von Ewert und Schenk (1998) sowie von Elsas und Krahnen (1998) an. Diese sind zeitlich parallel zu der vorliegenden Untersuchung entstanden und verwenden den gleichen Datensatz.[190] Erste Ergebnisse aller drei Studien wurden der interessierten Öffentlichkeit am 8. Oktober 1997 an der Universität zu Frankfurt am Main präsentiert und in einem Abschlußbericht festgehalten.[191] In Kapitel 6 wird die eigene Studie vorgestellt. An dessen Ende erfolgt ein zusammenfassender und vergleichender Überblick über die Ergebnisse aller vorgestellten Studien in Bezug auf die im theoretischen Teil abgeleiteten Hypothesen und ein Ausblick auf weitere Forschungsmöglichkeiten. Zudem werden die Implikationen der Ergebnisse für das Bankgeschäft diskutiert.

---

[190] Die hier noch darzustellende Studie ist in gröberen Zügen bereits veröffentlicht. Vgl. Machauer und Weber (1998).
[191] Vgl. dazu Institut für Kapitalmarktforschung (Hrsg.) (1997).

5.1 Projektinitiative

Die Initiative zum Projekt „Kreditmanagement" am Center for Financial Studies im Jahre 1996 ging von den Professores Dr. Ralf Ewert und Dr. Jan Pieter Krahnen (Universität Frankfurt), Dr. Bernd Rudolph (Universität München) und Dr. Martin Weber (Universität Mannheim) sowie den Bankenvertretern Herbert Hampl (Bayerische Vereinsbank), Martin Hellendahl (Westdeutsche Landesbank), Hans-Jürgen Oswald (Deutsche Genossenschaftsbank), Otto Steinmetz (Deutsche Bank) und Bernd Zugenbühler (Dresdner Bank) aus. In den einzelnen Projektteams wirkten Antje Brunner (Universität Frankfurt), Peter Burghof (Universität München), Ralf Elsas (Universität Frankfurt), Sabine Henke (Universität München), Roland Rott (Universität Frankfurt), Gerald Schenk (Universität Frankfurt), Frank Vossmann (Universität Mannheim) und der Autor dieser Arbeit mit.[192]

Vor der ausführlichen Darstellung der Datenerhebung und des Datensatzes erfolgt nun eine Kurzbeschreibung der durchgeführten Teilprojekte im Rahmen des Projekts „Kreditmanagement" mit Angabe der beteiligten Personen und der korrespondierenden Papiere:[193]

- Evaluierung von Kreditratings (Weber, Vossmann, Krahnen):[194]
Analyse der Kredit-Ratings der beteiligten Kreditinstitute hinsichtlich des Migrationsverhaltens über die Zeit.
- Hausbankbeziehungen (Elsas, Krahnen):[195]
Analyse von Kreditbeziehungen, insbesondere ihrer Entwicklung im Zeitablauf, vor dem Hintergrund einer Klassifizierung als Hausbankbeziehung. Es wird die Frage untersucht, wodurch sich das Management von Hausbankbeziehungen von dem „normaler" Kreditbeziehungen unterscheidet.
- Erfolgsdeterminanten im Kreditgeschäft (Ewert, Schenk):[196]
Der Erfolg eines Kreditgeschäfts wird vornehmlich von den ausgehandelten Kreditkonditionen und dem Wohlergehen des Kreditnehmers bestimmt. Die zentrale Fragestellung lautet, welche Faktoren in welcher Weise auf diese beiden Aspekte einwirken.

---

[192] Ich danke an dieser Stelle allen Beteiligten für die hervorragende Zusammenarbeit.
[193] Vgl. dazu auch Elsas, Henke, Machauer, Rott und Schenk (1998).
[194] Vgl. Weber, Vossmann und Krahnen (1999).
[195] Vgl. Elsas und Krahnen (1998).
[196] Vgl. Ewert und Schenk (1998).

- Kreditnehmerqualität und Bankverhalten (Machauer, Weber):[197]
  Untersuchung des Einflusses der Kreditnehmerqualität auf das Bankverhalten, insbesondere auf die zwischen Kunde und Bank ausgehandelten Kreditkonditionen und die Bereitschaft der Bank, Kredite bei Bedarf zur Verfügung zu stellen. In einer Veränderungsanalyse wird versucht, Referenzpunkte der Kreditnehmerqualiät zu lokalisieren, bei deren Erreichen die Bank ihr Verhalten gegenüber dem Kunden verändert.
- Securitization und Kredit-Derivate (Burghof, Henke, Rudolph):[198]
  Analyse der empirisch abgebildeten Kreditbeziehungen hinsichtlich meßbarer allgemeiner Marktfaktoren, die eine Nutzung von Kreditderivaten möglich erscheinen lassen. Hierbei soll auch untersucht werden, inwieweit implizite Aspekte einer langfristigen Finanzierungsbeziehung die Möglichkeit von Marktlösungen im Kreditbereich beschneiden.

5.2 Beschreibung der Datenerhebung und Erläuterung des erhobenen Datensatzes

5.2.1 Ausgangspunkt

Nach der Festlegung einzelner Forschungsschwerpunkte wurde im Rahmen eines Workshops, bei dem die beteiligten Wissenschaftler und die Vertreter der mitwirkenden Banken anwesend waren, die Vorgehensweise bei der Datenerhebung bestimmt. Die Daten sollten direkt aus den Kreditakten der einzelnen Banken (Bayerische Vereinsbank, Deutsche Bank, Deutsche Genossenschaftsbank, Dresdner Bank und Westdeutsche Landesbank)[199] übernommen werden. Um die Koordination des Erhebungsvorgangs zu erleichtern, ist jeder Bank eine Forschergruppe, bestehend aus einem Professor und seinen Mitarbeitern, zugeteilt worden.

5.2.2 Stichproben

Es wurde vereinbart, zwei Stichproben zu erheben. Eine Stichprobe A aus der Gesamtheit „aller" Kreditfälle (Gesamtheit A) der beteiligten Banken, die im folgenden noch zu spezifizierende Kriterien erfüllen, und eine Stichprobe P aus der Menge der Kreditfälle, die problembehaftet sind (Gesamtheit P). Die Gesamtheit der problembehafteten Kreditfälle stellt

---

[197] Vgl. Machauer und Weber (1998).
[198] Vgl. Burghof, Henke und Rudolph (1998).
[199] Nach Kuck (1997) gehören die soeben genannten fünf Banken am Ende des Jahres 1996 zu den neun größten Banken Deutschlands.

dabei eine Untermenge der Gesamtheit aller Kreditfälle dar. Der Anteil der Problemfälle an der Menge aller Kreditfälle ist sehr gering. Eine spezielle Analyse dieser Gruppe von Kreditengagements anhand der eigens dafür gezogenen Stichprobe P erscheint deshalb sinnvoll.

Der Untersuchungszeitraum wurde auf fünf Jahre, und zwar von Anfang 1992 bis Ende 1996, festgelegt. Als Quellen der Erhebung dienten jeweils die komplette Engagementakte eines Kreditnehmers und ergänzende EDV-Abfragen. Innerhalb des Erhebungszeitraumes wurde pro Engagement immer dann eine erneute, vollständige Engagementerfassung anhand eines noch zu erläuternden Erhebungsbogens vorgenommen, wenn entweder eine neue Kreditentscheidung oder eine neue Kreditwürdigkeitsbeurteilung bezüglich des Kunden durch die jeweilige Bank dokumentiert war.[200] Aufgrund dieser Datenstruktur mit verschiedenen Kreditengagements, die über mehrere Jahre verfolgt wurden, kann der erhobene Datensatz auch als Datenpanel bezeichnet werden.[201]

Im Vorfeld der Datenerhebung sind vier spezielle Kriterien definiert worden, mit denen die für die Ziehung der Stichprobe A relevante Gesamtheit aus dem Kreditportefeuille der Banken identifiziert werden sollte. Diese Abgrenzungskriterien sind im folgenden dargestellt.

- Es sollten nur Unternehmen mit einem *Jahresumsatz von 50 - 500 Mio. DM* berücksichtigt werden,[202] wobei die Untergrenze für die Ziehung der Stichprobe P auf 10 Mio DM abgesenkt wurde, wenn nicht genügend Untersuchungseinheiten verfügbar waren. Unternehmen dieser Größenordnung gehören in der Regel dem Mittelstand an. Die Fokussierung auf diese Unternehmensklasse resultiert aus der Tatsache, daß gerade hier eine alternative Mittelbeschaffung auf den Kapitalmärkten in der Regel nicht möglich ist und somit die Kunde-Bank-Beziehung bezüglich der Finanzierung eine herausragende Rolle spielt. Zudem sollte bei diesem Unternehmenstypus ein breiteres Spektrum an Ausfallrisiken vorliegen.
- Der *Mindestkreditumfang* bei der jeweiligen betreuenden Bank sollte *3 Mio. DM* betragen. Mit dieser Regelung kann ein Mindestniveau an Information über die Gesamtverschuldung eines Kreditnehmers erreicht werden, denn Kreditinstitute sind gemäß § 14 KWG verpflichtet, der Bundesbank vierteljährlich diejenigen Kreditnehmer anzuzeigen, deren Verschuldung (Höhe der Kreditinanspruchnahme am Meldestichtag) in ihrem Hause 3

---

[200] Wenn im betrachteten Fünfjahreszeitraum beispielsweise acht Kreditvorlagen dokumentiert waren, wurde das im Anhang 2 beigefügte Erfassungsschema achtmal ausgefüllt.
[201] Zur Defintion des Panel-Begriffes vgl. Baltagi (1996), S. 1.
[202] Dieses Kriterium mußte einmal im Untersuchungszeitraum erfüllt sein.

Mio. DM oder mehr beträgt. Wenn mehr als ein Institut Kredite i. S. v. § 14 KWG an einen Kreditnehmer gewährt, benachrichtigt die Bundesbank ihrerseits die beteiligten Kreditinstitute.

- Es sollten *keine Kunden mit Sitz in den neuen Bundesländern* berücksichtigt werden, um Verzerrungen der empirischen Untersuchung durch Sondereinflüsse des „Wiederaufbaus" der neuen Bundesländer auszuschließen.

- Kreditnehmer der zu ziehenden Stichproben sollten wenigstens *ein langfristiges Investitionsdarlehen* aufgenommen haben, damit ein Kredit mit festem Zins- und Tilgungsplan sowie vereinbarter Fristigkeit beobachtet werden kann.

Für die Ziehung der Stichprobe P war zusätzlich ein Qualitätsmerkmal relevant. Es gehörten solche Kreditfälle zur Gesamtheit P der Problemfälle, die im betrachteten Untersuchungszeitraum von 1992 bis 1996 mindestens einmal in die Rating-Klassen 5 bzw. 6 einer Ratingskala von 1 bis 6 eingestuft worden sind. Eine Erläuterung der Ratingskala wird in Abschnitt 5.2.3 vorgenommen.

Der Stichprobenumfang wurde im Hinblick auf die zu erhebenden Datenmengen und aufgrund der zeitlichen Restriktion bezüglich der Datenerfassung auf insgesamt 200 Kreditnehmer bzw. Kreditfälle begrenzt. Die Stichprobe A sollte dabei 125 Fälle und die Stichprobe P 75 Fälle umfassen. Bei jeder einzelnen Bank waren das letztlich 25 Fälle für die Stichprobe A und 15 Fälle für die Stichprobe P.

Die Erhebung erfolgte durch die Mitarbeiter der jeweiligen Forschungsgruppen, die in enger Absprache das Datenmaterial bei je einem Institut erfaßten. Während des Erhebungszeitraumes zwischen Januar und Mai 1997 stand ein Bankmitarbeiter für die Organisation und für eventuelle Rückfragen als Ansprechpartner vor Ort zur Verfügung.

Die Ziehung der Stichproben folgte einem zweistufigen Prozeß.[203] Zunächst wurden für jede Bank zufällig zwei Hauptfilialen ausgewählt. In diesen Hauptfilialen fand dann die eigentliche Ziehung der beiden Stichproben statt. Dabei war zu beachten, daß die bloße Orientierung an dem Bestand von Kreditfällen aus dem Jahre 1996 zu einem Survivorship Bias führt. Es handelt sich dabei um eine Verzerrung der Kreditnehmerstruktur aufgrund der Nichteinbeziehung von Kreditnehmern, die wegen einer Insolvenz innerhalb des Zeitraums von 1992 bis 1996 als Bankkunden ausgeschieden sind, die sich aber zu Beginn des Betrachtungszeitraum

---

[203] Vgl. dazu auch die Ausführungen zu „Allgemeines" in Abschnitt 5.2.3.

sehr wohl im Kreditpool einer Bank befanden und deren Scheitern negativ in deren Ergebnisrechung eingegangen ist. Insofern mußten bei der Festlegung der Grundgesamtheit, aus der die beiden Stichproben A und P gezogen worden sind, alle Unternehmen berücksichtigt werden, die irgendwann zwischen 1992 und 1996 Kreditkunden der betrachteten Bank waren. Wenn diese historischen Kundenbestände bei einer Bank nicht vollständig verfügbar waren, wurde der Survivorship Bias dadurch minimiert, daß die aktuellen Engagementbestände durch Kreditnehmer ergänzt wurden, die in den Jahren 1992 bis 1996 auf Portfolio- oder Watch-Listen geführt worden waren. Dadurch sind mit hoher Wahrscheinlichkeit alle Engagementbeendigungen, die durch eine negative Entwicklung der Kundenbonität entstanden, in die Grundgesamtheit aufgenommen worden. So ist beispielsweise ein Kreditengagement, das aufgrund eines Konkurses des Kreditnehmers im Jahre 1995 im Erhebungszeitpunkt (Anfang 1997) nicht mehr existiert, aber ansonsten alle relevanten Kriterien erfüllt hat, typischerweise erfaßt.

5.2.3 Vereinheitlichungen

Wie bereits angeführt wurde das Forschungsprojekt in Zusammenarbeit mit fünf Kreditinstituten durchgeführt. Daraus resultiert nicht nur die Notwendigkeit einer standardisierten Erfassung der benötigten Informationen aus den vorhanden Unterlagen, sondern zusätzlich die Notwendigkeit der Standardisierung bestimmter Systemmerkmale über alle beteiligten Institute hinweg. Da die Datenerhebung aufgrund der Arbeitsteilung parallel von fünf verschiedenen Gruppen durchgeführt wurde, mußten sich die Forschungsteams ex ante auf eine eindeutige Vorgehensweise und Definition der zu erhebenden Informationen einigen, um am Ende einen konsistenten Datenbestand vorweisen zu können. Es erwies sich zudem notwendig, nach der eigentlichen Datenerhebung bestimmte Daten zu vereinheitlichen, um eine sinnvolle Analyse des endgültigen Datensatzes zu ermöglichen. Hierzu zählen insbesondere die unterschiedlichen Ratingsysteme der informierten Kreditinstitute. Erst nach einer Zusammenführung dieser Systeme war es möglich, Kreditnehmer gleicher Qualität in einer einheitlichen Rating-Klasse zusammenzufassen. Die Anpassungen, die zur Lösung dieser Probleme erforderlich waren, werden im folgenden erläutert.

Allgemeines

Das Erfassungsschema ist aus dem Abgleich von forschungsrelevanten und verfügbaren Informationen entstanden. Wegen organisatorischer und zeitlicher Restriktionen wurde die Anzahl der für die Erhebung herangezogenen Hauptfilialen je Bank auf zwei festgelegt.

Probedurchlauf

Die erforderliche Konkretisierung der genauen Ausprägung einzelner Merkmale und Begriffsdefinitionen wurde mittels eines Probedurchlaufs anhand von Beispielfällen vor Beginn der regulären Datenerhebung in allen Banken erreicht.

Bilanzdaten der Kreditnehmer

Für die Erhebung von relevanten Bilanzzahlen lagen in der Regel zwei Datenquellen vor, einerseits die Jahresabschlußunterlagen der Kreditnehmer und andererseits die Bilanzauswertungen der Kreditabteilungen. Um Einflüsse von unterschiedlichen Definitionen, Übertragungsfehlern sowie bankeigenen Interpretationen auf spätere Analysen auszuschließen, wurden die originären Bilanzdaten erhoben. Lediglich bei der Erfassung der Bilanzkennziffern wurde auf die bankinternen Zahlen abgestellt. Dieses Vorgehen ermöglicht sowohl eine unverzerrte Bilanzanalyse mit den originären Daten als auch einen Vergleich der diesbezüglichen institutsspezifischen Verfahrensweisen.

Branchenzugehörigkeit der Kreditnehmer

Im Rahmen der Datenerhebung wurde zur Beschreibung von Kreditnehmern unter anderem auch deren Branchenzugehörigkeit erfaßt. Als Datenquelle fungierte die entsprechende Angabe auf der bankinternen Kredit- bzw. Überwachungsvorlage. Zur Systematisierung wurden die institutsspezifischen Angaben zur Branchenzugehörigkeit unter Anwendung der Klassifikation der Wirtschaftszweige, Ausgabe 1993, (WZ 93) des Statistischen Bundesamtes in ein international anerkanntes System überführt.[204] Die WZ 93 ist fünffach in Abschnitte, Abteilungen, Gruppen, Klassen und Unterklassen abgestuft. Auf jeder Ebene nimmt die Genauigkeit der Beschreibung der Haupttätigkeit einer statistischen Einheit zu. Für die Zwecke des

---

[204] Vgl. Statistisches Bundesamt (1993). Die Klassifikation der Wirtschaftszweige (WZ 93) baut auf der statistischen Systematik der Wirtschaftszweige in der Europäischen Union (NACE Rev. 1) auf und ist für alle nach dem 1. Januar 1995 erhobenen amtlichen Statistiken, die eine Wirtschaftszweiggliederung enthalten, anzuwenden. Zusätzlich steht die WZ 93 in enger Verbindung mit der Internationalen Systematik der Wirtschaftszweige (ISIC Rev. 3) der Vereinten Nationen.

Forschungsprojektes erschien eine Klassifizierung auf der Abteilungsebene ausreichend. Die Bezeichnung der Tätigkeit eines Unternehmens ist in den Abteilungen der WZ 93 durch zweistellige Ziffern kodiert. Im fertiggestellten Datensatz wurden diese Verschlüsselungen als einheitliche Branchenkennzahlen verwendet.

Ratingsysteme der Banken und das Meta-Ratingsystem

Die unterschiedlichen internen Ratingsysteme der fünf Kreditinstitute lassen eine einheitliche Einschätzung der Kreditnehmerqualitäten für den gesamten Datensatz a priori nicht zu. Deshalb mußten die einzelnen Ratingsysteme in ein einheitliches Schema überführt werden. Es wurde ein „Meta-Ratingsystem" gewählt, das die Kreditnehmer absteigend in sechs Qualitätsklassen unterteilt. Rating-Klasse „1" für die qualitativ hochwertigsten Kreditnehmer und Rating-Klasse „6" für die schlechtesten Kreditnehmer.[205] Bei dieser Konversion war ein Rückgriff auf die Bewertung von Teilkriterien, sofern sie in geordneter Form vorlagen, sehr hilfreich.[206] Das Ergebnis ist in Abb. 5-1 zu sehen. Die doppelte Linie zwischen Rating-Klasse 4 und 5 markiert das Trennungskriterium für die Unterscheidung zwischen unproblematischen und problembehafteten Kreditnehmern, das auch für die Definition der Grundgesamtheiten A und P relevant ist (siehe Abschnitt 5.2.2). Abb. 5-2 und Abb. 5-3 bieten eine ausführliche Darstellung der Ratingsysteme der fünf beteiligten Kreditinstitute.[207]

Das Ratingsystem der Bank 1 umfaßte nur fünf Kategorien. Insofern konnte eine einfache Konversion der Gesamtratings in das Meta-Ratingsystem nicht erfolgen. Dieses besitzt 6 Kategorien. Vielmehr mußten Teilratings über die wirtschaftlichen Verhältnisse und die Unternehmenssituation, die über eine arithmetische Mittelwertbildung in das Gesamtrating eingehen analysiert werden. Sie besitzen wie das Gesamtrating Ausprägungen von „1" bis „5". Das Teilrating „Wirtschaftliche Verhältnisse" wird als Mittelwert aus den Punktewerten für drei Bilanzkennzahlen ermittelt und das Teilrating „Unternehmenssituation" aus dem Mittelwert der Punktewerte für acht diesbezügliche Beurteilungsbereiche. Die Analyse der Bewertungen dieser Subkategorien ergab, daß die Rating-Klasse 3 in die Gruppen „3+" und „3-" aufzuspalten sei, um eine Zuordnung zu den Klassen 3 und 4 des Meta-Ratingsystems zu erreichen.

---

[205] Die Wahl dieser Rasterung orientiert sich am deutschen Schulnotensystem. Die Klassenbezeichnung hebt sich von den bankinternen Systemen wohltuend ab. Zudem folgt eine Unterteilung in 6 Klassen auch der Forderung, Ratingsysteme nicht zu fein und nicht zu grob zu untergliedern, vgl. Schmidt (1996), S. 147.
[206] Dabei wurde versucht den Empfehlungen von Weber, Krahnen und Weber (1995) zu folgen.
[207] Eine formale Darstellung dieser Systeme zu Zwecken der Diskussion von Konsistenzanforderungen bieten Weber, Vossmann und Krahnen (1999).

Die Konversion des Ratingsystems I der Bank 2 gestaltete sich problemloser. Das Gesamtrating wird bei dieser Bank aus der Summe der Punktzahlen für drei Teilbereiche ermittelt, der finanziellen Verhältnisse, der Marktstellung und der Managementqualität beim Kreditnehmer. Der erste Teilbereich umfaßt sieben, der zweite sechs und der dritte fünf Teilkriterien mit eigenen Punkteschemen, die eine zusätzliche Gewichtung, der so ermittelten Punktbewertungen nicht mehr notwendig machen. Somit könnte das Gesamtrating auch direkt durch die Addition der Punktewerte für diese Teilkriterien ermittelt werden. Die Summe der Punktewerte liegt im Bereich zwischen 0 und 75. Es zeigte sich, daß die Punktewerte von 50 bis 75 der Rating-Klasse 6 des Meta-Ratingsystems entsprechen. Des weiteren konnten die Punktewerte von 0 bis 49 den Rating-Klassen 1 bis 5 in Zehnerschritten zugeordnet werden. Die Konversion des Ratingsystems II der Bank 2, das im Zeitraum vor der Einführung des Ratingsystems I[208] zum Einsatz kam, gestaltete sich ähnlich.

Das bei der Bank 3 zum Einsatz kommende Ratingsystem besitzt sieben Kategorien. Eine Konversion dieser Unterteilung in die Systematik des Meta-Ratingsystems ist ebenfalls nur durch den Rückgriff auf bonitätsrelevante Teilkriterien möglich. Allerdings liegt hier im Unterschied zu den Ratingsystem der Bank 1 und der Bank 2 kein Scoring-Verfahren vor, das konkrete Anhaltspunkte zur Aggregation dieser Teilkriterien zum Gesamtrating bietet. Über eine Analyse der in den Kreditakten festgehaltenen allgemeinen Orientierungsmerkmalen in Form von Kennzahlen zur Vermögens- und Ertragslage und in Form von Faktoren des künftigen Unternehmenserfolges (Branchenentwicklung, Konkurrenzsituation und Produktpalette) bestätigte sich aber die Zuordnung der Rating-Kategorien 6 und 7 der Bank 3 zu der Rating-Klasse 6 des Meta-Ratingsystems und die direkte Zuordnung der Klassen 1 bis 5 der beiden Systeme.

Bei Bank 4 gestaltete sich die Konversion der Rating-Kategorien in die Rating-Klassen des Meta-Ratingsystems ähnlich schwierig wie bei Bank 3. Zwar liegen bei Bank 4 mit Ratings bewertete Teilkriterien vor, es existiert aber kein Gewichtungsschema zur Aggregation dieser Teilkriterien zum Gesamtrating. Die Zuordnung der Gesamtratings der Bank 4 zu den Rating-Klassen des Meta-Ratingsystems konnte aber aufgrund der begleitenden verbalen Kreditnehmerbewertungen recht klar herausgearbeitet werden. Die Rating-Kategorie 8 der Bank wurde der Rating-Klasse 6, die Rating-Kategorien 6 und 7 der Ratingklasse 5 des Meta-

---

[208] Die Bezeichnung des zeitlich später zum Einsatz gekommenen Ratingsystems mit der Ziffer I wurde deshalb gewählt, weil es für die erhobenen Daten das vorherrschend relevante System war.

Ratingsystems zugewiesen. Die übrigen Rating-Kategorien der Bank und des Meta-Ratingsystems entsprachen sich.

Das Ratingsystem der Bank 5 besitzt wie das Meta-Ratingsystem 6 Kategorien bzw. Klassen. Insofern erschien eine Konversion leicht möglich. Jedoch zeigte eine Untersuchung der bewerteten Teilkriterien, daß manche Kreditnehmer der Kategorie 4 bei der Bank eher der Klasse 3 des Meta-Ratingsystems entsprechen. Zudem mußten manche Kreditnehmer der Kategorie 4 bei der Bank auch der Klasse 5 des Meta-Ratingsystems zugeordnet werden.

Rating-Klasse	Kreditnehmerbonität
1	sehr gut
2	gut, überdurchschnittlich
3	durchschnittlich
4	unterdurchschnittlich
5	Problemfall
6	stark gefährdet, ausgefallen

Abb. 5-1: Meta-Ratingsystem

Meta-Ratingsystem (Kreditnehmerbonität)	Ratingsystem der Bank 1*	Ratingsystem I der Bank 2**	Ratingsystem II der Bank 2 (Risiko)
1 (sehr gut)	1 (sehr gut)	a+, a (sehr gut)	a (gering)
2 (gut, überdurchschnittlich)	2 (gut)	a-, b+ (sehr gut bis gut)	b+ (gut überschaubar)
3 (durchschnittlich)	3+ (mittel, tendenziell überdurchschnittlich)	b, b- (gut bis noch gut)	b- (überschaubar)
4 (unterdurchschnittlich)	3- (mittel, tendenziell unterdurchschnittlich)	c+, c (risikobehaftet)	c+ (hoch, noch überschaubar)
5 (Problemfall)	4 (schlecht)	c- (stark risikobehaftet)	c- (sehr hoch, schwer überschaubar)
6 (stark gefährdet, ausgefallen)	5 (latente, akute Gefährdung)	d (Überleben gefährdet)	d (nicht mehr zu vertreten)

Abb. 5-2: Die Ratingsysteme der fünf beteiligten Kreditinstitute – Teil 1

Zur Wahrung der Anonymität wurden die Kreditinstitute in dieser Tabelle nicht mit Namen benannt.
Die Doppellinie zwischen Rating-Klasse 4 und 5 (im Meta-Ratingsystem) trennt als problemlos und als problembehaftet erachtete Kreditnehmer.
* Die Aufspaltung der Rating-Klasse 3 in die Kategorien 3+ und 3- wurde auf Basis der Einschätzung der Forschungsgruppe während der Datenerhebung vorgenommen. Die Bank 1 verwendet diese Rating-Klasse ohne Abstufung.
** Für Bank 4 existieren zwei Ratingsysteme: Im Laufe des Beobachtungszeitraums wurde das System II durch das System I ersetzt.

Meta-Ratingsystem (Kreditnehmerbonität)	Ratingsystem der Bank 3	Ratingsystem der Bank 4	Ratingsystem der Bank 5
1 (sehr gut)	1 (sehr gering)	1 (sehr gut)	1 (sehr gut)
2 (gut, überdurchschnittlich)	2 (gering)	2 (gut)	2 (gut)
3 (durchschnittlich)	3 (leicht erhöht)	3 (zufriedenstellend)	3, 3/4 (befriedigend; ausreichend)
4 (unterdurchschnittlich)	4 (stark erhöht)	4, 5 (angemessen; auskömmlich, schwach)	4 (ausreichend)
5 (Problemfall)	5 (sehr hoch)	6, 7 (überwachungsbedürftig; unzureichend)	4/5, 5 (noch ausreichend; schlecht)
6 (stark gefährdet, ausgefallen)	6, 7 (Risikovorsorge, Umschuldung; Abwicklung)	8 (desolat)	6 (sehr schlecht, Ausfall)

Abb. 5-3: Die Ratingsysteme der fünf beteiligten Kreditinstitute – Teil 2

5.2.4 Datenerfassung und Datenerfassungsschema

Als Vorlage für die Datenerhebung diente ein Erfassungsschema, das in drei Abschnitte mit insgesamt sieben Teilen untergliedert ist. Im Anhang 2 dieser Arbeit findet sich dazu eine detaillierte Darstellung. Im folgenden werden nur diejenigen Punkte ausführlich beschrieben, die für die noch darzustellende Analyse in dieser Arbeit von Relevanz sind. Detailliertere Informationen enthält das Papier von Elsas, Henke, Machauer, Rott und Schenk (1998).

Zur Wahrung der Kreditnehmeranonymität wurde mit den Banken vereinbart, weder den Namen noch die institutsinterne Kundenschlüsselung (Kundenstammnummer) zu erheben. Statt dessen sind die Erhebungsbögen fortlaufend numeriert. Die nachträgliche Kundenidentifikation ist nach Abschluß der Erhebungsphase nur durch Verwendung einer bei dem jeweiligen Institut verbleibenden Transformationsliste, bestehend aus Kundenstammnummer und dem Ordnungsmerkmal „laufende Nummer", möglich.

Der erste Abschnitt des Erhebungsbogens (= Teil 1) beinhaltet die wichtigsten persönlichen Merkmale des Kreditnehmers. Hierzu zählen unter anderem die Rechtsform und die Branchenzugehörigkeit. Die im Datensatz befindlichen Unternehmen wiesen als Rechtsform die GmbH, die GmbH & Co. KG, die AG, die KG, die OHG, die Genossenschaft und die Einzelunternehmung auf. Zur Festlegung der Branchenzugehörigkeit vergleiche Abschnitt 5.2.3. Zusätzlich zu den persönlichen Angaben wurden die Dauer der Bankbeziehung in Jahren und die Anzahl der Bankverbindungen des Kreditnehmers, die aus den Kreditakten der Bank zu ersehen ist, sowie das Vorliegen oder Nichtvorliegen einer Hausbankbeziehung erfaßt. Sie stellen wichtige Datenpunkte zur Untersuchung von Effekten der Kunde-Bank-Beziehung auf die Kreditkonditionen dar.[209] Das Hausbankfeld wurde von den Datenerhebungspersonen nur dann mit einem „ja" versehen, wenn aus den Kreditakten eindeutige Hinweise für das Bestehen einer engen Kunde-Bank-Beziehung hervorgingen. Angaben zu Covenants (im Datenfeld mit der laufenden Nummer 18) wären aufgrund der bereits existierenden theoretischen Literatur[210] für eine empirische Analyse sehr interessant gewesen. Jedoch hat sich im Laufe der Datenerhebung gezeigt, daß gerade bei kleinen und mittelständischen Unternehmen die Verwendung individueller Vertragsklauseln eher rudimentär ausgeprägt ist. Banken verlassen sich hier aus Vereinfachungsgründen doch auf ihre Allgemeinen Geschäftsbedingungen. Inso-

---

[209] Vgl. dazu die Vorstellung empirischer Arbeiten zu diesem Thema in Abschnitt 4.2.
[210] Vgl. dazu die Ausführungen in Abschnitt 2.8 dieser Arbeit.

fern scheidet eine Betrachtung dieses Datenpunktes auch für die weitere Untersuchung in dieser Arbeit aus.

Der zweite Abschnitt mit den Teilen 2 bis 6 des Datenschemas dient der weiteren Erfassung der Kreditbeziehung. Zusammen mit der Kreditnehmer-Beschreibung sind die Angaben zur Beschreibung des Gesamtkreditengagements (Teil 3), der Kreditsicherheiten (Teil 5) und der Risiko-Beurteilung (Teil 6) Kerndatenpunkte für die in diesem Kapitel noch vorzustellende Analyse der Einflußfaktoren auf die Kreditkonditionen und die Kreditverfügbarkeit. Die Informationen zu Investitionsdarlehen (Teil 2) gehen nicht in die Untersuchung ein. Der Vollständigkeit halber sind sie aber bei der Darstellung des Datenschemas im Anhang 2 mit ausgewiesen worden, werden jedoch hier nicht weiter thematisiert.

In Teil 3 des Datenerhebungsbogens sind Angaben zum gesamten Kreditgeschäft eines Kunden bei der betreuenden Bank festgehalten. Das Gesamtobligo (die Gesamtkreditlinie) umfaßt alle Kreditlinien, die das Kreditinstitut dem Kunden zugesagt hat. Darunter fallen Linien für Kontokorrentkredite, Investitionsdarlehen, Avalkredite, Wechseldiskontkredite und weitere Kreditformen wie zum Beispiel Linien für Margenhaltungen bei Börsentermin- und Börsenoptionsgeschäften.[211] Ergänzend zu diesen Linien sind die jeweiligen bisherigen Inanspruchnahmen des Kunden in Prozent angegeben. Der für die in Anspruch genommen Kontokorrentkredite vereinbarte Zins ist *die* wichtige Größe für die in dieser Arbeit noch darzustellende Analyse der Einflußfaktoren auf Kreditzinsen. Wie schon Berger und Udell (1995) argumentieren, werden Zinsen auf Kontokorrentkonten eher von der Natur der Kunde-Bank-Beziehung beeinflußt.[212] Zudem eignen sie sich schon aufgrund ihrer Flexibilität und aufgrund ihrer einfachen Vergleichbarkeit bezüglich ihrer Laufzeit[213] besser zu Untersuchungszwecken.

Die in Teil 4 angegebenen Bilanzdaten gehen nur mit der Bilanzsumme in die noch folgende Analyse der Kreditkonditionen ein. Die ursprüngliche Intention für die Erhebung dieser Datenpunkte lag darin, eine Überprüfungsmöglichkeit für das Teilrating bezüglich der finanziellen Situation des Kreditantragstellers (wird mit dem Teil 6 vorgestellt), soweit vorhanden, zu schaffen. Die Datenpunkte mit der laufenden Nummer 62 bis 78 sollten dazu dienen, die Größen Cash Flow, Eigenkapitalquote, Verschuldungsgrad, Gesamtkapitalrentabilität und

---

[211] Zu den verschiedenen Kreditlinien vgl. Abschnitt 2.2.
[212] Vgl. Berger und Udell (1995), S. 356. Sie bezeichnen diese als „relationship-driven".
[213] Die zugrundeliegenden Kontokorrentkredite sind jederzeit verfügbar und jederzeit rückzahlbar.

Anlagedeckungsgrad anhand des im Anhang 3 angegebenen Schemas zu berechnen und mit den bankintern ermittelten Größen (laufende Nummer 79 bis 83 des Erhebungsbogens) zu vergleichen.

Teil 5 des Erfassungsschemas dient dazu, Angaben über die gesamten im Rahmen der Kreditbeziehung mit der Bank zur Verfügung gestellten Kreditsicherheiten und Kreditsicherungsinstrumente zu erfassen. Dabei ist zu beachten, daß die erhobenen Größen für Grundpfandrechte, andere dingliche Sicherheiten (Sicherungsübereignung und Sicherungsabtretung) und persönliche Sicherheiten (Bürgschaften und Garantien) auf bankinternen Bewertungen basieren, deren Schemata den Erhebungspersonen nicht vorlagen. Es ist aber davon auszugehen, daß sich die Bewertung an Liquidationswerten orientiert und daß dabei die in diesem Gewerbe üblichen Vorsichtsprinzipien angewendet wurden. Bei den Personensicherheiten ist den Erhebungspersonen aufgefallen, daß häufig der Wert Null angegeben wurde. Diese Wertangabe ist aber eher auf die Nichterhältlichkeit genauer Angaben über die Vermögenswerte der persönlich Haftenden zurückzuführen, als auf das Nichtvorhandensein adäquater Haftungsmasse. Sonst hätten die Banken auch nicht so oft Personensicherheiten von ihren Kunden gefordert.[214] Der Blankoanteil, d. h. der nichtbesicherte Teil der gesamten Kreditlinie, war bei vielen Kreditinstituten als Prozentzahl zusätzlich zu den Sicherheitenaufstellungen angegeben. Er konnte von den Datenerhebern zur Plausibilitätskontrolle herangezogen werden.

Die Beurteilung des Kreditnehmerrisikos durch die Kreditinstitute wurde im Teil 6 des Erhebungsbogens erfaßt. Für die statistische Analyse des Einflusses von Kreditnehmerrisiken auf die Kreditkonditionen sind hier vor allem die Ratingkennzahlen relevant. Bei der Datenerhebung lagen die Original-Ratingdaten der einzelnen Banken vor. Sie wurden dann später anhand des in Abb. 5-2 und in Abb. 5-3 dargestellten Konvertierungsschemas in eine Ratingskala von „1" bis „6" transformiert. Wie bereits erläutert spiegelt dabei ein Gesamt-Rating von „1" die beste und ein Gesamt-Rating von „6" die schlechteste Kreditnehmerqualität wider. Bei einigen Banken existierten auch Teil-Ratings für die Kategorien „finanzielle Situation", „Marktstellung" und „Managementqualität" des Kreditnehmers. Wenn diese Angaben auch nicht immer in Reinform vorhanden waren, so konnte doch oft eine Herleitung über andere Kennzahlen erreicht werden. Es sollte allerdings nicht verschwiegen werden, daß die Datenverfügbarkeit für die Teilratings doch deutlich hinter derjenigen der Gesamtratings zurücklag.

---

[214] Avery, Bostic und Samolyk (1998) zeigen für den US-amerikanischen Bankkreditmarkt, daß gerade bei kleinen Unternehmen die persönliche Haftung des Unternehmensinhabers eine entscheidende Rolle spielt. Sie kann als Substitut für interne Sicherheiten des Unternehmens dienen.

Die mit den Ratingkennziffern erfaßten verbalen Beurteilungen dienten der nachträglichen Verifizierbarkeit der Eingaben.

In Teil 7 des Erhebungsbogens wurden Informationen über die Maßnahmen von Kreditinstituten bei der Behandlung von Kreditnehmern, die sich in Zahlungsschwierigkeiten befinden, festgehalten. Der Maßnahmenkatalog reicht von der Reduzierung der Kreditlinien über die Einforderung zusätzlicher Sicherheiten, die Stundung oder den Erlaß von Zins und Tilgung, die Neuverhandlung des Kreditengagements bzw. die Kreditkündigung bis hin zu Sanierungs- oder Abwicklungsmaßnahmen.[215] Zudem wurden auch Angaben zu Wertberichtigungen und über die Beteiligung von Banken an Sicherheitenpools zur Sanierung bzw. Abwicklung von Kreditengagements erfaßt.

Der Datenerhebungsbogen umfaßte sowohl quantitative als auch qualitative Angaben. Je nach Datenfeld war eine Ja/Nein-Abfrage, die Auswahl aus einer begrenzten Anzahl von Vorgabewerten, die Eingabe von numerischen bzw. alphanumerischen Werten oder eine stichwortartige Texteingabe vorgesehen. Die Beschränkung auf eine einheitliche Informationsart je Datenfeld wurde vor dem Hintergrund der technischen Weiterverarbeitung und Auswertung getroffen. Gleichzeitig ergab sich damit die Notwendigkeit, bei der Erhebung einzelne Informationen gegebenenfalls zusammenzufassen oder zu berechnen.

Die Daten wurden direkt aus den Kreditakten der kreditbetreuenden Abteilungen in den Banken erhoben. In der Regel waren die zuständigen Sachbearbeiter zu den einzelnen Fällen auch gesprächsbereit. Über EDV-Abfragen und über Berichte anderer zuständiger Abteilungen wie zum Beispiel der Abteilung für Problemfälle konnten verbliebene Datenlücken geschlossen werden.

5.3 Deskriptive Statistiken zum Datensatz

5.3.1 Rechtsform der Unternehmen

Die Analyse der Rechtsformen für die im Datensatz enthaltenen 200 Unternehmen zum Ende des Jahres 1996 ergibt, daß 42 % der Unternehmen als GmbH & Co. KG, 33 % der Unternehmen als GmbH und 12 % der Unternehmen als AG geführt werden, wohingegen nur 5 % als KG, 1 % als OHG, 4 % als Genossenschaften und 3 % als Einzelunternehmen auftreten.

---

[215]Vgl. dazu auch die Abschnitte 2.9 bis 2.11 dieser Arbeit.

Tab. 5-1 und Abb. 5-4 geben einen detaillierteren Überblick über die Rechtsformverteilung der Unternehmen des Datensatzes.

Tab. 5-1: Rechtsformverteilung

Rechtsform	Anzahl	%
AG	24	12
GmbH	66	33
OHG	2	1
KG	10	5
GmbH & Co. KG	84	42
Genossenschaften	8	4
Einzelunternehmen	6	3
Summe	200	100

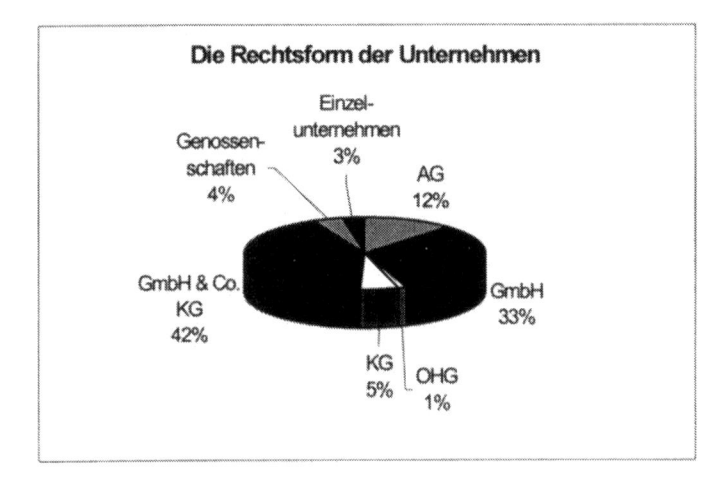

Abb. 5-4: Relative Verteilung der Rechtsformen

Für die spätere Analyse ist es von Interesse, inwieweit die Rechtsformstruktur des Datensatzes repräsentativ für mittelständische Unternehmen in der Bundesrepublik Deutschland ist. Deshalb wird im folgenden die vorliegende Verteilung der Rechtsformen im Datensatz der Gesamtverteilung der Rechtsformen für Unternehmen in der Bundesrepublik Deutschland mit einem Umsatz größer als 50 Mio DM gegenübergestellt.[216] Hierzu sind allerdings geringfügige Anpassungen notwendig. Da die Vergleichszahlen auf das Jahr 1992 bezogen sind, wird nicht wie in den vorangegangenen Ausführungen die aktuelle Rechtsform der Unternehmen aus dem Jahre 1996, sondern die Rechtsform der Unternehmen in 1992 betrachtet. Aufgrund einer kleinen Anzahl von Rechtsformwechseln im Untersuchungszeitraum von 1992 bis 1996 ergeben sich hieraus allerdings nur geringfügige Abweichungen zur obigen Auswertung. Darüber hinaus beinhaltet die allgemeine Analyse keine Genossenschaften, so daß die im Datensatz enthaltenen Genossenschaften hier unberücksichtigt bleiben. OHG's, KG's und GmbH & Co. KG's werden unter dem Posten Personengesellschaften zusammengefaßt.

Die Auswertung aller Unternehmen mit über 50 Mio. DM Umsatz berücksichtigt keine Begrenzung des Umsatzes nach oben, wohingegen der erhobene Datensatz nur Unternehmen mit einem Umsatz von 50 bis 500 Mio. DM umfaßt. Da Unternehmen mit Umsätzen über 500 Mio. DM vermehrt als AG und als GmbH geführt werden, müßten die Kapitalgesellschaften bei der Auswertung aller Unternehmen über 50 Mio. DM stärker gewichtet sein als bei den Unternehmen des Datensatzes. Die Gegenüberstellung liefert das in Tab. 5-2 illustrierte Ergebnis:

Tab. 5-2: Repräsentativität der Rechtsformverteilung

	Unternehmen der BRD mit über 50 Mio. DM Umsatz nach Rechtsformen		Unternehmen des Datensatzes nach Rechtsformen	
	Anzahl	%	Anzahl	%
AG und KGaA	791	7	20	10
GmbH	4534	40	67	35
Personengesellsch.	5720	50	99	52
Einzelunternehmen	343	3	6	3
Summe	11388	100	192	100

---

[216] Vgl. Statistisches Bundesamt (1994). Die Angaben beziehen sich auf die alten Bundesländer, da 1990 noch keine Umsatzsteuerstatistik für die neuen Länder erstellt wurde. Das ist aber insofern kein Manko als die erhobenen Kreditdaten nur von Unternehmen der alten Bundesländer stammen.

Der prozentuale Anteil von Einzelunternehmen ist bei den Unternehmen des Datensatzes genauso hoch wie bei Unternehmen mit über 50 Mio. DM Umsatz. Die Personengesellschaften sind im erhobenen Datensatz prozentual etwas stärker vertreten, wohingegen der prozentuale Anteil der GmbH's geringer ist. Überraschend ist lediglich der relativ hohe Prozentsatz der Aktiengesellschaften im Datensatz.

Die Gegenüberstellung zeigt insgesamt, daß der Datensatz die Rechtsformstruktur der mittelständischen Unternehmen gut nachbildet. Er erscheint insofern repräsentativ.

5.3.2 Branchen

Die folgenden Abbildungen zeigen die Branchenverteilung der in der Stichprobe enthaltenen Unternehmen. In Abb. 5-5 ist eine deutliche Häufung im Bereich des Verarbeitenden Gewerbes zu erkennen. Daher wird in Abb. 5-6 das Verarbeitende Gewerbe weiter aufgeschlüsselt.

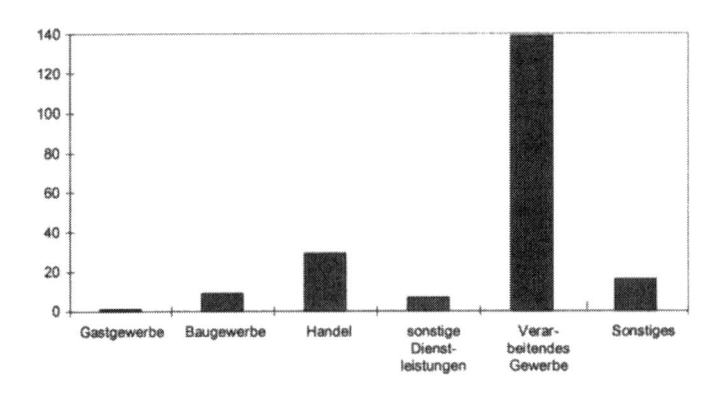

Abb. 5-5: Branchenverteilung nach Industriegruppen im Jahr 1996

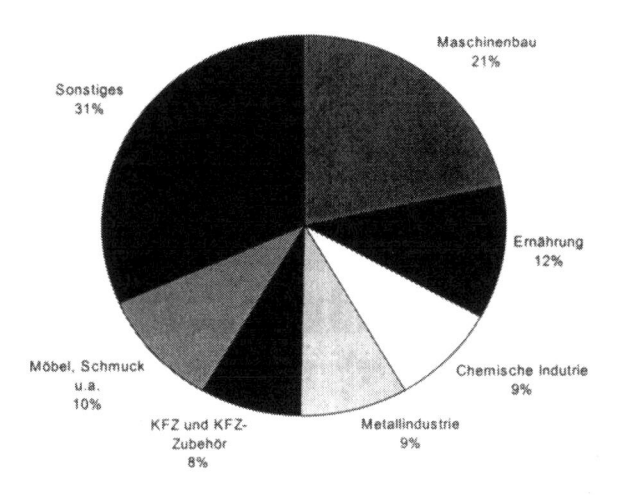

Abb. 5-6: Verteilung Verarbeitendes Gewerbe

5.3.3 Unternehmensgröße

Um einen Überblick über die Größe der Unternehmen in den gezogenen Stichproben zu erhalten, werden diese im folgenden in einzelne Umsatzklassen gruppiert. Tab. 5-3 zeigt zunächst für die Jahre 1992 bis 1996 den durchschnittlichen Umsatzwert pro Jahr. Die graphische Darstellung zur Belegung der Umsatzklassen (Abb. 5-7) veranschaulicht, daß sich im Zeitablauf - sieht man von dem Intervall „0 - 50 Mio. DM" ab - nur unwesentliche strukturelle Änderungen ergeben haben. Die Tatsache, daß sich in der Umsatzklasse 0 - 50 Mio. DM Einträge von nicht unerheblichem Umfang befinden, ist vorwiegend darauf zurückzuführen, daß die in die Analyse einbezogenen Unternehmen gemäß der Samplingkonzeption nur in einem Jahr des Untersuchungszeitraumes einen Jahresumsatz von 50 – 500 Mio. DM haben mußten, in den übrigen Jahren jedoch auch außerhalb des Intervalls liegen konnten. Abb. 5-8 schließlich macht deutlich, daß der Großteil der Unternehmen der Stichprobe im unteren Bereich des Gesamtintervalls von 50 –500 Mio. DM liegt. So hatten beispielsweise 71% der gezogenen Unternehmen 1996 einen Jahresumsatz unter 250 Mio. DM.

Tab. 5-3: Umsatzmittelwerte der Unternehmen für die Jahre 1992 - 1996

Jahr	1992	1993	1994	1995	1996
Umsatzmittelwerte in Mio. DM	162.554	152.714	161.418	170.658	180.801

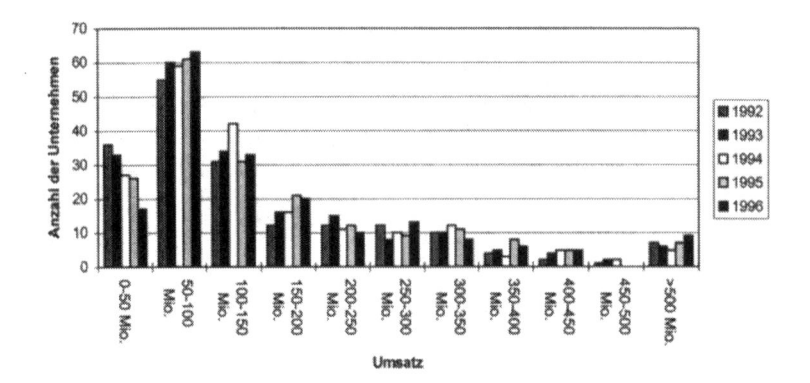

Abb. 5-7: Umsatzgrößenverteilung für die Jahre 1992 - 1996

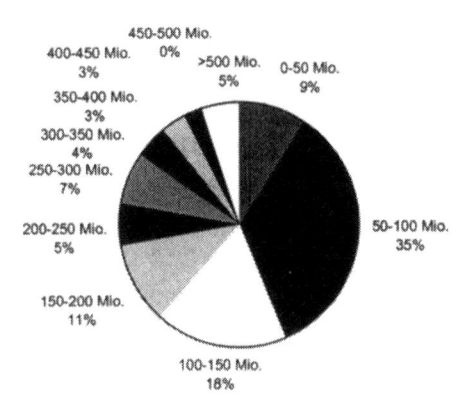

Abb. 5-8: Relative Häufigkeiten der in die einzelnen Umsatzklassen fallenden Unternehmen im Jahre 1996 (Segmente mit 0% sind nicht zu sehen)

5.3.4 Kreditvolumen

In diesem Abschnitt sollen Aussagen zur Höhe des den Unternehmen vom jeweiligen Kreditinstitut zur Verfügung gestellten Kreditvolumens (Gesamtobligo) gemacht werden. Es wird zunächst die absolute Höhe des Gesamtobligos betrachtet. In Tab. 5-4 sind die Obligomittelwerte für die Jahre 1992 - 1996 aufgeführt. Die Änderungen, die sich im Zeitablauf bezüglich der Belegung einzelner Obligoklassen ergeben, macht Abb. 5-9 deutlich. In Abb. 5-10, welche die prozentuale Klassenverteilung für das Jahr 1996 darstellt, ist schließlich zu erkennen, daß das von dem jeweiligen Kreditinstitut bereitgestellte Gesamtobligo bei einem überwiegenden Teil der Unternehmen (72 %) nicht mehr als 20 Mio. DM beträgt.

Tab. 5-4: Obligomittelwerte der Kreditnehmer für die Jahre 1992 - 1996

Jahr	1992	1993	1994	1995	1996
Obligomittelwerte in Mio. DM	17.967	13.916	16.894	13.916	17.967

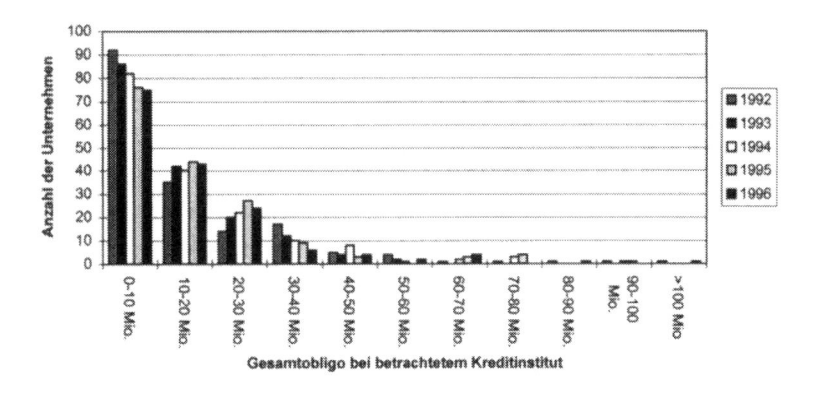

Abb. 5-9: Obligogrößenverteilung für die Jahre 1992 – 1996

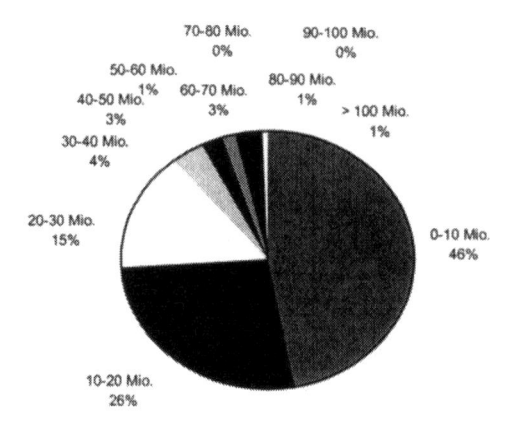

Abb. 5-10: Relative Häufigkeiten der in die einzelnen Obligoklassen fallenden Unternehmen im Jahre 1996 (Segmente mit 0% sind nicht zu sehen)

Da die Kreditnehmer trotz der Einschränkung der Untersuchung auf Unternehmen mit einem Jahresumsatz von 50 – 500 Mio. DM erhebliche Größenunterschiede aufweisen können, soll im folgenden nicht die absolute Höhe des Gesamtobligos, sondern der Anteil des einzelnen Kreditinstitutes an der Gesamtfinanzierung eines Unternehmens

Gesamtobligo * 100 / Bilanzsumme

betrachtet werden. Tab. 5-5 zeigt die entsprechenden Mittelwerte für die Jahre 1992 -1996. Die Entwicklung der Zusammensetzung solcher Kreditnehmer-Größenklassen über die Jahre 1992 bis 1996 können der Abb. 5-11 entnommen werden. Es ist zu ersehen, daß diesbezüglich keine großen Bewegungen stattfinden.

Tab. 5-5: Anteil des Kreditinstitutes an der Gesamtfinanzierung des Kreditnehmers

Jahr	1992	1993	1994	1995	1996
Mittelwerte des Finanzierungsanteils des KI in %	21,8	20,5	20,4	19,9	20,0

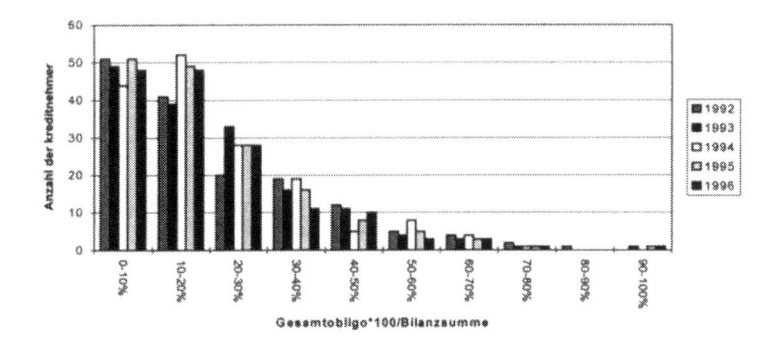

Abb. 5-11: Anteil des Kreditinstitutes an der Gesamtfinanzierung des Kreditnehmers für die Jahre 1992 - 1996

5.3.5 Ratings

Die Kredit-Ratings für die Kreditnehmer der einzelnen Banken wurden, wie bereits ausgeführt, in die Kategorien 1 bis 6 unterteilt.[217] Im folgenden werden die Häufigkeitsverteilungen bezüglich dieser Kategorien für die Stichprobe A aus allen Kreditengagements und für die Stichprobe P der Problemkredite dargestellt und erläutert.

Abb. 5-12 gibt die Häufigkeitsverteilung der Kredit-Ratings für Stichprobe A beispielhaft für das Jahr 1996 wieder. Tab. 5-6 weist die genauen Werte aus. Die meisten Kreditnehmer (52 von 116 mit valider Ratingangabe) haben ein Rating der Klasse 3, gefolgt von Kreditnehmern der Klasse 4 und der Klasse 2. Der Mittelwert von 3,1 bestätigt diese Beobachtung. Eine Standardabweichung der Ratingwerte vom Mittelwert in Höhe von 0,89 weist zusätzlich darauf hin, daß mittlere Ratingwerte dominieren. Die in Abb. 5-12 mit einer gestrichelten Linie eingezeichnete angepaßte Normalverteilungsfunktion gibt eine Vergleichsmöglichkeit vor.

Abbildungen zu den Häufigkeitsverteilungen der Ratings aus den Jahren 1992 bis 1995 befinden sich im Anhang 4. Sie weisen eine ähnliche an die Normalverteilung angelehnte Form auf.

---

[217] Vgl. Abschnitt 3.3.

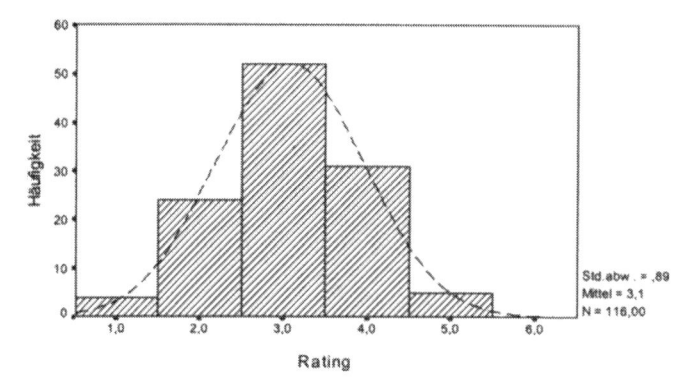

Abb. 5-12: Häufigkeitsverteilung der Kreditratings für Stichprobe A im Jahr 1996

Tab. 5-6: Häufigkeit der Kredit-Ratings für Stichprobe A im Jahr 1996

Rating	Häufigkeit	Prozent	Valide Prozent
1	4	3,4	3,5
2	24	20,2	20,7
3	52	44,4	44,8
4	31	26,1	26,7
5	5	4,2	4,3
6	0	0	0
nicht valide	3	2,7	---
Summe	119	100,0	100,0

Problemkredite sind vor allem in den Rating-Kategorien 5 und 6 zu erwarten. Die Zugehörigkeit zu einer dieser Kategorien mußte mindestens einmal für den betrachteten Erhebungszeitraum gegeben sein, damit ein Kreditnehmer als Problemfall der Gruppe P zugeordnet werden konnte. Zu anderen Zeitpunkten im Erhebungszeitraum konnte allerdings auch ein anderes Rating gegeben sein. Deshalb sind in den einzelnen Jahren in Abhängigkeit von der Ratingentwicklung der einzelnen Kreditnehmer auch viele Fälle mit einem Rating vorhanden, das besser als 5 ist. Abb. 5-13 und Tab. 5-7 geben einen Überblick für das Jahr 1996. Die entsprechenden Abbildungen und Tabellen für die Jahre 1992 bis 1995 befinden sich im Anhang 4.

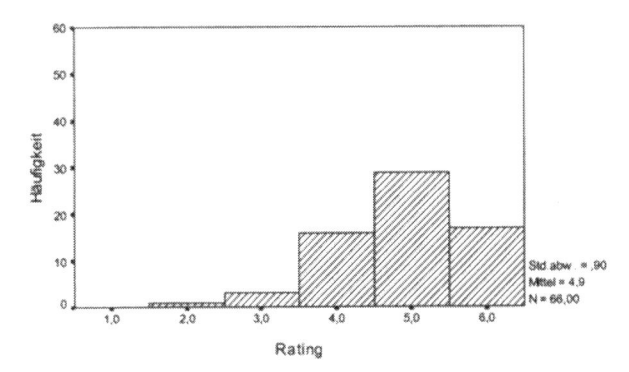

Abb. 5-13: Häufigkeitsverteilung der Kreditratings für Stichprobe P im Jahr 1996

Tab. 5-7: Häufigkeit der Kredit-Ratings für Stichprobe P im Jahr 1996

Rating	Häufigkeit	Prozent	Valide Prozent
1	0	0	0
2	1	1,4	1,5
3	3	4,0	4,5
4	16	21,6	24,2
5	29	39,2	44,0
6	17	23,0	25,8
nicht valide	8	10,8	---
Summe	74	100,0	100,0

5.3.6 Distress-Fälle

Als Distress-Fälle werden Engagements angesehen, bei denen die Banken bestimmte Maßnahmen wie die Sanierung, die Verwertung einzelner Sicherheiten, die Bildung von Wertberichtigungen oder die Abwicklung des Engagements ergriffen oder geplant haben. Zudem sind Engagements als distressed zu bezeichnen, sofern die Eröffnung eines Konkurs- oder Vergleichsverfahrens erfolgt ist.

Aufgrund der Stichprobendefinition ist zu erwarten, daß vor allem die Stichprobe P Distress-Fälle beinhaltet. Denn in dieser Stichprobe befinden sich Kreditnehmer, denen während des Erhebungszeitraums mindestens einmal eine der beiden schlechtesten Rating-Kategorien 5 und 6 zugewiesen worden ist. Dennoch können auch Engagements der Gruppe A als Distress-

Fall eingestuft sein, da die Gesamtheit A der Kreditnehmer, aus der Stichprobe A gezogen wird, eine Obermenge der Gesamtheit P (der problematischen Kreditnehmer) ist.

Die Auswertung der Stichproben zeigt, daß sich in der Stichprobe A genau ein Kreditnehmer befindet, bei dem Sanierungsmaßnahmen durchgeführt und einzelne Sicherheiten verwertet wurden. Bezüglich eines weiteren Kreditnehmers ist über eine Sanierungsmaßnahme nachgedacht worden.

Die Stichprobe der Problemfälle (P) beinhaltet 74 Kreditnehmer, wobei 45 davon als distressed gemäß der obigen Definition einzustufen sind. Davon wurden 26 saniert. Bei einem dieser Sanierungsfälle sind Sicherheiten verwertet worden. Es existieren weiterhin sieben Kreditnehmer, bei denen die Kreditinstitute die Abwicklung des Engagements betrieben haben. In einem Fall wurden lediglich einzelne Sicherheiten verwertet. Für elf Kreditnehmer stand eine der eben genannten Maßnahmen noch bevor. Bei sechs dieser Fälle waren schon Wertberichtigungen vorgenommen. 29 von 74 Problemfällen sind nicht als distressed einzustufen. Bei ihnen wurden lediglich Maßnahmen im Vorfeld einer Insolvenz wie die Reduzierung von Kreditlinien, die Einforderung zusätzlicher Sicherheiten, die Stundung von Zins- und Tilgungsleistungen oder die Forderung vergleichsweise höherer Kreditzinsen, aber auch die Kündigung oder Fälligstellung von Krediten ergriffen. Abb. 5-14 gibt einen Überblick über die soeben erläuterte Aufteilung der Problemfälle nach Distress-Maßnahmen.

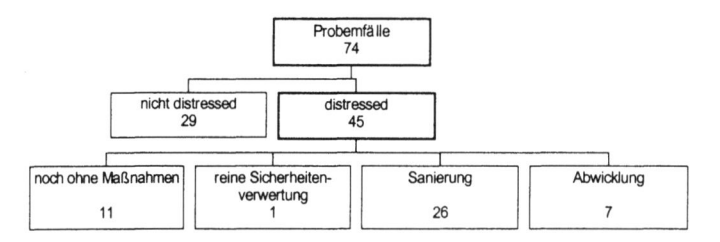

```
                          Problemfälle
                              74
              ┌───────────────┴───────────────┐
      nicht distressed                    distressed
            29                                45
                        ┌─────────────┬─────────────┬─────────────┐
              noch ohne Maßnahmen  reine Sicherheiten-  Sanierung    Abwicklung
                                    verwertung
                     11                   1                26            7
```

Abb. 5-14:   Distress-Fälle in der Stichprobe der problembehafteten Kreditnehmer

5.4 Aussagefähigkeit der erhobenen Daten und ihre Eignung für Analysezwecke

Der Inhalt und die Struktur des erhobenen Datensatzes sind richtungsweisend für die Aussagefähigkeit der späteren Analyse. In den folgenden Abschnitten sollen verschiedene Punkte diskutiert werden, die die Wertigkeit des Datensatzes zum einen positiv herausstellen, zum anderen aber auch kritisch beleuchten. Zur Vermittlung einer besseren Übersicht seien die einzelnen Punkte hier stichwortartig genannt:

- Betonung der Kreditbeziehung
- Entwicklung der Kreditfälle im Zeitablauf
- Differenzierte Qualitätseinschätzung anhand von bankinternen Ratings
- Direkte Abfrage der Hausbankeigenschaft
- Problem der Zeitstruktur
- Problem des Haftungsverbundes
- Cross-selling-Argument
- Zeitliche Beschränktheit

An dieser Stelle sei auf die „neue" Philosophie bei der Datenkonzeption hingewiesen. Zielsetzung war es, Informationen über die Situation und den Fortgang von *Kreditbeziehungen* zu gewinnen und nicht, wie bei früheren Studien, nur über einzelne Kredite. Mit diesem Aspekt setzt sich die folgende Betrachtung weiter auseinander.

5.4.1 Betonung der Kreditbeziehung

Die gewählte Datenkonzeption stellt sicher, daß Angaben zur gesamten Kreditbeziehung zwischen Bank und Unternehmen erfaßt werden. Es handelt sich hierbei vor allem um die Gesamtheit aller von der Bank bereitgestellten Kreditlinien und deren Inanspruchnahmen, aber auch um den Pool von Kreditsicherheiten, den der Kreditnehmer bereitgestellt hat und der in der Regel auch in seiner Gesamtheit die vergebenen Kredite unterlegt.

Es sind trotzdem auch Daten zu den abgeschlossenen Einzelkreditverträgen der betrachteten Kreditnehmer erfaßt worden. Jedoch zeigte sich gerade bei der Erhebung der Investitionsdarlehen, daß Banken auf eine exakte Nachvollziehbarkeit der früheren Vertragsgestaltung keinen besonderen Wert legen. So war es für die Datenerhebungspersonen oft nur unter großen Mühen oder gar nicht möglich, die Angaben zu den ursprünglich vereinbarten Zinsen und deren Fristigkeit herauszusuchen, wenn der Zins zwischenzeitlich aufgrund des Ablaufs der Zinsbindungsfrist neu verhandelt worden war. Eine Zuordnung von Kreditsicherheiten zu einzelnen Darlehen konnte in der Regel nur dadurch erreicht werden, daß die Zugänge an Sicherheiten seit der vorherigen Kreditprüfung in der Sicherheitenzusammenstellung der Kreditprüfungsprotokolle ermittelt wurden. Auch die exakte Nachvollziehbarkeit der bisherigen Zahlungsströme von Darlehen war nicht gegeben. Somit konnten auch keine Cash-Flow-

Rechnungen durchgeführt werden, um die Profitabilität eines einzelnen Darlehens nachzuvollziehen.

Die Ausrichtung des Datensatzes auf die Erfassung von Größen zur gesamten Kreditbeziehung erwies sich somit schon während der Datenerhebung als richtig. Es stellte sich zudem heraus, daß die Kreditentscheidungen des Kreditmanagements auf den aggregierten Daten der Kreditbeziehung basieren. Diese Tatsache wird schon aufgrund des Aufbaus der Kreditprüfungsprotokolle, die dem oder den Vorgesetzten eines Firmenkundenbetreuers als Entscheidungsvorlage dienen, deutlich. Sie weisen die Größen Kreditbesicherung und Kreditlinie bzw. Kreditvergabe in ihrer Gesamthöhe aus. Insofern war ihre Erhebung recht einfach zu bewerkstelligen.

Letztlich besteht noch das Problem, einen geeigneten Kreditzins zur Charakterisierung der Kreditbeziehung zu finden. Denn es gibt nicht *den* Kreditzins einer Kreditbeziehung, wenn ein Unternehmen verschiedene Arten von Krediten aufnimmt. Dieser Punkt wird im Rahmen der Diskussion von Besonderheiten der noch vorzustellenden Analyse in Abschnitt 6.2 näher behandelt.

5.4.2 Entwicklung der Kreditfälle im Zeitablauf

Ein weiterer Punkt, der den vorliegenden Datensatz von allen bisher in empirischen Studien für den Kreditbereich verwendeten Datensätzen unterscheidet, ist die Abbildung der Entwicklung konkreter Kunde-Bank-Beziehungen über die Zeit (hier: von 1992 bis 1996). Andere Datenbasen mit Kreditinformationen wie die „National Survey of Small Business Finances" aus dem Jahre 1987 und die neuere aus dem Jahre 1993 des Board of Governors der Vereinigten Staaten von Amerika und der US-amerikanischen Small Business Administration und die „Survey of Terms of Bank Lending to Businesses" der US-amerikanischen Federal Reserve Banks, sehen eine Identifikation der Kreditnehmer über die Zeit nicht vor.[218] Sie stellen auf die Daten von Einzelkrediten ab und erfassen nur nebenbei Informationen zur Kunde-Bank-Beziehung, die zudem eher als approximierende Parameter zu verwenden sind.[219]

---

[218] Eine Beschreibung dieser Datenbasen gibt Wolken (1998).
[219] Vgl. dazu die Ausführungen über die US-amerikanischen Studien in Abschnitt 4.2 dieser Arbeit.

5.4.3 Differenzierte Qualitätseinschätzung anhand von bankinternen Ratings

In den bisherigen Studien zur empirischen Bankforschung wurden nur ansatzweise bankinterne Einschätzungen der Kreditnehmerqualität verwendet. Blackwell und Winters (1997) verwendeten einen eher groben Ansatz, indem sie solvente und insolvente Kreditnehmer unterschieden. Sie machen dieses Merkmal an der Beobachtungshäufigkeit der Bank fest.

Eine herausragende Eigenschaft des vorliegenden Datensatzes ist es, daß zum ersten Mal Bewertungen der Kreditnehmerqualität in Form von bankinternen Kredit-Ratings erhoben wurden, die eine differenzierte Qualitätseinschätzung seitens der Banken wiedergeben. Die Vergleichbarkeit zwischen den verschiedenen Ratingsystemen der beteiligten Banken wurde in Form eines sogenannten Meta-Ratingsystems erreicht. Durch die Anwendung eines Konvertierungsschemas lassen sich die Ausprägungen der individuellen bankinternen Ratingsysteme in eine einheitliche Skala von „1" bis „6" überführen. Durch diese aufgefächerte Darstellung der Kreditnehmerqualität sollte es auch möglich sein, Modelle empirisch zu testen, die ihre Aussagen auf ein differenziertes Spektrum von Kreditnehmerqualitäten beziehen.[220]

5.4.4 Direkte Abfrage der Hausbankeigenschaft

Die Einschätzung der Qualität vorliegender Kunde-Bank-Beziehungen, die in Deutschland oft in den Terminus „Hausbank-Beziehung" verklausuliert ist, wurde von den Datenerhebungspersonen anhand der Hinweise in den vorliegenden Kreditakten gewonnen, beziehungsweise durch Befragung der Kreditsachbearbeiter vor Ort geklärt.[221] Durch eine solche Vorgehensweise konnten konkretere Anhaltspunkte für das Vorliegen enger Kundenbindungen erzielt werden als in bisherigen Studien. Diese verwendeten lediglich Stellvertretervariablen wie die Dauer der Kunde-Bank-Beziehung und die Anzahl der Bankverbindungen. Die erste der beiden Variablen sagt aber eher etwas über die mögliche Informations- und Vertrauenssituation der Bank aus. Im Laufe der Zeit hat sie viele Erfahrungen mit dem Kunden gemacht und der Kunde auf der anderen Seite viele Erfahrungen mit der Bank. Diese Tatsache könnte dazu beigetragen haben, daß sowohl der Kunde als auch die Bank über den Aufbau eines besonderen Vertrauensverhältnisses auch eine starke Bindung empfinden. Es ist aber nicht ausge-

---

[220] Zur Klasse solcher Modelle vergleiche beispielsweise Gorton und Kahn (1996).
[221] Die Stellungnahmen zur Qualität der Kunde-Bank-Beziehung waren in der Regel sehr deutlich. Teilweise gab es konkrete Äußerungen wie „Wir sind Hausbank" oder „Wir fühlen uns vom Kunden hintergangen und streben ein Ende der Geschäftsbeziehung an" und ähnliches.

schlossen, daß Bankkunden trotz alledem genügend Alternativen zur Abwicklung von Bankgeschäften besitzen und auch nutzen und somit keine konditionenrelevante Kunde-Bank-Beziehung besteht. Auch die zweite Variable, mit der Zahl der Bankverbindungen des Kreditnehmers als Ausprägung, erscheint nicht geeignet die Enge der Kunde-Bank-Beziehung zu charakterisieren. Denn bei Vorliegen von nur zwei Bankverbindungen würde ein Analyst von einer stärkeren Kundenbindung ausgehen als beispielsweise bei fünf Bankverbindungen, obgleich bei zwei Banken gerade die andere Bank diejenige sein kann, zu der sich der Kunde hingezogen fühlt.

Anhand dieser Diskussion der Stellvertretervariablen wird deutlich, daß eine Notwendigkeit zur Erhebung einer Hausbank-Variablen besteht. Die diesbezügliche Einschätzung der Bankseite erscheint dabei besonders geeignet, weil sie ihr Kalkül bei der Vergabe der Kreditkonditionen auch insgeheim danach ausrichtet. Bei Kunden ohne enge Beziehungen wird sie den Verhandlungsspielraum tendenziell enger abstecken.

5.4.5 Problem der Zeitstruktur

Die Zeitpunkte der Durchführung von Kreditprüfungen innerhalb eines Jahres sind bei den Kreditinstituten nicht standardisiert. Dies kann allein schon deswegen nicht gegeben sein, weil bei neuen Kreditanträgen auch außerplanmäßige Prüfungen durchgeführt werden und eine darauffolgende Routinekontrolle aus Kostengründen oder aufgrund des Fehlens neuer Informationen erst wieder zum durch die bankinternen Richtlinien vorgegebenen Wiederholungszeitpunkt (bei Kreditnehmern mittlerer Qualität ist das nach Ablauf eines Jahres) erfolgt.

Für eine empirische Untersuchung des vorliegenden Datensatzes stellt diese Tatsache insofern ein geringes Problem dar, als sich die erhobenen Daten an dem Kreditprüfungsprotokoll orientieren, das auch Entscheidungsgrundlage für die Weiterführung, Erweiterung oder Reduzierung des Kreditengagements der Bank ist. Das Kreditprüfungsprotokoll stellt ein zeitpunktgenaues und zeitsynchrones Abbild des Kreditengagements dar, sowohl bezüglich der Kreditlinien und der zugehörigen Sicherheitenstellung, als auch bezüglich der Qualität des Kreditnehmers und der ihm eingeräumten Kreditzinsen, wenn es sich dabei um variable Zinsen wie Zinsen für Kontokorrentkredite handelt. Es tritt hier also nicht das Problem einer asynchronen Datenlage auf, wie es in Studien über die risikoabhängige Renditeentwicklung von börsengehandelten Anleihen der Fall ist. Deren Daten über die Renditen von Anleihen und über das

Rating der Anleiheemittenten haben ihren Ursprung in verschiedenen Zeitpunkten, weil das Rating durch externe Rating-Agenturen generiert wird.

Die Frage nach der zeitlichen Abstimmung bezüglich des Zusammenhangs zwischen Kreditkonditionen und Kreditnehmerqualität im vorliegenden Datensatz bleibt nichtsdestotrotz berechtigt.[222] Eine Antizipation der Ratinganpassung bei der Konditionengestaltung ist wie auf dem Anleihemarkt auch bei Bankkrediten denkbar. Jedoch bleibt zu bedenken, daß Kreditsachbearbeiter gemäß bankinterner Richtlinien verpflichtet sind, bei größeren Qualitätsänderungen eine sofortige Kreditprüfung durchzuführen.

5.4.6 Problem des Haftungsverbundes

Gerade kleine und mittelständische Unternehmen sind oft in einen Konzern bzw. Haftungsverbund einbezogen. Nach Berücksichtigung von Haftungszusagen Dritter ist die Sicherheitenlage beim Kreditnehmer natürlich anders zu beurteilen, insbesondere wenn es sich bei den Haftungsträgern um deutlich solventere Unternehmen handelt.[223] Die Kreditentscheidungen des Kreditmanagements können deshalb in Bezug auf den Zusammenhang zwischen Kreditkonditionen, Kreditverfügbarkeit und Kreditnehmerqualität verzerrt sein. Bei der Datenerhebung wurde daher das Vorliegen einer Haftungszusage mit einer 0-1-Variablen erfaßt. Somit kann in den vorgenommenen Analysen bezüglich dieser Eigenschaft kontrolliert werden. Es bleibt aber der Mangel, eine genaue, quantifizierte Kontrolle nicht durchführen zu können.

5.4.7 Cross-selling-Argument

Ein weiterer Problempunkt, der sich auf die Akkuratesse der Analyseergebnisse bezüglich des vorliegenden Datensatz auswirken kann,[224] ist das Vorliegen von Cross-selling. Kreditinstitute berücksichtigen in ihren Entscheidungen über Produktpreise die gesamte Kunde-Bank-Beziehung.[225] Dementsprechend kann es zwischen verschiedenen Produktarten kompensierende Verrechnungen geben. Beispielsweise macht ein Firmenkundenbetreuer bei Kreditkon-

---

[222] Schmidt (1996), S. 146 f. stellt sie auch für Bankkredite.
[223] Harhoff / Stahl / Woywode (1998) weisen auf diese Tatsache im Rahmen der Diskussion von Insolvenzraten hin. Sie führen an, daß die Schulden einer Tochtergesellschaft bei deren Insolvenz auf die Muttergesellschaft übergehen. Insbesondere Banken bestehen regelmäßig auch auf Patronatserklärungen der Muttergesellschaften. Daraus folgt eine relativ geringe Insolvenzrate solcher Firmen. Die Insolvenzrate ist also nicht repräsentativ bezogen auf unabhängige Firmen.
[224] und sich sicherlich auf die Akkuratesse der Ergebnisse anderer Studien ausgewirkt hat,
[225] Bernet (1994) spricht von „relationship pricing".

ditionen Zugeständnisse, um den Kunden nicht zu verärgern, weil er weiß, daß der eigentliche Profit der Geschäftsverbindung mit ihm aus einem umfangreichen Akkreditivgeschäft resultiert. Damit wird der direkte Zusammenhang zwischen Kreditkonditionen und Kreditnehmerqualität aufgegeben. Eine Korrektur der daraus resultierenden Datenlage zu eigenen Informationszwecken war bei den Banken nicht ersichtlich. Es existieren nur bankinterne Erfolgsrechnungen bezogen auf die gesamte Kundenbeziehung, die aber nicht an einzelnen Krediten sondern, wenn überhaupt, an Produktsparten orientiert sind. Für die Datenerhebungspersonen war es deshalb nicht möglich um den Cross-selling-Effekt adjustierte Kreditzinsen zu berechnen. Es konnte jedoch eine Abfrage bezüglich des Vorliegens von Cross-selling-Effekten mit einer 0-1-Variablen vorgenommen werden. In der späteren Untersuchung der Einflußfaktoren von Kreditkonditionen zeigte sie aber keine Wirkung. Die Variable wurde deshalb nicht weiter beobachtet.

5.4.8 Zeitliche Beschränktheit

Die Möglichkeit, durch den vorliegenden Datensatz die Entwicklung von Kreditengagements über den Zeitraum von 1992 bis 1996 zu verfolgen, ist zwar einer der Vorzüge des Datensatzes, jedoch sollte nicht verschwiegen werden, daß gerade dieser Zeitraum Einseitigkeiten in der wirtschaftlichen Entwicklung der Bundesrepublik Deutschland aufweist. Die Jahre von 1992 bis 1996 waren von einer deutlichen Erholung der wirtschaftlichen Konjunktur und von einer ebenso deutlichen Senkung des allgemeinen Zinsniveaus gekennzeichnet.[226] Zur Vermeidung solcher Einseitigkeiten hätte der Erhebungszeitraum mindestens um weitere fünf Jahre zurückreichen müssen. Dieses Vorgehen wäre aber insbesondere auf Seiten der Banken mit einen enormen zusätzlichen Aufwand für die Vorbereitung der Datenerhebung verbunden gewesen. Aufgrund der zeitlichen Restriktionen bezüglich des gesamten Forschungsprojektes war dieser Weg nicht gangbar.

5.5 Parallel entstandene empirische Studien

Die Studien von Ewert und Schenk (1998) und von Elsas und Krahnen (1998) sind parallel zu der hier vorgestellten Arbeit entstanden und basieren auf demselben Datensatz. Wie bereits erwähnt erfolgte die Erhebung dieses Datensatzes in enger Zusammenarbeit mit den beiden oben genannten und weiteren Forschungsgruppen im Rahmen des Forschungsprojektes „Kre-

---

[226] Vgl. dazu Abb. 6-2.

ditmanagement" am Center for Financial Studies.[227] Im folgenden sollen die Konzeption und die Ergebnisse der beiden Studien kurz dargestellt werden.

5.5.1 Die Studie von Ewert und Schenk (1998) [ES98]

Ewert und Schenk analysieren in ihrer Studie mit dem Titel „Determinants of bank lending performance" unter anderem die Einflußfaktoren auf die Kreditzinsmarge, die als Spread zwischen dem Zins für Kontokorrentkredite und dem zeitlich zugehörigen Monatsmittel des 3-Monats FIBOR berechnet wurde. Dabei führen sie für die Stichprobe A und die Stichprobe P getrennt eine Regressionsanalyse durch. Zur Berücksichtigung der Panel-Eigenschaft der Stichprobe kontrollieren sie in ihrem Regressionsmodell für die einzelnen Erhebungsjahre von 1992 bis 1996, um Sondereinflüsse diesbezüglich herauszufiltern. Genauso gehen sie bezogen auf die Zugehörigkeit der Kreditnehmer zu den am Projekt beteiligten Banken vor. Es ergibt sich dabei für beide Stichproben kein signifikanter Zusammenhang zwischen der Höhe der Kreditzinsmarge und der Kreditnehmerqualität. Hypothese ZQ(-)Risiko wird also nicht unterstützt. Die Größe der Kreditnehmer, hier durch die Höhe des Umsatzes repräsentiert, ergibt allerdings für die Stichprobe A einen deutlichen Effekt. Je größer ein Unternehmen, desto geringer die Kreditzinsmarge (Hypothese ZU(-)). Die Höhe der Kreditsicherheiten hat zwar statistisch signifikante, aber keine ökonomisch signifikanten Auswirkungen auf die Kreditzinsmargen. Hypothese ZS(-)Risiko wird nicht unterstützt. Einen statistisch sehr signifikanten, aber negativen Zusammenhang ermitteln die Autoren zwischen der Kreditzinsmarge und der Stärke des Bankenwettbewerbs zwischen den Banken im Wirkungskreis der Kreditnehmer, d. h. je geringer der Bankenwettbewerb, desto niedriger der Kreditzins. Das ist eine überraschende Schlußfolgerung. In der Studie werden keine Effekte bezüglich der Hausbankvariablen und der Zahl der Bankverbindungen des Kreditnehmers festgestellt. Es sind also keine Aussagen bezüglich Hypothese ZB(-)Asymm zu treffen.

Im Regressionsmodell von Ewert und Schenk fehlt eine erklärende Variable zum Geldmarktzinsniveau. Eine Aussage über das Verhalten der Kreditzinsmarge bei sich änderndem Marktzinsniveau (Hypothese ZZ(+)Sicherheit) ist deshalb nicht möglich.

Die Kurzillustration der soeben besprochenen Ergebnisse erfolgt in der bereits bekannten Tabellenform zusammen mit den Ergebnissen von Elsas und Krahnen (1998) am Ende des nächsten Abschnitts.

---

[227] Vgl. Abschnitt 5.1.

5.5.2 Die Studie von Elsas und Krahnen (1998) [EK98]

Elsas und Krahnen verwenden zur Analyse der Kreditzinsmarge ebenfalls einen Regressionsansatz, der aber für jedes Jahr der Erhebung separat angewendet wird. Zudem beschränkt sich die Analyse auf Kreditfälle der Stichprobe A.

Für das Jahr 1996 zeigt sich anhand der Regressionskoeffizienten eine Zunahme der Kreditzinsmargen mit abnehmender Kreditnehmerqualität. Allerdings lassen die Signifikanzniveaus zu wünschen übrig. Nur die Kreditzinsmargen der Rating-Klasse 4 weichen signifikant von den Kreditzinsmargen der Rating-Klassen 1 und 2 ab. Das Signifikanzniveau beträgt hier 2 Prozent. Für die Rating-Klassen 3 und 5 betragen die Signifikanzniveaus 6 Prozent. Die Hypothese ZQ(-)Risiko kann aber aufgrund der über die Rating-Klassen sukzessive zunehmenden Regressionskoeffizienten als unterstützt gelten. Die Größe des Kreditnehmers repräsentiert durch den Jahresumsatz ist dagegen für alle Jahre hochsignifikant. Je größer die Kreditnehmer sind, desto niedriger sind die Kreditzinsmargen (Hypothese ZU(-)). Variablen zum Bankenwettbewerb und zur Kundenbindung zeigen keine Wirkung auf die Kreditzinsmargen. Hypothese ZB(-)Asymm wird also nicht unterstützt. Dagegen signalisiert ein Parameter, der den Anteil der Kredite der betrachteten Bank an der gesamten Fremdfinanzierung des Kreditnehmers darstellt, deutlich zinsmindernde Wirkung. Somit hat das relative Geschäftsvolumen der Bank mit dem Kunden Einfluß auf den Kreditzins. Hypothese ZG(-) wird unterstützt. Wie bei Ewert und Schenk (1998) wurde das Geldmarktzinsniveau nicht als erklärende Variable im Regressionsmodell gewählt. Es ergibt sich somit keine Aussage zu Hypothese ZZ(+)Sicherheit.

In einer zusätzlich durchgeführten Veränderungsanalyse zeigen Elsas und Krahnen nun die Unterschiede der Kreditverfügbarkeit von Hausbank- und Nichthausbankkunden für sich verschlechternde Ratings auf. Bei einer Verschlechterung der Kreditnehmer um eine Rating-Klasse (gemessen anhand des vorliegenden Meta-Ratingsystems mit den Kategorien „1" bis „6") weisen Hausbankkunden eine höhere Kreditverfügbarkeit auf als Nichthausbankkunden. Hausbankkunden erhalten sogar relativ zu einer Situation ohne Ratingveränderung eine Unterstützung in Form zusätzlicher Kredite. Bei einer Verschlechterung der Kreditnehmer um zwei Rating-Klassen bestätigt sich die unterschiedliche Behandlung von beiden Bankkundengruppen. Auch in diesem Falle haben Hausbankkunden mehr Kredite zur Verfügung. Im Vergleich zu Bankkunden ohne Ratingänderung wird aber bei Nichthausbankkunden mit Ratingänderung tendenziell die Kreditlinie reduziert, während sie bei Hausbankkunden mit Ratingänderung im gleichen Verhältnis bleibt.

Die Ergebnisse dieser Analyse sind allerdings insofern kritisch als die Zahl der betrachteten Fälle für die einzelnen Gruppen von Kreditnehmern mit den Untergliederungskriterien Ratingverschlechterung (eine bzw. zwei Klassen) und Hausbankbeziehung (ja bzw. nein) sehr klein sind. Nichtsdestotrotz ergeben sich signifikante Ergebnisse, die die Hypothese VB(+)Asymm unterstützen. Im folgenden werden die Ergebnisse von Elsas und Krahnen und von Ewert und Schenk (1998) kurz dargestellt.

Tab. 5-8: Kurzillustration der empirischen Ergebnisse in den Studien von Ewert und Schenk (1998) sowie Elsas und Krahnen (1998) bezogen auf die zu testenden Hypothesen

Hypothese	ES98	EK98
ZQ(-)Risiko	~	+
ZB(-)Asymm	~	~
ZZ(+)Sicherheit	~	~
ZS(-)Risiko	~	~
ZU(-)	+	+
ZG(-)		+
VB(+)Asymm		+

„+": Ergebnisse unterstützen Hypothese in signifikanter Form,

„-": Ergebnisse konträr zur Hypothese in signifikanter Form,

„~": Ergebnisse sind nicht signifikant,

„ ": (Leerfeld): keine Ergebnisse bezüglich der Hypothese herausgearbeitet.

Kapitel 6
Empirische Untersuchung des Bankverhaltens in Kreditbeziehungen - Analyse

6.1 Einführende Bemerkungen und Gang der Analyse

Die nun folgenden Abschnitte befassen sich mit der Untersuchung des Bankverhaltens in Kreditbeziehungen, das vor allem durch die Kreditkonditionen wie Zins und Sicherheiten und durch die den Kreditnehmern gewährten Kreditlinien zum Ausdruck kommt. Dementsprechend werden diese Größen einer statistischen Analyse unterzogen, um die Wirkung potentieller Einflußfaktoren wie der Kreditnehmerqualität, der Qualität der Kunde-Bank-Beziehung, der Höhe des allgemeinen Zinsniveaus und bestimmter Kreditnehmermerkmale zu quantifizieren. Die im theoretischen Teil dieser Arbeit (Kapitel 3) abgeleiteten Hypothesen geben den Rahmen für die Analyse vor und ermöglichen eine Vergleichbarkeit der erzielten Ergebnisse mit denen anderer empirischer Studien, die in Kapitel 4 und in Kapitel 5 vorgestellt worden sind. Die Einbeziehung von Kreditvertragsklauseln (Covenants) in die Untersuchung wäre ebenfalls wünschenswert gewesen, jedoch ergibt sich in Deutschland aufgrund der vorherrschenden standardisierten Verwendung solcher Klauseln im Kreditgeschäft mit kleinen und mittelständischen Unternehmen keine Variation dieser Vertragsbestandteile, die eine Untersuchung lohnenswert erscheinen ließe.

Die Studie der Einflußfaktoren auf die Kreditkonditionen ist zweigeteilt. Es erfolgt zunächst eine zeitpunktbezogene Bestandsanalyse der Bankverhaltenskomponenten Kreditzins bzw. Kreditzinsmarge, Kreditbesicherung und Kreditverfügbarkeit. Hierzu wird der gesamte Datensatz verwendet. Ein verzerrender Effekt wegen der Zugehörigkeit der Datensätze zu verschiedenen Jahren innerhalb des Untersuchungszeitraumes von 1992 bis 1996 läßt sich dabei durch entsprechende Kontrollvariablen, sogenannte Jahres-Dummies, herausfiltern. Im zweiten Teil der Studie werden die soeben genannten Verhaltenskomponenten einer Veränderungsanalyse unterzogen. Für den gesamten Erhebungszeitraum gehen alle Veränderungen der vorgenannten Variablen zwischen zwei Kreditprüfungszeitpunkten in die Analyse ein. Bei Kreditfällen mit fünf erfaßten Erhebungszeitpunkten ergeben sich somit vier Datenpunkte mit Informationen über die Veränderungen zwischen zwei Zeitpunkten.

Im Anschluß an die vorzustellenden Analysen wird ein Überblick über die Ergebnisse gegeben, hier insbesondere im Vergleich zu anderen empirischen Studien. Aus diesen Ergebnissen lassen sich Implikationen für das Kreditrisikomanagement der Banken ableiten. Im nun folgenden Abschnitt sollen aber zunächst die Besonderheiten der noch vorzustellenden Studie zum einen positiv herausgestellt, zum anderen aber auch kritisch beleuchtet werden.

6.2 Besonderheiten der Analyse

Die Einzigartigkeit des Datensatzes ist dazu geeignet neuere und verläßlichere empirische Erkenntnisse im Bereich der Bankkreditforschung zu gewinnen, als dies mit den bisherigen Datensätzen, die häufig gar nicht von der Bankenseite her erhoben worden sind, möglich war. Es eröffnet sich dadurch die Möglichkeit, die Analysen direkt an den relevanten Größen der bankseitigen Kreditentscheidung anknüpfen zu lassen. Dabei handelt es sich um die Einschätzung der Kreditnehmerqualität durch die Bank, repräsentiert durch die Zuordnung eines bankinternen Kredit-Ratings, um den gesamten Pool an Kreditsicherheiten, den der Kreditnehmer der Bank zur Verfügung gestellt hat, und um die Gesamtheit aller Kreditlinien des Kunden bei der Bank sowie um die Qualität der bisherigen Kunde-Bank-Beziehung, repräsentiert durch die Einschätzung der Bank, ob eine enge Bindung zum Kunden (Hausbankbeziehung) besteht.[228] Neben der Verfügbarkeit entscheidungsrelevanter Größen besitzt der Datensatz seine große Stärke auch darin, daß für die 200 abgebildeten Kreditengagements bzw. Kreditbeziehungen Daten von Kreditprüfungen über einen Zeitraum von 1992 bis 1996 vorliegen. Damit sind in der Regel fünf aufeinanderfolgende Kreditprüfungen und die Reaktionen der prüfenden Bank dokumentiert.[229] Das so vorliegende Datenpanel liefert bei Anwendung eines entsprechenden Analyseverfahrens, das die Sondereinflüsse einzelner Jahre herausfiltert, verläßlichere Aussagen über die untersuchten Zusammenhänge.

---

[228] Vgl. dazu ausführlich Abschnitt 5.4.
[229] Nach den Richtlinien der beteiligten Banken ist für Kreditfälle mittlerer Bonität, bei denen keine Unregelmäßigkeiten auftreten, einmal im Jahr eine Prüfung des Kreditengagements vorgesehen. Vgl. dazu 2.6.3.

Die sich nun anschließende empirische Untersuchung kann diese Vorzüge des Datensatzes in den durchgeführten Regressionsanalysen nutzen. Sowohl bei der Bestands- als auch bei der Veränderungsanalyse werden alle gewonnenen Datensätze miteinbezogen, sofern sie nicht bezüglich der benötigten Variablenwerte Lücken aufweisen. Der Zugehörigkeit der Datenpunkte zu bestimmten Jahren des Untersuchungszeitraumes wird durch die Einführung von sogenannten Jahres-Dummies Rechnung getragen. Ein Jahres-Dummy für ein bestimmtes Jahr der Kreditbeziehung nimmt den Wert Eins an, wenn ein Datenpunkt aus dem entsprechenden Jahr stammt. Ansonsten besitzt es den Wert Null. Die sich aus den durchgeführten Regressionsanalysen ergebenden Koeffizienten der Jahres-Dummies zeigen an, ob ein jahresspezifischer Einfluß relativ zu einem Referenzjahr besteht. Für dieses Referenzjahr ist dann keine Dummy-Variable in die Analyse aufgenommen worden.[230] Durch ein solches Verfahren werden die jahresspezifischen Effekte herausgefiltert. Ähnlich verhält es sich mit Banken-Dummies, die das Vorliegen einer Geschäftsverbindung zwischen dem betrachteten Kreditnehmer und der Bank anzeigen, von der die Daten stammen. Sie sind dazu geeignet, bankspezifische Effekte zu isolieren.

Wie bereits angesprochen ist diese Form der Einbeziehung des gesamten Panels in die Analyse insofern von Vorteil, als die Ergebnisse bezüglich der untersuchten Wirkungszusammenhänge stabiler sind als bei zeitpunktbezogenen Studien. Die integrierte Nutzung der Stichprobe P verstärkt zudem die Zahl der Kreditfälle mit einem Rating von 5 oder 6. Somit sind auch für diese Qualitätsgruppen verläßlichere Aussagen möglich. Eine Kontrolle für die Zugehörigkeit von Kreditfällen zu den entsprechenden Stichproben wurde unterlassen, um die Koeffizienten der zugehörigen Variablen für das Kredit-Rating nicht zu verfälschen.

Eine wichtige Variable, die in die Untersuchung der Kreditzinsmargen von Kontokorrentkrediten miteinbezogen wurde, ist die Höhe des allgemeinen Geldmarktzinsniveaus. Sollte eine Glättung von Kreditzinsen über die Zeit vorliegen, so würde der Koeffizient dieser Variablen in einer Regressionsanalyse darauf hinweisen. Es ist zusätzlich zu erwarten, daß die Regressionsanalysen dadurch an Bestimmtheit gewinnen.[231]

---

[230] Zur Verwendung von Dummies in Regressionsanalysen vgl. Greene (1997), S. 379 ff.
[231] Zum Bestimmtheitsmaß als Ausdruck der Erklärungskraft eines Regressionsmodells vgl. Gujarati (1995), S. 207 ff.

6.3 Bestandsanalyse der Kreditkonditionen und der Kreditverfügbarkeit

Im folgenden werden die Kreditkonditionen in Form der Kreditzinsmarge und der Kreditbesicherung sowie die Kreditverfügbarkeit in Form der Gesamtkreditlinie insbesondere im Hinblick auf ihre Ausprägung in Abhängigkeit von der Kreditnehmerqualität, der Qualität der Kunde-Bank-Beziehung und weiteren noch zu erläuternden Variablen untersucht. Da sich die Kreditbesicherung wie bereits in Abschnitt 5.4.1 erläutert nicht auf bestimmte Kredite, sondern auf das Kreditvolumen des Kunden als Ganzes bezieht, ist ein formaler Zusammenhang zur Kreditzinsmarge für Kontokorrentkredite nicht herstellbar. Aus diesem Grunde wird für jede der drei Größen Kreditzinsmarge, Kreditbesicherung und Kreditverfügbarkeit eine separate Regressionsanalyse durchgeführt, um erklärende Faktoren zu identifizieren. Vor der Darstellung dieser Analysen sollen die dabei verwendeten Variablen zunächst ausführlich erklärt werden.

6.3.1 Variablen

Einen Überblick über die Bezeichnungen der in dieser Untersuchung verwendeten Variablen gibt Tab. 6-1. Einige dieser Größen werden auch für die spätere Veränderungsanalyse benötigt, dort aber nicht mehr erklärt.

Die Variablen sind in Tab. 6-1 nach übergeordneten Merkmalen zusammengestellt. Parameter wie Kreditzinsmargen, Kreditsicherheiten, Kreditlinien und Haftungszusagen sind *Kreditvertragsbestandteile*. Die Kreditzinsmarge (MARGE) ist definiert als die Differenz zwischen dem Kreditzins für die Inanspruchnahme von Kontokorrentkrediten und dem Geldmarktzins für die gleiche Kreditlaufzeit. Es bot sich hier die Verwendung des Interbanken-Tagesgeldzinssatzes (TGS) als Referenzgröße an, weil dieser Marktzins als adäquater Refinanzierungssatz der Banken für diese Kreditart gelten kann. Die Zinsen für Kontokorrentkredite sind besonders geeignet, die aktuelle Konditionensetzung der Bank anzuzeigen, da sie jederzeit an sich neu ergebende Situationen, sei es bezüglich des Kreditnehmers oder sei es bezüglich der Marktverhältnisse, angepaßt werden können.

Tab. 6-1: Beschreibung der Variablen für die Bestandsanalyse

Variable	Beschreibung
Vertragsbestandteile	
MARGE	Kreditzinsmarge über dem Interbanken-Tagesgeldsatz in Prozentpunkten
SICHERHEIT	Besicherter Teil der Gesamtkreditlinie in Prozent
LINIE	Gesamtkreditlinie in TDM
HAFTZUS	= 1, falls eine Haftungszusage der Muttergesellschaft besteht
Geldmarktzins	
TGS	Interbanken-Tagesgeldsatz in Prozent
Kreditnehmerqualität	
R12	= 1, falls der Kreditnehmer ein Rating von 1 oder 2 aufweist
R3, R4, R5, R6	= 1, falls der Kreditnehmer ein Rating von 3, 4, 5 bzw. 6 aufweist
Rechtsform	
KAPG	= 1, falls der Kreditnehmer eine Kapitalgesellschaft ist
PERSG	= 1, falls der Kreditnehmer eine Personengesellschaft ist
EINZELU	= 1, falls der Kreditnehmer ein Einzelunternehmer ist
Unternehmensgröße	
BS	Bilanzsumme des Kreditnehmers in TDM
Kunde-Bank-Beziehung	
HAUSBANK	= 1, falls sich die Bank als Hausbank fühlt
ZAHLBANK	Zahl der Banken bei denen eine Kreditbeziehung besteht
DAUERKBB	Dauer der Kunde-Bank-Beziehung in Jahren
Banken	
B1, B2, B3, B4, B5	= 1, falls Bank 1, 2, 3, 4 bzw. 5 Kreditgeber ist
Jahre	
J92, J93, J94, J95, J96	= 1, falls die Daten aus dem Jahr 1992, 93, 94, 95 bzw. 96 stammen

Die Kreditbesicherung (SICHERHEIT) wird in der Untersuchung durch den besicherten Teil der Gesamtkreditlinie des Kreditnehmers dargestellt. In diese Größe gehen die als Sicherheiten vorhandenen Gegenstände und Ansprüche in Höhe der bankinternen Bewertung ein. Diese Bewertung unterliegt dem Grundsatz der Vorsicht. Deshalb weist sie deutliche Abschläge gegenüber den aktuellen Verkehrswerten auf. Sie ist aber letztlich Grundlage für die Entscheidungfindung der Banken nach deren bewußt verfolgtem konservativen Ansatz. Die Gesamtkreditlinie (LINIE) umfaßt alle Formen der Kreditaufnahme von Bankkunden bei einer bestimmten Bank. Darunter fallen die Barkreditlinien für Kontokorrent- und Investitionsdarlehen, die Diskontkreditlinien, die Kreditlinien für Garantien und die Kreditlinien für Margenverpflichtungen.[232] Diese Linien werden in Einheiten von Tausend Deutsche Mark (TDM) gemessen.

---

[232] Vgl. dazu die Ausführungen in Abschnitt 2.2.

Das Vorliegen einer Haftungszusage seitens der Muttergesellschaft für die Verbindlichkeiten eines Kreditnehmers wird durch die Variable HAFTZUS in die Analyse miteinbezogen. Es handelt sich hierbei um eine Dummy-Variable, die den Wert Eins annimmt, falls eine Haftunszusage besteht, und die sonst den Wert Null besitzt. Wenn eine solche Klausel in Kreditverträgen existiert, ist davon auszugehen, daß die Bank das Risiko eines Kreditengagements geringer einschätzt.

Die *Kreditnehmerqualität* bzw. das Kreditnehmerrisiko wird durch die Zugehörigkeit eines Kreditnehmers zu einer bestimmten Rating-Klasse charakterisiert. Es ist klar zu trennen vom Risiko des gesamten Kreditengagements, das die gestellten Kreditsicherheiten und vorhandene Haftungszusagen berücksichtigt. Für das Kreditengagementrisiko lag keine konsequente Zuordnung von Ratings über alle Banken hinweg vor. Die Dummy-Variable R12 nimmt einen Wert von Eins an, wenn der Kreditnehmer von der Bank in die Rating-Klassen 1 oder 2 eingestuft wurde, ansonsten trägt sie den Wert Null.[233] R3 ist gleich Eins, falls der Kreditnehmer zur Rating-Klasse 3 gehört und so weiter.

Die Variablen zur *Rechtsform* der Unternehmen sind ebenfalls als Dummies definiert. Der Parameter KAPG nimmt den Wert Eins an, wenn ein Unternehmen die Rechtsform einer Kapitalgesellschaft angenommen hat, sonst besitzt er den Wert Null. Unter eine Kapitalgesellschaft wurden hier die AG, die KGaA, die GmbH und die GmbH&Co. KG gefaßt. Die Variable PERSG weist auf Personengesellschaften (OHG, KG, BGB-Gesellschaft) und die Variable EINZELU auf Einzelunternehmungen hin. Es ist bekannt, daß die Anteilsigner einer Kapitalgesellschaft nur in Höhe ihrer Kapitaleinlage haften, während die Anteilsigner einer Personengesellschaft und Einzelunternehmer im Insolvenzfall mit ihrem gesamten Vermögen, also auch mit ihrem Privatvermögen, gesamtschuldnerisch für die Verbindlichkeiten ihres Unternehmens einstehen.[234] Die Unterschiede in der verfügbaren Haftungsmasse sollten auch ihre Auswirkung auf die Konditionensetzung haben und sind deshalb beachtenswert.

In eine andere Richtung geht die Variable zur Repräsentation der *Unternehmensgröße*, die Bilanzsumme. Es wird von der Annahme ausgegangen, daß sich Banken von größeren Unternehmen potentiell mehr Geschäftsvolumen versprechen, und daß sie diese deshalb bevorzugt behandeln.

---

[233] Die Variable R12 umfaßt die Rating-Klassen 1 und 2, weil nur sehr wenige Kreditnehmer in den gezogenen Stichproben der Rating-Klasse 1 zugeordnet sind.
[234] Diese Aussage versteht sich unter Ausnahme der Kommanditisten einer Kommanditgesellschaft.

Die Qualität der Kunde-Bank-Beziehung, insbesondere die Enge der Kundenbindung, wird in dieser Studie durch das Vorliegen einer Hausbankbeziehung symbolisiert.[235] Die Dummy-Variable HAUSBANK nimmt den Wert Eins an, wenn sich aus den Kreditakten bzw. durch die Befragung der Firmenkundenbetreuer eindeutige Hinweise dahingehend ergeben. Somit liegt hier eine direkte Variable zur Charakterisierung der Kundenbindung vor, während andere Studien wie Blackwell und Winters (1997), Berger und Udell (1995) und Petersen und Rajan (1994, 1995) nur indirekte Hinweise in Form der Zahl der Bankverbindungen eines Kreditnehmers (ZAHLBANK) und in Form der Dauer der Kunde-Bank-Beziehung (DAUERKBB) heranziehen. In der vorliegenden Studie sind diese Variablen ebenfalls einbezogen, denn sie können statt indirekte Hinweise auf die Stärke der Kundenbindung zu geben, auch auf andere Effekte hinweisen. Beispielsweise gibt die die Dauer der Kunde-Bank-Beziehung durchaus auch einen Hinweis auf das Informationsniveau der Bank. Eine andauernde Beziehung zu ihrem Kunden ist für sie mit einer besseren Kenntnis und einer besseren Einschätzungsmöglichkeit der Eigenschaften und Verhaltensweisen des Kunden verbunden. Die Zahl der Bankverbindungen gibt zusätzlich einen Hinweis auf die Konkurrenz zwischen den Banken im Wirkungskreis des Kreditnehmers.

Die Dummy-Variablen B1 bis B5, die die Zugehörigkeit eines Kreditnehmers zu einem der fünf am Projekt beteiligten Banken beinhalten, kontrollieren bezüglich bankspezifischer Effekte, die auf die Kreditbeziehung mit den Kunden Einfluß haben. Die Bezeichnungen B1 bis B5 mußten aus Vertraulichkeitsgründen anstatt der Banknamen gewählt werden.

Die Variablen J92 bis J96 stellen Kontrollvariablen für die Zugehörigkeit von Datenpunkten zu einem bestimmten Jahr dar. Wie bereits erwähnt, wurde jeder protokollierte Kreditprüfungsprozeß innerhalb des Zeitraums von 1992 bis 1996 erfaßt. Manchmal waren es mehr als eine Kreditprüfung pro Jahr, beispielsweise wenn der Kunde Neukredite beantragt hatte. Es waren manchmal auch weniger, weil der betrachtete Kreditnehmer von guter Qualität war und die Bank deswegen eine häufige Prüfung nicht für notwendig erachtete. Im allgemeinen liegen aber fünf Kreditprüfungen pro Kreditnehmer für den Zeitraum von 1992 bis 1996 vor.

6.3.2 Kreditzinsmargen

Bei der Untersuchung von Kreditzinsmargen geht es vordergründig um die Identifikation eines Zusammenhangs zur Kreditnehmerqualität ausgedrückt durch das bankinterne Rating der

---

[235] Zum Hausbankbegriff vgl. Abschnitt 3.6.1.

Kreditnehmer. Es ist davon auszugehen, daß in den Kreditzinsmargen auch eine Risikoprämie enthalten ist, die im Erwartungswert die zukünftigen Kreditausfälle kompensiert und somit für die Bank mindestens eine kapitalmarktgerechte Verzinsung ihrer eingesetzten Eigenmittel ermöglicht.[236] Die Wahrscheinlichkeit eines Kreditausfalls wird durch die Kreditnehmerqualität bestimmt. Die zinsähnlichen Kosten wie Gebühren und Verwaltungskosten, die neben den Kreditzinsen vom Kunden zu entrichten sind, waren bei der Datenerhebung nicht in zuverlässiger Form erhältlich. Somit konnte auch die noch folgende Analyse die zinsähnlichen Kreditkosten nicht berücksichtigen. Bei der Analyse des Zusammenhangs zwischen Kreditzinsmargen und der Kreditnehmerqualität stehen allerdings die Unterschiede zwischen den Margen unterschiedlicher Kreditnehmerqualitäten im Vordergrund. Es muß also hier nur davon ausgegangen werden, daß die zinsähnlichen Kosten zwischen Engagements einer Bank mit unterschiedlichen Kreditnehmerqualitäten und auch zwischen den Engagements verschiedener Banken nicht besonders schwanken.

Deskriptive Analyse

Die Verteilungen der Kreditzinsmargen aus dem Jahre 1996[237] für die Rating-Klassen 1 bis 6 im Meta-Ratingsystem sind in Abb. 6-1 anhand von Boxplots illustriert. Zur Erzeugung dieser Schaubilder wurden die Kreditnehmer der Stichproben A und P zusammengezogen. Somit waren auch mehr Datenpunkte im Bereich der Rating-Klassen 5 und 6 vorhanden. Eine Beeinträchtigung der Repräsentativität war aufgrund der Aufteilung in die verschiedenen Rating-Klassen nicht gegeben.

Die Boxplots zeigen recht deutlich, daß sich für schlechtere Rating-Klassen höhere Mediane der Kreditzinsmargen ergeben. Die Mediane sind in Abb. 6-1 durch die Linien innerhalb der Rechtecke gekennzeichnet. Die Rechtecke selbst beinhalten 50 Prozent der Kreditzinsmargen aus dem Jahr 1996. 25 Prozent liegen unterhalb und 25 Prozent oberhalb des Rechteckes. Die untere Linie des Rechtecks markiert also das 25 Prozent-Quantil und die obere Linie das 75 Prozent-Quantil der Verteilung. Die an den Rechtecken anhängenden „whiskers" (zu deutsch: Barthaare) geben das 10 Prozent- bzw. das 90 Prozent-Quantil an.

---

[236] Vgl. Saunders (1997), S. 198 f.
[237] Die anderen Jahre des Erhebungszeitraums erbrachten strukturell ähnliche Ergebnisse.

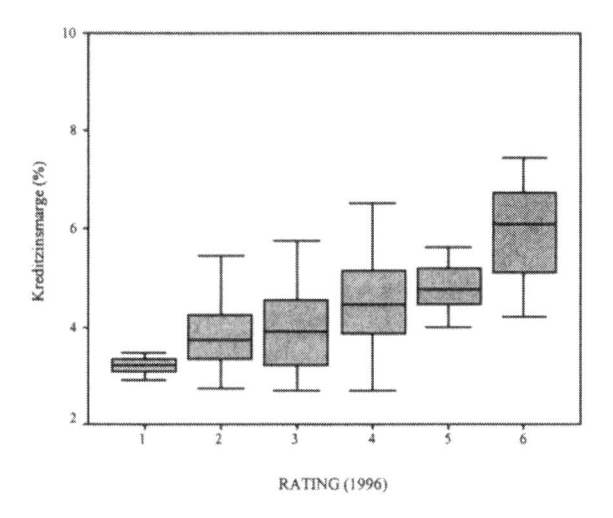

Abb. 6-1: Boxplots der Kreditzinsmargen aus dem Jahre 1996 für die Rating-Klassen 1 bis 6

Regressionsanalyse

Mit Hilfe einer multivariaten linearen Regressionsanalyse sollte es möglich sein, den Zusammenhang zwischen Kreditzinsmargen und der Kreditnehmerqualität akkurater zu identifizieren, indem gleichzeitig die Effekte anderer Variablen herausgefiltert werden.[238] Die Kreditzinsmarge stellt dabei die abhängige Variable dar, die durch unabhängige Variablen erklärt wird. Das zugrundeliegende Regressionsmodell ist für alle einbezogenen Datenpunkte der Kreditnehmer i zu den verschiedenen Zeitpunkten t folgendermaßen formuliert:

MARGE $_{it}$

= $m_0 + m_1$ Kreditnehmerqualität $_{it}$ + m_2 Vertragsbestandteile $_{it}$ + m_3 Geldmarkt $_{it}$
+ m_4 Rechtsform $_{it}$ + m_5 Kunde-Bank-Beziehung $_{it}$ + m_6 Banken $_{it}$ + m_7 Jahre $_{it}$
+ e_{it}.

Dieser Ansatz entspricht einem Regressionsmodell zur Analyse von kombinierten Querschnitts- und Zeitreihendaten in einem Panel. Die Anwendung eines „Fixed effects"-Modells[239] mit der zusätzlichen Kontrolle unternehmensindividueller Effekte erbrachte strukturell die gleichen Ergebnisse, sodaß auf die komplexere Darstellung dieses Ansatzes

---

[238] Zur Konzeption einer multivariaten linearen Regressionsanalyse vgl. Greene (1997), S. 220 ff.
[239] Vgl. dazu Baltagi (1996).

verzichtet werden kann. Auch in den noch folgenden Regressionsmodellen wird dies der Fall sein.

Die Koeffizientenvektoren m_1 bis m_7 geben die zu schätzenden Effekte der unabhängigen Variablenvektoren an. Der Variablenvektor Kreditnehmerqualität $_{it}$ beinhaltet die auch in Tab. 6-1 angegebenen Dummy-Variablen R3 bis R6 bezüglich der Kredit-Ratingklassen und ist wie folgt definiert:

Kreditnehmerqualität $_{it}$ = (R3 $_{it}$ R4 $_{it}$ R5 $_{it}$ R6 $_{it}$)^{Transponiert}.

Enstprechend ist der zugehörige Koeffizientenvektor m_1 definiert als: $m_1 = (m_{1R3}\ m_{1R4}\ m_{1R5}\ m_{1R6})$. Die Kreditnehmer der Qualitätsklasse R12 fungieren dabei als Referenklasse. Deshalb wird die Dummy-Variable R12 nicht in die noch zu erläuternde Schätzung der Koeffizienten mit aufgenommen.[240] Die Koeffizienten der anderen Rating-Parameter geben dann die Differenz der Kreditzinsmarge, die den Kreditnehmern dieser Qualität berechnet wurde, zur Kreditzinsmarge an, die sich bei Kreditnehmern der Referenzkategorie (R12) ergab.[241] Bei anderen Dummy-Variablen wird diese Vorgehensweise auch angewendet. Für die HAUSBANK-Kunden fungiert beispielsweise die Klasse der NICHTHAUSBANK-Kundschaft als Referenzgröße.

Die sonstigen Variablen- und Koeffizientenvektoren im Regressionsmodell sind ähnlich spezifiziert. Ihre Zusammensetzung entspricht den Angaben in Tab. 6-1. Der Parameter m_0 stellt den (unabhängigen) Achsenabschnitt der sich ergebenden Regressionshyperebene dar. Die Größe e_i fungiert als stochastischer Störterm. In der Regressionsanalyse nimmt dieser, die durch die unabhängigen Variablen nicht erklärbare Variation der abhängigen Variablen auf. Beim Block *Vertragsbestandteile* ist zu beachten, daß die schon als abhängige Variable definierte MARGE nicht noch einmal als unabhängige Variable verwendet werden kann, weil die vorzunehmende Koeffizientenschätzung dann keine Lösung erbringen würde.[242] Die MARGE ist deshalb hier aus dem Block *Vertragsbestandteile* ausgenommen.

Zur Ermittlung der Regressionskoeffizienten m_0 und m_1 bis m_7 wurde eine Kleinste-Quadrate-Schätzung vorgenommen.[243] Die Ergebnisse sind in Tab. 6-2 illustriert. Die in dieser Tabelle

---

[240] Vergleiche dazu bereits erfolgten Ausführungen zu den Jahres-Dummies weiter oben.
[241] Zur Verwendung von Dummy-Variablen in Regressionsansätzen vgl. Gujarati (1995), S. 499 ff.
[242] Es läge ein Zirkelschluß vor.
[243] In der statistischen Literatur wird häufig der Begriff OLS-Schätzung als Abkürzung für die englisch geprägte Bezeichnung „ordinary-least-squares-Schätzung" benutzt, vgl. Gujarati (1995), S. 197.

angegebenen Werte der Koeffizienten entsprechen den Ausprägungen der Größen m_0 und m_1 bis m_7 im Regressionsmodell. Der p-Wert zeigt die Fehlerwahrscheinlichkeit der Schätzung an. In dieser Studie werden nur Fehlerwahrscheinlichkeiten diskutiert, die auf einem Signifikanzniveau im Fünf-Prozent-Bereich oder darunter liegen. Signifikanzniveaus im Fünf-Prozent-Bereich werden zur besseren Orientierung in der Ergebnistabelle mit einem Stern (*) hinter dem Koeffizienten gekennzeichnet, Signifikanzniveaus im Ein-Prozent-Bereich mit zwei Sternen (**).

Anhand der Koeffizienten für die Rating-Klassen 3 bis 6 (im folgenden kurz: R3 bis R6) ist zu ersehen, daß die Kreditzinsmarge (MARGE) bei größerem Kreditnehmerrisiko höher ist. Die Koeffizienten der Variablen R3 bis R6, die relativ zur Referenzklasse mit dem Rating 1 oder 2 zu interpretieren sind, nehmen sukzessive zu. Ein Kreditnehmer der Rating-Klasse 3 zahlt eine Risikoprämie, die 0,323 % höher ist als diejenige, die der durchschnittliche Kreditnehmer der kombinierten Klasse R12 entrichtet. Kreditnehmer der Rating-Klasse 4 zahlen 0,759 % mehr, Kreditnehmer der Rating-Klasse 5 zahlen 0,966 % und Kreditnehmer der Rating-Klasse 6 zahlen 1,210 % mehr.

Zur Überprüfung der Abweichung zwischen den Kreditzinsmargen benachbarter Rating-Klassen wurden OLS-Schätzungen mit wechselnden Referenzen bezüglich der Rating-Klassen R12 bis R6 durchgeführt. Für Kreditnehmer der Rating-Klasse R12 ergaben sich niedrigere Margen als für solche der Rating-Klasse R3. Das Signifikanzniveau bezüglich der Abweichung (p-Wert) lag bei 0,001, also deutlich unter dem Ein-Prozent-Niveau. Kreditnehmer der Rating-Klasse R3 hatten geringere Margen zu zahlen als solche der Rating-Klasse R4 (p-Wert < 0,001), diese wiederum hatten weniger zu zahlen als Kreditnehmer der Rating-Klasse R5 (p-Wert = 0,065). Kreditnehmer der Klassen R5 und R6 unterscheiden sich bezüglich der Kreditzinsmarge nicht deutlich. Das Signifikanzniveau der Abweichung beträgt 0,168. Dies ist insofern nicht verwunderlich als sich Kreditnehmer der Rating-Klasse R6 per definitionem in einer sehr prekären finanziellen Situation befinden. Somit müssen Banken bei einigen von ihnen Zugeständnisse bezüglich der Konditionensetzung machen, während bei anderen noch eine hohe Verzinsung verlangt werden kann. Dadurch wird aber der Zusammenhang zwischen Kreditzinsmarge und Kreditnehmerqualität bzw. Ausfallwahrscheinlichkeit verzerrt. Der Unterschied zwischen den Klassen R4 und R6 ist aber wiederum signifikant (p-Wert = 0,008). Somit ergibt sich letztlich doch ein klarer Hinweis auf einen monotonen negativen Zusammenhang zwischen der Kreditnehmerqualität und den Kreditzinsen bzw.

Kreditzinsmargen. Die Hypothese ZQ(-)Risiko wird unterstützt, die Hypothese ZQ(~)GK96 offensichtlich nicht.

Tab. 6-2: Schätzergebnisse für die Regression mit der Kreditzinsmarge (MARGE) als abhängiger Variablen

Variable	Koeffizient	p-Wert
Achsenabschnitt	7,010**	0,000
R12	Referenz	Referenz
R3	0,323**	0,001
R4	0,759**	0,000
R5	0,966**	0,000
R6	1,210**	0,000
SICHERHEIT	3,923E-03**	0,001
HAFTZUS	0,103	0,243
LINIE	-6,635E-06**	0,002
TGS	-0,510**	0,000
KAPG	Referenz	Referenz
PERSG	0,188	0,109
EINZELU	0,516*	0,005
NICHTHAUSBANK	Referenz	Referenz
HAUSBANK	1,399E-02	0,838
ZAHLBANK	2,030E-04	0,979
DAUERKBB	-3,219E-03	0,120
B1	Referenz	Referenz
B2	0,683**	0,000
B3	-0,534**	0,000
B4	-0,133	0,204
B5	-0,131	0,261
J92	Referenz	Referenz
J93	-4,479E-02	0,791
J94	-0,485	0,096
J95	-0,809*	0,020
J96	-1,205**	0,004

Adjustiertes R^2 = 0,588 (F = 45,432, p ≤ 0,001)
** Statistische Signifikanz im Ein-Prozent-Bereich für zweiseitige Tests: p-Wert ≤ 0,01
* Statistische Signifikanz im Fünf-Prozent-Bereich für zweiseitige Tests: p-Wert ≤ 0,05

Ein weiteres bemerkenswertes Ergebnis der Untersuchung ist der Zusammenhang zwischen der MARGE und dem Interbanken-Tagesgeldsatz (TGS). Es liegt Zinsglättung vor, d. h. in Zeiten hoher Zinsen sind die Margen relativ niedrig und in Zeiten niedriger Zinsen sind sie relativ hoch. Am Koeffizienten der Variable Interbanken-Tagesgeldsatz ist abzulesen, daß ein Ansteigen des Geldmarkt-Zinsniveaus um 100 Basispunkte (entspricht einem Prozentpunkt im Geldmarktsatz) ceteris paribus eine Senkung der Kreditzinsmarge um 51 Basispunkte bewirkt (p-Wert < 0,001). Auch wenn diese Zinsglättung festgestellt werden kann, bleibt der positive Zusammenhang zwischen allgemeinem Zinsniveau und den Kreditzinsen bestehen. Ein Anstieg des Geldmarktzinses um 100 Basispunkte bewirkt lediglich eine Senkung der Kreditzinsmarge um 51 Basispunkte, d. h. der Kreditzins steigt netto um 49 Basispunkte. Hypothese ZZ(+)Sicherheit bleibt also intakt.

Es stellt sich nun die Frage, worin die Ursachen für diesen festgestellten Zinsglättungseffekt liegen. Wenn eine enge Kunde-Bank-Beziehung, beispielsweise eine Hausbankbeziehung, vorläge, könnte mit der Hypothese ZQ(~)PR95 argumentiert werden, nach der Banken in Kreditbeziehungen Zinsglättungen bezüglich sich ändernder Kreditnehmerqualitäten vornehmen. In Zeiten schlechter Kreditnehmerqualität verlangen sie also relativ zu dieser Qualität niedrige Kreditzinsen bzw. Kreditzinsmargen, um in Zeiten verbesserter Kreditnehmerqualität eine Kompensation in Form relativ hoher Kreditzinsen vorzunehmen (kreditnehmerrisikoorientierte Zinsglättung). Ebenso könnte die Hypothese ZZ(~)FH80 relevant sein, nach der eine Zinsglättung aufgrund einer Zinsänderungsversicherung der Kreditnehmer stattfindet (zinsänderungsrisikoorientierte Zinsglättung). Diese Art der Versicherung beruht jedoch auch auf der Möglichkeit, Kunden über die Zeit zu binden, da die Bank für anfängliche Zugeständnisse garantierte Kompensationsmöglichkeiten in späteren Zeiten voraussetzt. Die HAUSBANK-Variable als Stellvertreter für die Kundenbindung zeigte aber in der Analyse keinen signifikanten Einfluß auf die Kreditzinsmarge. Auch die Variablen ZAHLBANK und DAUERKBB, die schon in anderen Studien als Stellvertretervariablen für die Stärke der Kundenbindung verwendet worden sind, wiesen keinen signifikanten Effekt auf. Insofern liegt keine kreditnehmerrisikoorientierte oder zinsänderungsrisikoorientierte Zinsglättung über die Zeit vor.

Die kreditnehmerrisikoorientierte Zinsglättung wäre aber auch bei der Identifikation einer Kundenbindung über die Hausbankvariable mit einer Querschnittsanalyse nur schwer zu orten. Eigentlich müssen dazu einzelne Kreditengagements über die Zeit betrachtet werden. Eine Veränderungsanalyse könnte dann Trägheiten bei der Anpassung der Kreditkonditionen an neue Kreditnehmerqualitäten feststellen. In Abschnitt 6.4 wird deshalb diese Thematik noch einmal aufgegriffen.

Auch wenn nicht von einer Kundenbindung auszugehen ist,[244] könnte die Variable DAUERKBB zumindest auf ein über die Zeit entstandenes Vertrauensverhältnis verbunden mit einer besseren Informationssituation der Bank und einer gesteigerten Reputation des Kredit-

---

[244] Elsas und Krahnen (1998) haben in ihrer Studie derselben Daten auch keinen Hausbankeffekt auf die Kreditzinsen festgestellt.

nehmers hinweisen, was letztlich zu geringeren Risikoprämien und somit zu geringeren Kreditzinsmargen führen sollte. Dies ist in der hier vorliegenden Studie und auch bei Elsas und Krahnen (1998) nicht der Fall. Hypothese ZB(-)Asymm wird nicht unterstützt. Unter Berücksichtigung des festgestellten monotonen Zusammenhangs von Kreditzinsmarge und Rating ist diese Hypothese sogar abzulehnen. Andere Studien wie Berger und Udell (1995) und Blackwell und Winters (1997) haben einen Effekt der Variable DAUERKBB festgestellt. In der vorliegenden Studie gehen allerdings mit den Kredit-Ratings Größen in die Regressionsanalyse ein, die eine Gesamteinschätzung des Kreditnehmers inklusive der Vertrauenssituation beinhalten. Aus diesem Grund könnte der Effekt des gegenseitigen Vertrauens und der Reputation schon im Effekt des Ratings enthalten sein. Multikollinearitätsanalysen, die Korrelationen zwischen unabhängigen Variablen identifizieren,[245] haben aber ergeben, daß zwischen den Ratingvariablen und den Variablen zur Kunde-Bank-Beziehung zumindest keine statistisch offensichtlichen Wechselwirkungen bestehen. Solche Wechselwirkungen könnten die tatsächlichen Effekte der betroffenen Variablen verfälschen. Als Konsequenz müßte eine dieser Variablen aus dem Regressionsmodell entfernt werden.

Es bleibt weiterhin die Frage offen, welche Phänomene für die festgestellten Zinsglättungseffekte verantwortlich sind. Der Effekt auf die Kreditzinsmargen sollte schon deswegen nicht unterschätzt werden, weil das zugrundeliegende Geldmarktzinsniveau innerhalb des Untersuchungszeitraumes von 1992 bis 1996 sukzessive von nahezu zehn Prozent in 1992 auf circa drei Prozent in 1996 gefallen ist (vgl. dazu Abb. 6-2). Eine Erklärung für den Zinsglättungseffekt über die Zeit bzw. über ein sich änderndes Zinsniveau kann mit dem Phänomen der Geldillusion gegeben werden.[246] Es basiert auf einer systematischen Wahrnehmungsverzerrung. Menschen denken zu sehr in nominalen denn in realen Werten. Sie wollen hohe nominale Kreditzinsen nicht akzeptieren, obwohl diese oft mit ebenfalls hohen Marktzinsen einhergehen und somit die Kreditzinsmargen der Banken auch nicht höher wären als in Zeiten niedriger Marktzinsen. In Zeiten niedriger Marktzinsen tritt der umgekehrte Effekt ein, d. h. Banken können leichter höhere Kreditzinsmargen durchsetzen. Dieses Phänomen ist für die Zinsglättung über die Zeit verantwortlich, ohne daß eine Kundenbindung vorliegt, denn es tritt unabhängig davon bei allen Individuen, insbesondere bei Kreditnehmern, mehr oder weniger stark auf. Das heißt, unabhängig von den Abgängen und Zugängen im Kreditnehmerpool bei den Banken sind die in den jeweiligen Pools vorhandenen Kunden in Zeiten eines hohen Zinsni-

---

[245] Vgl. Greene (1997), S. 418 ff.
[246] Vgl. dazu Abschnitt 3.5.

veaus nicht bereit, Kreditzinsmargen zu zahlen, die, gemessen an denen in Zeiten eines niedrigen Zinsniveaus, gleich hoch sind. Geldillusion ist somit als stabiles Phänomen über die Zeit die bisher einzige schlüssige Erklärung für den eindeutig vorliegenden Zinsglättungseffekt. Insofern kann die Hypothese ZZ(~)Geldillusion als untermauert gelten.

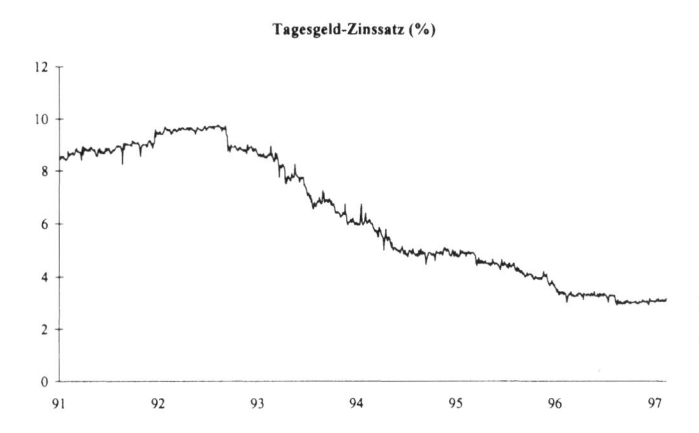

Abb. 6-2: Entwicklung des Tagesgeldsatzes von 1991 bis 1997

Neben dem allgemeinen Zinsniveau sollte auch die Höhe der Kreditbesicherung einen starken Einfluß auf die Kreditzinsen und damit die Kreditzinsmargen haben. Je höher der besicherte Anteil der Kreditsumme ist, desto niedriger ist der Anteil, bezüglich dessen die Bank im Insolvenzfall auf die Konkursmasse angewiesen ist. Dementsprechend sollten die Kreditzinsen, die sich auf den gesamten besicherten wie unbesicherten Kreditbetrag beziehen, niedriger sein als bei weniger stark besicherten Krediten. Die Übertragung dieser Überlegung auf die vorliegenden Daten ist zwar so nicht möglich, weil sich der besicherte Anteil auf die Gesamtkreditlinie des Kreditnehmers und nicht auf einzelne Kreditarten bezieht. Trotzdem sollte eine Tendenz diesbezüglich zu beobachten sein.

Die Analyse der Kreditzinsmarge ergibt einen statistisch signifikanten Einfluß (p-Wert = 0,001) des besicherten Anteils der Kreditlinie (SICHERHEIT). Der Zusammenhang stellt sich zumindest von der Intuition her überraschend dar. Je höher die Besicherung, desto höher die Kreditzinsmarge. Dieses Ergebnis wurde allerdings auch von Berger und Udell (1990) und von Blackwell und Winters (1997) erzielt. Der Grund für diese Tatsache könnte darin liegen, daß die vorliegende Kreditbesicherung bei schlechten Kreditnehmern nicht ausreicht, um die Defizite bei der Kreditnehmerqualität und damit bei der Ausfallwahrscheinlichkeit zu kompensieren. Dementsprechend sind die Banken nur noch dann bereit, Kredite zu vergeben, wenn sie eine entsprechend hohe Kreditzinsmarge erzielen können. Der Effekt der Kreditbesicherung besitzt aber neben seiner statistischen keine ökonomische Signifikanz. Eine zusätzliche Besicherung in Höhe von 10 Prozent der Gesamtkreditlinie des Kreditnehmers führt zu einer Erhöhung der Kreditzinsmarge von nur 0,03 Prozent. Somit bleibt die statistische Aussage über den Zusammenhang zwischen Kreditzinsen und Kreditsicherheiten in diesem Regressionsmodell ohne weitere ökonomische Implikationen. Insbesondere sind keine Aussagen über die Hypothese ZS(-)Risiko möglich.

Auch eine Haftungszusage der Muttergesellschaft (HAFTZUS) besitzt keinen signifikanten Effekt auf die Kreditzinsmarge. Dagegen bleibt die absolute Höhe der Gesamtkreditlinie (LINIE) des Kunden nicht ohne Wirkung. Ein höheres Geschäftsvolumen bringt signifikant niedrigere Kreditzinsen mit sich (p-Wert = 0,002). Bei einer um zehn Millionen DM höheren Kreditlinie zahlt ein Kreditnehmer fast sieben Basispunkte weniger an Zinsen. Hypothese ZG(-) wird unterstützt. Die Höhe des Geschäftsvolumens korreliert auch mit der Unternehmensgröße. Multikollinearitätsanalysen ergaben einen engen Zusammenhang zwischen diesen beiden Variablen. Deshalb wurde die Bilanzsumme des Unternehmens als Größenkennzahl anstatt des Geschäftsvolumens in eine Variation des vorliegenden Regressionsmodells aufgenommen.[247] Es ergab sich ein signifikanter Effekt bezogen auf die Kreditzinsmarge. Die Hypothese ZU(-) ist also ebenfalls zu unterstützen.

Die Ergebnisse des Einflusses der Rechtsform auf die Kreditzinsmarge widersprechen der Hypothese ZR(-), nach der Personengesellschaften und Einzelunternehmen aufgrund ihrer unbeschränkten Haftung weniger Zinsen zahlen sollten. Es könnte argumentiert werden, daß Personengesellschaften und Einzelunternehmen aufgrund einer geringeren Größe mehr Zinsen zahlen. In der Regressionsanalyse wurde deshalb durch die Einbeziehung der Variablen LINIE, die auch eng mit der Unternehmensgröße zusammenhängt, bezüglich der Größe des Kreditnehmers kontrolliert und lediglich für die Einzelunternehmen ein solcher Effekt festgestellt. Eine Bestätigung über die Angabe der Mittelwerte und Standardabweichungen der Bilanzsummen in Abhängigkeit von der Rechtsform der Unternehmen ergibt sich aus Tab. 6-3. Ähnliche Ergebnisse bezüglich der Rechtsform wurden auch von Berger und Udell (1995) erzielt. Der Hypothese ZR(-) wird also widersprochen.

---

[247] Eine Variante des hier vorgestellten Regressionsmodells verwendet die Bilanzsumme statt der Gesamtkreditlinie als unabhängige Variable zur Kontrolle von Größeneffekten. Sie weist strukturell die gleichen Ergebnisse auf. Vgl. Anhang 5.

Tab. 6-3: Mittelwert und Standardabweichung der Bilanzsumme in Abhängigkeit von der Rechtsform der Kreditnehmer (Angaben in TDM)

Rechtsform	Kapitalgesellschaft	Personengesellschaft	Einzelunternehmen
Mittelwert	131.361	126.251	40.861
Standardabweichung	245.906	247.984	27.202

Die bankspezifischen Effekte auf die Kreditzinsmargen sind durch die Variablen B1 bis B5 kontrolliert. B1 dient als Referenzkategorie. Anhand der geschätzten Koeffizienten ist zu ersehen, daß Bank B2 signifikant höhere Kreditzinsmargen erwirtschaftet als alle anderen Konkurrenten. Die durchschnittliche Differenz zur Bank B1 beträgt 68,3 Basispunkte. Das ist auch eine ökonomisch signifikante Abweichung. Bank B3 erwirtschaftet signifikant niedrigere Margen mit einer Differenz von 53,4 Basispunkten zur Bank B1, während Bank B4 und Bank B5 keine signifikanten Abweichungen aufweisen. Als Gründe für diese bankspezifischen Unterschiede ließen sich Unterschiede in der Qualität der Kreditnehmeranalyse anführen, die letztlich dazu führen, daß Banken weniger erfolgreich agieren, weil sie Kreditnehmern zu niedrige Ausfallraten zuschreiben und deshalb bei Vertragsverhandlungen relativ zur tatsächlichen Kreditnehmerqualität zu günstige Kreditkonditionen gewähren. Dies ist aber aus den vorliegenden Daten nicht eruierbar.

Abschließend sind noch die Ergebnisse bezüglich der Jahres-Dummies zu besprechen. Die Variablen J93 bis J96 wurden in die Regressionsanalyse aufgenommen, um im vorliegenden Panel für die existierenden zeitspezifischen Besonderheiten zu kontrollieren. Es ergibt sich ein mit fortschreitender Zeit zunehmender Effekt auf die Kreditzinsmarge. Dieser wird zusehends geringer. Der Koeffizient für das Jahr 1994 weist um 48,5 Basispunkte niedrigere Kreditzinsmargen aus als 1992 (p-Wert = 0,096). Diese Differenz vergrößert sich im Jahr 1995 auf 80,9 Basispunkte. Die negative Abweichung zur Referenzgröße wird hier mit einem Signifikanzniveau von zwei Prozent angegeben. Im Jahr 1996 wird die Differenz noch einmal deutlich größer mit 120,5 Basispunkten unterhalb der Größe aus dem Jahre 1992 (p-Wert = 0,004). Eine Abnahme der Kreditzinsmargen über die Jahre kann durch den zunehmenden Bankenwettbewerb, der sowohl in Deutschland als auch in Europa vorherrscht, erklärt werden. Diese Wirkung der fortschreitenden Zeit konterkariert eigentlich den Geldillusionseffekt, der im Untersuchungszeitraum bei allgemein sinkenden Zinsen eine Erhöhung der Kreditzinsmargen verursacht. Eine weitere Regressionsanalyse, in der die Variablen J92 bis J96 ausgespart wurden, zeigte aber keinen Effekt bezogen auf die Qualität der Ergebnisse anderer Variablen. Deshalb sollten keine Interdependenzen zwischen den Variablen TGS und J92 bis J96 existieren.

Die Regressionsanalyse weist insgesamt ein hohes Maß an Erklärungskraft auf. Das adjustierte Bestimmtheitsmaß R^2 beträgt 0,588 mit einem zugehörigen F-Wert von 45,432 und einem p-Wert von 0,001.[248] Die Annahme der Normalverteilung der Residuen ist noch sicherzustellen,[249] um die Korrektheit der Signifikanzangaben und des Bestimmtheitsmaßes zu gewährleisten. Siehe dazu Anhang 6.

6.3.3 Kreditbesicherung

In dieser Studie wird die Kreditbesicherung durch den besicherten Teil der Gesamtkreditlinie des Kunden bei der Bank repräsentiert. Da sich die Kreditentscheidungen der Banken an der Gesamtkreditlinie und deren besichertem Teil orientieren, hätte es keinen Sinn gemacht, die Analyse auf Kontokorrentkreditlinien oder andere Kreditarten zu beschränken. Wie bei der Untersuchung der Kreditzinsmargen wird in diesem Abschnitt zu allererst versucht, eine Verbindung zur Kreditnehmerqualität zu identifizieren.

Deskriptive Analyse

Abb. 6-3 illustriert mit Hilfe von Boxplots die Verteilungen des besicherten Teils der Gesamtkreditlinien von Kreditnehmern verschiedener Rating-Klassen im Datenpanel. Die Mediane der Besicherung für die sechs Rating-Klassen belaufen sich auf 45 % der Gesamtkreditlinie oder darunter. Weiterführende deskriptive Analysen ergaben für die Kreditnehmer der Stichprobe A[250] einen Mittelwert der besicherten Anteile von 31,4 %, wobei 8,8 % der Kreditnehmer ihre Kredite vollständig besichert und 33,8 % keine Sicherheiten gestellt hatten.

Die Boxplots geben keinen Hinweis auf einen monotonen Zusammenhang zwischen Kreditbesicherung und Kreditnehmerqualität. Die Mediane für die Rating-Klassen 1 und 2 sind fast gleich. Die Besicherung bei Kreditnehmern der Rating-Klasse 3 geht zurück, um dann von Rating-Klasse 4 bis 6 wieder anzuziehen und damit auch die Rating-Klassen 1 und 2 zu über-

---

[248] Vgl. zum Test der Bestimmtheit des mit dem Regressionsmodell definierten Zusammenhangs Gujarati (1995), S. 245 ff.
[249] Vgl. Greene (1997), S. 234 f. und S. 579.
[250] Die Stichprobe A stammt aus der Gesamtheit aller Kreditnehmer der Banken, die die Kriterien der Datenkonzeption erfüllen.

treffen. Die Varianzen der besicherten Anteile sind sehr hoch. Somit lassen sich anhand dieser deskriptiven Analyse keine eindeutigen Aussagen machen.

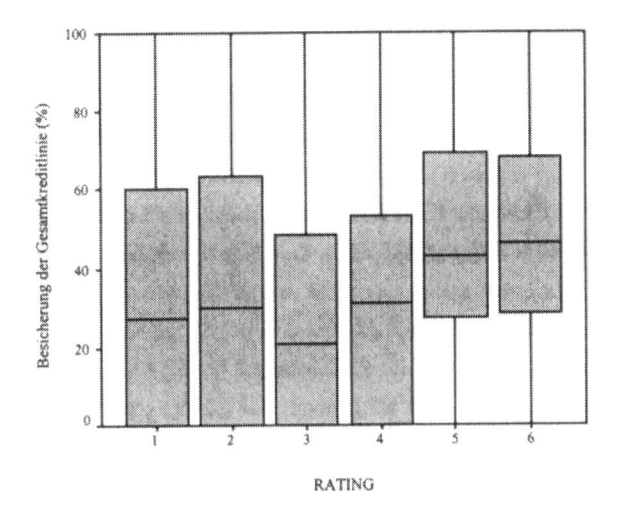

Abb. 6-3: Boxplots der besicherten Anteile der Gesamtkreditlinien im Datenpanel für die Rating-Klassen 1 bis 6

Regressionsanalyse

Eine Regressionsanalyse ist eher geeignet, einen Zusammenhang zwischen der Kreditbesicherung und der Kreditnehmerqualität herauszuarbeiten, da bezüglich anderer Einflußfaktoren kontrolliert werden kann. Das gewählte Regressionsmodell entspricht, abgesehen von kleineren Modifikationen, demjenigen, das bei der Analyse der Kreditzinsmarge verwendet wurde. Der besicherte Teil der Gesamtkreditlinie (SICHERHEIT) wird als abhängige Variable verwendet. Die Regressionsgleichung ist folgendermaßen definiert:

$SICHERHEIT_{it}$
$= s_0 + s_1$ Kreditnehmerqualität $_{it} + s_2$ Vertragsbestandteile $_{it} + s_3$ Rechtsform $_{it}$
$+ s_4$ Kunde-Bank-Beziehung $_{it} + s_5$ Banken $_{it} + s_6$ Jahre $_{it} + e_{it}$.

Die unabhängigen Variablenvektoren sind so definiert wie beim Regressionsmodell der Kreditzinsmarge, jedoch wird die abhängige Variable SICHERHEIT nicht in den Vektor der Vertragsbestandteile aufgenommen. Ansonsten läge eine Simultanitätsproblematik vor, die vermieden werden soll. Der Parameter MARGE ist zudem nicht als unabhängige Variable vorgesehen, weil ein ökonomisch bedeutsamer Zusammenhang zur Kreditbesicherung schon bei der Regressionsanalyse zur Kreditzinsmarge nicht identifiziert werden konnte.

Die Ergebnisse der Koeffizientenschätzung nach dem OLS-Verfahren sind in Tab. 6-4 zusammengefaßt. Es ist auch hier zu sehen, daß kein durchgehender monotoner Zusammenhang zwischen der Kreditbesicherung und der Kreditnehmerqualität besteht. Der Koeffizient der Variable R3 zeigt eine gegenüber der Referenzklasse R12 geringere prozentuale Sicherheitenstellung an (p-Wert < 0,001). Die Differenz beträgt -12,713 %, gemessen in Prozent der Gesamtkreditlinien. Diese Tendenz hält aber für Kreditnehmer schlechterer Qualität nicht an. Kreditnehmer der Klasse R4 stellen mehr Sicherheiten als Kreditnehmer der Klasse R3. Eine Variation der vorliegenden Regressionsanalyse mit der Klasse R3 als Referenz-Kategorie zeigte für die Differenz der Besicherung dieser beiden Klassen von 6,657 % einen p-Wert von 0,072 an. Weiterhin stellt Rating-Klasse R5 mehr Sicherheiten als Rating-Klasse R4. Eine zusätzliche Variation der Regressionsanalyse mit der Rating-Klasse R4 als Referenzkategorie ergab für die Differenz zwischen diesen beiden Klassen bezüglich der Besicherung von 8,043 % einen p-Wert von 0,043. Die Rating-Klassen R5 und R6 unterscheiden sich dagegen nicht signifikant in ihrer Besicherung. Beide Klassen unterscheiden sich zudem nicht signifikant von der Rating-Klasse R12. Mit diesen Ergebnissen wird die intuitive Erwartung widerlegt, daß Kreditnehmer höherer Qualität weniger Sicherheiten stellen müssen. Die Hypothese SQ(-)Risiko ist nur zu unterstützten, wenn ein Vergleich von Rating-Klasse R3 mit schlechteren Rating-Klassen vorgenommen wird. Das Gegenteil ist der Fall, wenn ein Vergleich der Rating-Klasse R12 mit den Klassen R3 und R4 erfolgt. Dies würde mit der Hypothese SQ(+)B85, abgeleitet aus dem Modell von Bester (1985), übereinstimmen, nach der gute Kreditnehmer eine umfangreiche Sicherheitenstellung bevorzugen, wenn sie im Gegenzug niedrigere Zinsen zahlen können. Sie präferieren diese Art der Konditionensetzung, weil für sie die Wahrscheinlichkeit eines Kreditausfalles mit dem Verlust der Sicherheiten relativ gering ist. Abweichend von dieser Überlegung sind schlechte Kreditnehmer einfach gezwungen, mehr Sicherheiten zu stellen, um einen Kredit überhaupt zu erhalten. Insofern besitzt die Hypothese SQ(-)Risiko für schlechte Rating-Klassen doch Gültigkeit. Damit ist sowohl die Hypothese SQ(-)Risiko als auch die Hypothese SQ(+)B85 für bestimmte Bereiche der Kreditnehmerqualität relevant.

Tab. 6-4: Schätzergebnisse für die Regression mit dem besicherten Teil der Gesamtkreditlinie (SICHERHEIT) als abhängiger Variablen

Variable	Koeffizient	p-Wert
Achsenabschnitt	18,987**	0,001
R12	Referenz	Referenz
R3	-12,713**	0,000
R4	-6,056	0,085
R5	1,987	0,627
R6	7,196	0,234
HAFTZUS	10,568**	0,001
LINIE	-2,479E-04**	0,001
KAPG	Referenz	Referenz
PERSG	10,894**	0,008
EINZELU	15,562*	0,016
NICHTHAUSBANK	Referenz	Referenz
HAUSBANK	9,468**	0,000
ZAHLBANK	-0,618*	0,022
DAUERKBB	0,132	0,069
B1	Referenz	Referenz
B2	-20,203**	0,000
B3	-7,023	0,084
B4	9,307*	0,011
B5	6,838	0,093
J92	Referenz	Referenz
J93	1,381	0,816
J94	-1,217	0,905
J95	-,633	0,959
J96	0,620	0,967

Adjustiertes R^2 = 0,204 (F = 8,984, p-Wert ≤ 0,001)
** Statistische Signifikanz im Ein-Prozent-Bereich für zweiseitige Tests: p-Wert ≤ 0,01
* Statistische Signifikanz im Fünf-Prozent-Bereich für zweiseitige Tests: p-Wert ≤ 0,05

Das Vorliegen einer Haftungszusage kann die Entscheidungen der Bank auch bezüglich ihrer Sicherheitenforderungen beeinflussen. Nach intuitiven Überlegungen sollte eine Haftungszusage dazu führen, daß die Bank aufgrund einer zusätzlich haftenden Person eher weniger Wert auf die Sicherheitenstellung des Kreditnehmers legt. Die Ergebnisse der Analyse deuten überraschenderweise auf das Gegenteil hin. Kreditnehmer mit Haftungszusagen übergeordneter (Unternehmens-)Einheiten stellen deutlich mehr Sicherheiten als andere Unternehmer. Die zusätzliche Sicherheitenstellung beträgt 10,568 % der Gesamtkreditlinie (p-Wert = 0,001). Dieses Ergebnis ist nur schwer zu interpretieren. Es scheint aber darauf hinzuweisen, daß das

Problem der Einbeziehung von Unternehmen eines Haftungsverbundes[251] für die Analyse eher eine geringere Bedeutung hat. Letztlich könnte sich in dem hier vorliegenden Resultat auch die Tatsache widerspiegeln, daß Banken grundsätzlich eine Haftungszusage übergeordneter Unternehmenseinheiten verlangen, um ihre Liquidationsbasis zu erweitern, obwohl gerade Kreditnehmer, die eine Haftungszusage beibringen, auch genügend sonstige Kreditsicherheiten stellen können.

Neben der Haftungszusage könnte auch die Rechtsform des Kreditnehmers ein Einflußfaktor auf die Sicherheitenstellung in Kreditbeziehungen sein. Der Koeffizient der Variable PERSG besagt, daß eine Personengesellschaft im Vergleich zu einer Kapitalgesellschaft (KAPG) zusätzlich 10,894 % ihrer Gesamtkreditlinie als Sicherheiten stellt (p-Wert = 0,008). Bei einem Einzelunternehmen (EINZELU) ist die Besicherung im Vergleich Kapitalgesellschaften noch höher. Der Unterschied beträgt 15,562 % der Gesamtkreditlinie (p-Wert = 0,016). Die Abweichung von der Sicherheitenstellung einer Kapitalgesellschaft kann somit als gesichert gelten. Wie bei der Analyse der Kreditzinsmarge stellt sich auch hier die Frage, warum Personengesellschaften, die im Haftungsfall einen unbeschränkten Zugriff auf das Privatvermögen ihrer Gesellschafter bieten, mehr Sicherheiten stellen als Kapitalgesellschaften, bei denen die Haftungsmasse beschränkt ist. Eine Erklärung könnte darin liegen, daß Kapitalgesellschaften typischerweise größer sind als Personengesellschaften und deshalb trotz der Berücksichtigung des Privatvermögens der Personengesellschafter mehr Haftungsmasse bieten, oder, daß sie aufgrund ihrer Größe mehr Geschäft mit der Bank machen und sich deshalb in einer besseren Verhandlungsposition befinden. Variationen des vorliegenden Regressionsansatzes mit abwechselndem Entfernen der Variablen für die Rechtsform und für die Gesamtkreditlinie haben aber keine Wechselwirkung indiziert. Bei der Durchführung weiterer Variationen unter Einbeziehung der Größenvariablen Bilanzsumme des Kreditnehmers ergaben sich sehr starke Wechselwirkungen zur Kreditlinie, aber wieder keine Wechselwirkungen zur Rechtsform. So bleibt einfach festzuhalten, daß Personengesellschaften und Einzelunternehmen mehr Sicherheiten stellen als Kapitalgesellschaften. Der Hypothese SR(-) wird widersprochen.

Die Höhe der Kreditlinie (LINIE) als weiterer möglicher Einflußfaktor hat einen mindernden Einfluß auf die Sicherheitenstellung (p-Wert = 0,001). Wie bei der Analyse der Kreditzinsmarge ist auch hier die Höhe der Kreditlinie, die letztlich auch den Geschäftsumfang mit dem Kunden approximiert, eng mit der Unternehmensgröße, repräsentiert durch die Bilanzsumme,

---

[251] Vgl. 5.4.6.

verbunden. Insofern wird mit dem festgestellten Effekt des Umfangs der Kreditlinie auf die Sicherheitenstellung sowohl Hypothese SG(-) als auch Hypothese SU(-) unterstützt.

Ein interessanter Aspekt in Bezug auf den Umfang der Sicherheitenstellung ist durch die Wirkung der Kunde-Bank-Beziehung gegeben. Berger und Udell (1995) identifizierten einen negativen Zusammenhang zwischen der Sicherheitenstellung und der Dauer der Kunde-Bank-Beziehung. Der Koeffizient der Variablen HAUSBANK in der vorliegenden Studie macht dazu allerdings eine konträre Aussage. Kreditnehmer mit einer Hausbank-Beziehung stellen im Vergleich zu anderen Kreditnehmern zusätzliche Sicherheiten in Höhe von 9,468 % ihrer Gesamtkreditlinie ($p < 0,001$). Eine weiterführende Regressionsanalyse mit einer Hausbankvariablen (R12HB, R3HB, R4HB, R5HB, R6HB) und einer Nichthausbankvariablen (R12NB, R3NB, R4NB, R5NB, R6NB) für jede Rating-Klasse und mit allen anderen Variablen, die vorher auch verwendet worden sind, zeigt, daß dieses Phänomen auch über die verschiedenen Rating-Klassen hinweg robust ist. Vergleiche dazu die Regressionsergebnisse in Anhang 7.

Die Aussage der Hausbank-Variablen wird zumindest von der Richtung her durch die Variable DAUERKBB untermauert, jedoch liegt keine statistische Signifikanz vor. Insofern wird auch die Hypothese SB(-)Asymm nicht unterstützt. Die Variable ZAHLBANK, die oft auch als Stellvertretervariable für die Qualität der Kunde-Bank-Beziehung herangezogen wird, kann keinen ergänzenden Hinweis geben. Es liegt zwar rein statistisch gesehen ein signifikanter Effekt der Zahl der Bankverbindungen des Kreditnehmers auf die Kreditbesicherung vor, dieser Effekt ist aber aus ökonomischer Sicht irrelevant. Mit jeder zusätzlichen Bankverbindung stellt ein Kreditnehmer 0,618 % seiner Kreditlinie weniger an Sicherheiten.

Aus den obigen Ausführungen wird klar, daß Hausbankbeziehungen für Banken auch insofern positiv sind, als sie eine umfangreichere Sicherheitenstellung mit sich bringen. Es stellt sich allerdings die Frage, warum dies so sein sollte. Eigentlich ist davon auszugehen, daß Banken aufgrund ihrer Informationssituation in engen Kunde-Bank-Beziehungen eher auf Kreditsicherheiten verzichten. Vielleicht führt diese verbesserte Informationssituation aber auch dazu, daß es für die Bank einfacher ist, beim Kreditnehmer Vermögensgegenstände auszumachen, die als Kreditsicherheiten geeignet sind. Des weiteren halten gerade Hausbanken aus einer Vielzahl früherer Geschäfte noch Kreditsicherheiten, obwohl kein Neugeschäft hinzugekommen ist. Sie dienen nun für andere Geschäfte als zusätzliche Absicherung, weil sie von der Bank noch nicht freigegeben worden sind und weil sie gemäß der Allgemeinen Geschäftsbedingungen auch für die Begleichung anderer Schulden des Kunden bei der Bank herangezogen werden können.[252] [253] Insofern ist die Besicherung des verbleibenden Geschäfts höher.

Die Banken untereinander weisen bezüglich der Sicherheitenstellung ihrer Kunden deutliche Unterschiede auf, ohne daß eine Unterscheidung in Hausbankbeziehungen und Nichthausbankbeziehungen getroffen werden muß. Im Vergleich zur Bank B1 erhält die Bank B2 weniger und die Bank B4 mehr Sicherheiten relativ zur Gesamtkreditlinie von ihren Kunden. Dagegen differieren Bank B3 und Bank B5 nicht signifikant von Bank B1. Eine Erklärung für die weniger umfangreiche Sicherheitenstellung bei Bank B2 könnte darin liegen, daß diese bei der Kompensation ihrer Ausfallrisiken mehr Wert auf die Erzielung von Risikoprämien legt, die sie über die Einnahmen von Kreditzinsen erhält.[254]

Abschließend sei noch auf die Jahres-Dummies J92 bis J96 eingegangen. Sie zeigen keine signifikante Abweichung voneinander. Die Besicherungspolitik im Kreditgeschäft hat sich also über die Jahre von 1992 bis 1996 nicht deutlich geändert.

Das auf die Kreditbesicherung bezogene Regressionsmodell besitzt in seiner Gesamtheit weniger Erklärungskraft als das auf die Kreditzinsmargen bezogene. Der Wert des adjustierten Bestimmtheitsmaßes beträgt $R^2 = 0{,}204$. Nichtsdestotrotz ist der Erklärungszusammenhang signifikant mit einem p-Wert unterhalb des Niveaus von 0,001. Die Normalverteilungseigenschaft der Residuen war auch bei dieser Regression erfüllt. Vergleiche dazu Anhang 8.

6.3.4 Kreditlinien

Zur Analyse der Kreditverfügbarkeit werden Kreditlinien herangezogen, die aus Gründen der Vergleichbarkeit mit der Bilanzsumme des zugehörigen Unternehmens normiert sind. Bei Verwendung dieser Größe ist es außerdem möglich, das Gewicht der Kreditverfügbarkeit für die Unternehmensfinanzierung zu ermessen.

---

[252] Zur universellen Verwendbarkeit der Kreditsicherheiten in der Kunde-Bank-Beziehung aufgrund von Klauseln in den Allgemeinen Geschäftsbedingungen vgl. Abschnitt 2.6.
[253] In Gesprächen mit Bankpraktikern bei der Datenerhebung wurde öfter bestätigt, daß Banken bestrebt sind, Sicherheiten so lange als möglich im Hause zu halten.
[254] Vgl. Saunders (1997), S. 200.

Deskriptive Analyse

Ein Blick auf die statistische Verteilung der normierten Kreditlinien einzelner Rating-Klassen offenbart, daß ein eindeutiger Zusammenhang zwischen Kreditverfügbarkeit und Kreditnehmerqualität nur schwer zu lokalisieren ist. Vgl. dazu die Boxplots in Abb. 6-4. Die Mediane der Kreditlinien verschiedener Rating-Klassen bewegen sich im Bereich von 10 bis 25 Prozent der zugehörigen Bilanzsumme der Kreditnehmer. Eine leicht ansteigende Tendenz bei sich verschlechternder Kreditnehmerqualität ist auszumachen. Auch die 25- und 75-Prozent-Quantile nehmen tendenziell höhere Werte an.

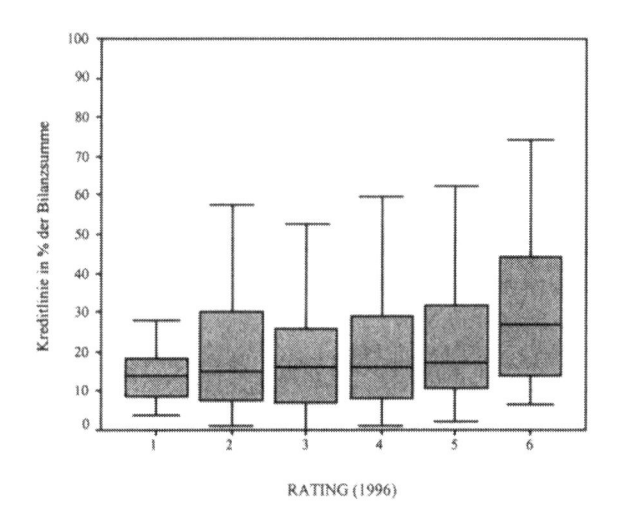

Abb. 6-4: Boxplots der Gesamtkreditlinie in Prozent des Bilanzvolumens der Kreditnehmer aus dem Jahre 1996 für die Rating-Klassen 1 bis 6

Regressionsanalyse

Die von den Boxplots angezeigte zunehmende Tendenz der Finanzierung von Unternehmen durch eine bestimmte Bank, wenn die Kreditnehmerqualität schlecht ist, wird durch die Regressionsergebnisse stärker betont.

Das gewählte Regressionsmodell ist an die vorherigen Modelle zur Analyse der Kreditzinsmargen und der Kreditbesicherung angelehnt. Die Kreditverfügbarkeit, repräsentiert durch die Größe der Gesamtkreditlinie in Prozent der Bilanzsumme (LINIE / BS) des Kreditnehmers, wird als abhängige Variable verwendet. Die Regressionsgleichung ist folgendermaßen definiert:

$\text{LINIE}_{it} / \text{BS}_{it}$
$= v_0 + v_1 \text{Kreditnehmerqualität}_{it} + v_2 \text{Vertragsbestandteile}_{it} + v_3 \text{Rechtsform}_{it}$
$+ v_4 \text{Kunde-Bank-Beziehung}_{it} + v_5 \text{Banken}_{it} + v_6 \text{Jahre}_{it} + e_{it}.$

Die unabhängien Variablenvektoren sind so definiert wie diejenigen beim Regressionsmodell der Kreditbesicherung, jedoch wird die Variable SICHERHEIT wieder in den Vektor der Vertragsbestandteile aufgenommen. Der Parameter MARGE ist auch weiterhin nicht einbezogen. Die Ergebnisse der Koeffizientenschätzung nach dem OLS-Verfahren sind in Tab. 6-5 dargestellt.

Die Koeffizienten der Rating-Klassen R3 bis R6 steigen sukzessive an. Dabei ergeben sich für die Klassen R3 und R4 recht nahe beieinanderliegende Koeffizienten (gegenüber der Klasse R12 sind das 5,335 % bzw. 6,552% mehr an Finanzierung durch eine Bank in Prozent ihrer Bilanzsumme). Diese Differenzen zur Klasse R12 sind signifikant mit einem p-Wert von 0,015 bzw. 0,006. Die Koeffizienten der Rating-Klassen R5 und R6 geben mit Werten von 10,841 % bzw. 16,067 % ein weiteres Indiz für einen größeren Anteil der Fremdfinanzierung von Unternehmen durch eine Bank bei sich verschlechternder Kreditnehmerqualität. Insgesamt erscheinen diese Ergebnisse plausibel, da Unternehmen, die sich in einer schlechten Verfassung befinden, mehr auf Fremdfinanzierung und hier insbesondere auf Bankkredite angewiesen sind. Ihre Eigenkapitalbasis ist in dieser Situation tendenziell eingeschränkt, weil keine Zuführungen von der Ergebnisseite her erfolgen und darüber hinaus Rücklagen zum Ausgleich von Verlusten aufgelöst werden. Zudem müssen sich solche Unternehmen bei der Restrukturierung ihrer Schulden auf Banken verlassen, weil andere potentielle Kapitalgeber aufgrund ihrer wenig konzentrierten Verhandlungsmacht nicht mehr bereit sind, ihr Engagement auszudehnen. Eine Sanierungslösung mit vielen Gläubigern ist oft zum Scheitern verurteilt, weil einige zum sogenannten „free riding" neigen, d. h. sie spekulieren mit dem Festhalten an der sofortigen Erfüllung ihrer Ansprüche darauf, daß andere Gläubiger diese Ansprüche zur Vermeidung von Konflikten auf ihre Rechnung begleichen.[255] Es ist naheliegend, daß gerade Gläubiger mit einem großen Engagement ihren Schuldnern in finanziellen Notsituationen am schnellsten unter die Arme greifen. Somit erscheint es auch schlüssig, daß Kreditnehmer bei

---

[255] Vgl. Detragiache und Garella (1996), die dieses Problem theoretisch untersuchen.

einer Verschlechterung ihrer Lage zunehmend von Krediten einiger weniger Gläubiger und hier insbesondere von Bankkrediten abhängig sind.

Tab. 6-5: Schätzergebnisse für die Regression mit der Gesamtkreditlinie des Kreditnehmers (LINIE) in Prozent der Bilanzsumme (BS) als abhängiger Variablen

Variable	Koeffizient	p-Wert
Achsenabschnitt	20,335	0,209
R12	Referenz	Referenz
R3	5,335**	0,015
R4	6,552**	0,006
R5	10,841**	0,000
R6	16,067**	0,000
SICHERHEIT	0,025	0,328
HAFTZUS	-2,772	0,184
KAPG	Referenz	Referenz
PERSG	13,175**	0,000
EINZELU	14,471**	0,002
BS	-2,872E-05**	0,000
NICHTHAUSBANK	Referenz	Referenz
HAUSBANK	12,206**	0,000
ZAHLBANK	-,418*	0,020
DAUERKBB	-,079	0,096
B1	Referenz	Referenz
B2	1,727	0,503
B3	-8,061**	0,003
B4	-3,939	0,103
B5	-1,769	0,514
J92	Referenz	Referenz
J93	-3,381	0,393
J94	-2,818	0,677
J95	-2,306	0,775
J96	-3,240	0,741

Adjustiertes $R^2 = 0,259$ (F = 10,894, p-Wert < 0,001)

** Statistische Signifikanz im Ein-Prozent-Bereich für zweiseitige Tests: p-Wert ≤ 0,01
* Statistische Signifikanz im Fünf-Prozent-Bereich für zweiseitige Tests: p-Wert ≤ 0,05

In schwierigen Situationen sollte eine Hausbank eine besondere Verantwortung für ihre Kunden empfinden. Sie hat in den Jahren davor viele ertragreiche Geschäfte mit den Kunden abgewickelt und will dies auch in Zukunft tun. Der Koeffizient der HAUSBANK-Variable bestätigt diese These. Kreditnehmer in einer Hausbankbeziehung verfügen über eine Kreditlinie, die gemessen an ihrer Bilanzsumme 12,206 % höher ist als diejenige anderer Kreditnehmer (p-Wert < 0,001). Eine erweitertes Regressionsmodell mit einer Hausbankvariablen (R12HB, R3HB, R4HB, R5HB, R6HB) und einer Nichthausbankvariablen (R12NB, R3NB, R4NB, R5NB, R6NB) für jede Rating-Klasse zeigt, daß speziell die Kreditnehmer der Rating-

Klassen R3 bis R5 in einer Hausbankbeziehung höhere Kreditlinien im Verhältnis zu ihrer Bilanzsumme zur Verfügung haben als Nichthausbankkunden dieser Rating-Klassen. In Anhang 11 sind die Ergebnisse dieser Regressionsanalyse illustriert. Hierbei diente die Interaktionsvariable R12NB als Referenzgröße. Durch wechselnden Einsatz der weiteren Nichthausbank-Interaktionsvariablen R3NB, R4NB, R5NB, R6NB als Referenzvariablen in Variationen der vorliegenden Regressionsanalyse konnten die Signifikanzniveaus der Abweichungen zwischen Hausbank- und Nichthausbankkunden innerhalb der verschiedenen Rating-Klassen ermittelt werden. Die sich aus den Regressionsvarianten ergebenden Fehlerwahrscheinlichkeiten werden mit p-Wert* gekennzeichnet. Aus Anhang 11 wird ersichtlich, daß Kreditnehmer der Rating-Klasse R3 mit einer Hausbankbeziehung eine gemessen an ihrer Bilanzsumme um 13,706 % größere Kreditline aufweisen als Nichthausbankkunden. Das Signifikanzniveau ausgedrückt durch p-Wert* ist dabei kleiner als 0,001. In Rating-Klasse R4 beträgt der Unterschied zwischen Hausbank- und Nichthausbankkunden 11,068 % (p-Wert* = 0,003) und in Rating-Klasse R5 sogar 19,177 % (p-Wert* < 0,001). Gerade der hohe Unterschied bezüglich der Kreditverfügbarkeit zwischen Hausbankkunden und Nichthausbankkunden der Rating-Klasse R5, also bei Kreditnehmern, die sich zwar schon in Schwierigkeiten befinden, bei denen aber die Lage noch nicht aussichtslos ist, deutet auf den besonderen Willen zur Unterstützung seitens der Banken in Hausbankbeziehungen hin. Eine Ausweitung der Verfügbarkeit liquider Mittel kann hier eventuell zur Überbrückung einer nur vorübergehend angespannten Situation beitragen. Die Bank ist dann insofern nicht uneigennützig, als sie auch noch in der Zukunft ertragreiche Geschäfte mit dem Kunden tätigen will. Zudem wird sie davon ausgehen, daß der Kunde ihre Hilfsbereitschaft nicht vergißt. Bei Kreditnehmern der Rating-Klasse R6 ist eine solche Hilfsbereitschaft anscheinend nicht vorhanden. Es existiert für diese Klasse keine signifikante Differenz zwischen den Kreditlinien der Hausbank- und Nichthausbankkunden. Das ist deshalb nicht verwunderlich, weil sich Kreditnehmer der Rating-Klasse R6 in einer Lage befinden, die Banken nicht mehr veranlaßt, unterstützend einzugreifen, sondern sie eher dazu bringt, ihr Engagement restriktiv zu handhaben. Insgesamt hat sich aber gezeigt, daß Banken aufgrund einer gefestigten Kundenbeziehung eher bereit sind, Kredite zu stellen und insbesondere Notsituationen zu überbrücken. Die Hypothese VB(+)PR95 wird also unterstützt.

Das Ergebnis einer erhöhten Kreditverfügbarkeit bei Vorliegen enger Kunde-Bank-Beziehungen gehen einher mit den Resultaten von Hoshi, Kashyab und Scharfstein (1990, 1991). Sie fanden heraus, daß japanische Unternehmen mit einer engen Bindung zu einer bestimmten Bank, beispielsweise aufgrund der Mitgliedschaft in einem Keiretsu oder aufgrund einer Hausbankbeziehung, weniger Liquiditätsprobleme bei der Finanzierung ihrer Investitionen zu befürchten haben als andere. Gerade in Zeiten finanzieller Schwierigkeiten sind japanische Hausbanken eher dazu geneigt, zusätzliche Mittel bereitzustellen.

Die Variable ZAHLBANK unterstützt die Ergebnisse der Hausbank-Variablen nur in statistisch signifikanter Form (p-Wert = 0,020). Der Koeffizient ist aber viel zu klein um ökonomisch relevant zu sein. Die Variable DAUERKBB weist weder statistische noch ökonomische Signifikanz auf. Ein über die Dauer der Kunde-Bank-Beziehung aufgebautes Vertrauensverhältnis ohne eine Kundenbindung scheint also kein Garant für eine umfangreichere Kreditverfügbarkeit zu sein. Die Hypothese VB(+)Asymm wird nicht unterstützt.

Die Rechtsform eines Kreditnehmers hat signifikante Auswirkungen auf die Verfügbarkeit von Krediten. Personengesellschaften verfügen gemessen an ihrer Bilanzsumme über 13,175 % und Einzelunternehmen über 14,471 % mehr Kreditvolumen als Kapitalgesellschaften. Die Signifikanzniveaus der Variablen PERSG und EINZELU liegen deutlich unter einem Prozent (p-Wert = 0,002 bzw. < 0,001). Die Hypothese VR(+) wird unterstützt.

Die Unternehmensgröße hat ebenfalls einen Einfluß auf die Kreditaufnahme von Unternehmen beim betrachteten Kreditinstitut bezogen auf ihre Bilanzsumme. Der geschätzte Wert des Koeffizienten macht klar, daß Unternehmen mit einer um 200 Millionen DM höheren Bilanzsumme eine Kreditlinie besitzen, die gemessen an dieser Bilanzsumme um 6 % niedriger ist. Der Koeffizient der Bilanzsumme, die als Stellvertretervariable für die Unternehmensgröße gilt, gibt einen Hinweis darauf, daß sich größere Unternehmen in geringerem Umfang Kredite von nur einer Bank einräumen lassen.

Die Ergebnisse bezüglich der Rechtsform und der Unternehmensgröße zeigen an, daß große Unternehmen und Kapitalgesellschaften ihre Finanzierung auf eine breitere Basis stellen, d. h. sie verlassen sich eher weniger auf eine einzige Bank als Fremdfinanzierungsquelle oder sie haben gegebenenfalls mehr Möglichkeiten zur Eigenfinanzierung. Die Vorgehensweise in dieser Analyse mit der Gesamtkreditlinie bei einem bestimmten Kreditinstitut als zu erklärender Variablen erlaubt nur beschränkt Aussagen über die unter Berücksichtigung aller Finanzierungsquellen bestehende Kreditverfügbarkeit von Unternehmen. Der zugrundeliegende Datensatz enthält zwar die Größe „Gesamtobligo bei allen Kreditinstituten" des Kreditnehmers.[256] Jedoch gehen in dieses Datum seitens der anderen kreditgebenden Institute nur die Inanspruchnahmen des Kunden ein. Über die Kreditlinien des Kreditnehmers bei anderen Banken gibt es in den Kreditakten normalerweise keine (aktuellen) Informationen. Einen Anhaltspunkt über die Verteilung der Kreditaufnahme von Kreditnehmern abhängig von der Unternehmensgröße kann zumindest eine Gegenüberstellung der Unternehmensgröße zur Anzahl der Bankverbindungen von Kreditnehmern erbringen. Die dazu durchgeführte Korrelationsanalyse gibt einen signifikant positiven Zusammenhang wieder. Vergleiche dazu Anhang 9. Insofern ist mit den hier erzielten empirischen Ergebnissen eine Unterstützung der Hypothesen VU(+) und VR(+) verbunden.

Die Aussagekraft des vorliegenden Regressionsmodells zur Kreditverfügbarkeit entspricht derjenigen des Regressionsmodells zur Kreditbesicherung. Das adjustierte Bestimmheitsmaß R^2 beträgt 0,259. Mit einem Wert der F-Statistik von 10,894 bestätigt sich, daß das vorliegende Regressionsmodell einen signifikanten Beitrag zur Erklärung der Kreditverfügbarkeit für Kreditnehmer einer bestimmten Bank leistet. Der zugehörige p-Wert ist kleiner als 0,001. Die Normalverteilung der Residuen ist auch bei dieser Untersuchung gegeben. Vergleiche dazu Anhang 10.

Die in den bisherigen drei Regressionsanalysen erzielten Ergebnisse konnten zu fast allen im theoretischen Teil dieser Arbeit abgeleiteten Hypothesen eine Aussage machen. Eine Kurzzusammenfassung wird erst im Anschluß an den nun folgenden Abschnitt mit der Veränderungsanalyse der Kreditkonditionen in Tabellenform gegeben.

6.4 Veränderungsanalyse der Kreditkonditionen und der Kreditverfügbarkeit

Im vorhergehenden Abschnitt ist der Zusammenhang zwischen den Bestandsgrößen der Kreditkonditionen und der Kreditnehmerqualität untersucht worden. In diesem Abschnitt werden nun die Einflußfaktoren auf Änderungen von Kreditkonditionen untersucht. Eine wichtige Variable ist dabei die Änderung der Kreditnehmerqualität ausgedrückt durch Ratingänderungen. Sie wird im folgenden als Rating-Transition bezeichnet.

Zunächst wird die Transition der Kreditnehmer-Ratings im hier erhobenen Datensatz dargestellt und mit der Rating-Transition von Anleihen verglichen. Danach erfolgt eine Definition der gegenüber der Bestandsanalyse für die Veränderungsanalyse neu hinzukommenden Va-

---

[256] Vgl. Anhang 2.

riablen. Die sich anschließenden Regressionsanalysen sind ausführlich beschrieben, sofern es sich um Änderungen der Kreditzinsmarge handelt. Die Untersuchung der Kreditbesicherung und der Kreditverfügbarkeit nimmt weniger Raum in Anspruch, weil sich hier keine nennenswerten Ergebnisse erzielen ließen.

6.4.1 Rating-Transition

Bisher war die Literatur über Rating-Transitionen auf Ratings von Anleihen beschränkt.[257] In Tab. 6-6 wird nun eine Rating-Transitionsmatrix bezogen auf kleine und mittelständische Kreditnehmer von Banken für den vorliegenden Datensatz dargestellt.

Die Rating-Klasse der Kreditnehmer vor der Transition ist in den Zeilen und die Rating-Klasse nach der Transition in den Spalten abzulesen. So blieben beispielsweise 51,4 % der Kreditnehmer, die sich vor der Transition in Rating-Klasse 1 befanden, auch nach der Transition in dieser Klasse. Mit einer Transition wird auch der Zeitraum zwischen zwei aufeinanderfolgenden Kreditprüfungen der Bank bezeichnet. Die Bank weist dem Kreditnehmer gegebenenfalls ein anderes Rating zu. Die Zeit zwischen zwei Kreditprüfungen ist allerdings nicht fix. Im Mittel ergibt sich aber dafür ein Zeitraum von einem Jahr. Zum Vergleich der Rating-Transitionen bei Bankkreditnehmern und der Rating-Transitionen bei Anleihen wird in Tab. 6-7 eine Transitionsmatrix für mit dem Moody's Rating bewertete Anleihen wiedergegeben. Der Zeitraum für eine Transition beträgt in diesem Falle ein Jahr.

Die Diagonalen der Transitionsmatrizen beinhalten die Prozentanteile der Kreditnehmer verschiedener Rating-Klassen vor der Transition, die auch nach der Transition in derselben Klasse bleiben. Die Spalte „ausgef." beinhaltet ausgefallene Kredite bzw. Anleihen, die Spalte „k. R." steht für Kreditnehmer, denen kein Rating zugewiesen worden ist.

---

[257] Vgl. Altman und Kao (1992a,b) und Fons und Carty (1995).

Tab. 6-6: Transitionsmatrix von Bankkreditnehmern, 1992 bis 1996, nächste Prüfung

von \ zu	1	2	3	4	5	6	ausgef.		Beob.
1	51,4	40,0	8,6	0	0	0	0	100 %	35
2	7,8	62,1	19,4	7,8	1,9	1,0	0	100 %	103
3	0	8,0	68,6	17,3	5,8	0,4	0	100 %	226
4	0,5	1,4	10,4	64,4	20,7	2,7	0	100 %	222
5	0	1,5	2,2	19,0	65,7	11,7	0	100 %	137
6	0	0	0	2,0	15,5	70,4	12,1	100 %	58

Tab. 6-7: Transitionsmatrix von Anleihen, Moody's Rating, 1938-1993, jährlich (Quelle: Fons and Carty 1995)

von \ zu	Aaa	Aa	A	Baa	Ba	B	Caa	ausgef.	k.R.	
Aaa	89.6	7.2	0.7	0.0	0.0	0.0	0.0	0.0	2.5	100 %
Aa	1.1	88.8	6.9	0.3	0.2	0.0	0.0	0.0	2.8	100 %
A	0.1	2.5	89.0	5.2	0.6	0.2	0.0	0.0	2.5	100 %
Baa	0.0	0.2	5.2	85.3	5.3	0.8	0.1	0.1	3.0	100 %
Ba	0.0	0.1	0.4	4.7	80.1	6.9	0.4	1.5	5.8	100 %
B	0.0	0.1	0.1	0.5	5.5	75.7	2.0	8.2	7.8	100 %
Caa	0.0	0.4	0.4	0.8	2.3	5.4	62.1	20.3	8.4	100 %

Ratings von Bankkreditnehmern ändern sich häufiger als Anleihe-Ratings. Die Rating-Paare auf der Diagonalen der Transitionsmatrix von Bankkreditnehmern weisen fast durchgehend kleinere Prozentwerte auf als die Rating-Paare auf der Diagonalen der Transitionsmatrix von Anleihen. Für dieses Phänomen gibt es zwei Gründe.

Zum einen sind die Anleiheemittenten um einiges größer als die kleinen und mittelständischen Unternehmen in dem hier vorliegenden Datensatz. Größere Unternehmen besitzen aber eher die Möglichkeit, ihr Produktportfolio diversifiziert zu gestalten. Dadurch gleicht der Erfolg einer Produkteinheit den Mißerfolg anderer Produkteinheiten aus. Große Unternehmen verfügen außerdem über größere Reserven, um wirtschaftliche Durststrecken zu überstehen. Sie sind deshalb eher in der Lage, ihre Unternehmensgewinne und damit auch ihr Rating über die Zeit zu glätten.

Zum anderen liegt ein besserer Informationsfluß zwischen Kreditnehmern und Banken im Vergleich zu Anleiheemittenten und Rating-Agenturen vor. Aufgrund engerer Beziehungen zum Kunden können Banken Kreditprüfungen exakter vornehmen. Dementsprechend ändern sich bankinterne Ratings öfter. Dagegen werden sich Rating-Agenturen bei ihren Neubewertungen aufgrund ihrer weniger guten Informationssituation eher an dem früher vergebenen Rating orientieren. Zudem existiert der Unterschied der turnusmäßigen Überprüfung des Kreditnehmers bei Banken gegenüber der nur bei Wahrnehmung von Anzeichen einer Qualitätsänderung vorgenommenen Überprüfung bei Rating-Agenturen.

Die relativ hohe Zahl von Kreditnehmern bei Banken, die nach einer Transition in Rating-Klasse 6 geblieben ist (Rating-Paar (6,6)), läßt die Annahme zu, daß Banken eher als Anleihegläubiger dazu bereit sind, ihre Kreditnehmer bei Zahlungsschwierigkeiten zu unterstützen, um einen Kreditausfall zu vermeiden.

6.4.2 Variablen

Die in den noch vorzustellenden Analysen verwendeten Variablen sind, soweit sie nicht schon bei der Bestandsanalyse der Kreditkonditionen besprochen wurden, in Tab. 6-8 beschrieben.

Die Variable Δ_MARGE ist als die Änderung der Kreditzinsmarge während einer Transition definiert. Dazu wird die Differenz zwischen der Kreditzinsmarge einer Kreditprotokollierung (bei einer Kreditprüfung) und der Kreditzinsmarge der vorherigen Kreditprotokollierung gebildet. Ihr Wert wird in absoluten Prozentzahlen gemessen, d. h. eine Kreditzinsmarge vor einer Transition von 5 % und eine Kreditzinsmarge nach einer Transition von 7 % ergibt eine Änderung der Kreditzinsmarge von 2 %. Die Höhe der Kreditzinsmarge vor der Transition wird mit MARGE_0 bezeichnet.

Das Suffix „0" in Variablenbezeichnungen weist darauf hin, daß sich die Variablenwerte auf den Zeitpunkt vor der Transition beziehen. Dementsprechend steht ein Suffix von „1" für den Zeitpunkt nach Abschluß der Transition.

Die Veränderung des besicherten Anteils der Gesamtkreditlinie ($\Delta\_SICHERHEIT$) ist ebenso wie die Veränderung der Kreditzinsmarge in absoluten Prozentzahlen definiert. Für die Variable SICHERHEIT_0 gilt das für die Variable MARGE_0 Gesagte entsprechend.

Die Variable Δ_LINIE gibt die Veränderung der Kreditlinie in DM-Werten an. Es ist davon auszugehen, daß Banken bei der Beurteilung der Kreditlinienänderung eher in DM-Werten denken als in Prozent. Von daher wurde auf die Verwendung einer relativen Veränderung (in Prozent) verzichtet. LINIE_0 und LINIE_1 geben die entsprechenden Höhen der Gesamtkreditlinie des Kreditnehmers vor und nach der Transition an.

Für die Änderung der Kreditzinsmarge ist die gleichzeitige Änderung des Interbanken-Tagesgeldsatzes Δ_TGS eine der wichtigen erklärenden Größen, insbesondere im Hinblick auf das Vorhandensein von Zinsglättungseffekten und dem zugrundeliegenden Phänomen der Geldillusion. Das Phänomen der Geldillusion sollte dafür verantwortlich sein, daß die Banken in Zeiten sinkenden Zinsniveaus (wie im Zeitraum von 1992 bis 1996 gegeben) ihre Kreditzinsmargen ausdehnen können. Nicht zuletzt sollte auch das absolute Niveau des Tagesgeldsatzes eine Rolle spielen. In diesem Fall wird mit TGS_1 die Höhe des Interbanken-Tagesgeldsatzes im Zeitpunkt nach der Transition, also im Zeitpunkt der Verhandlung neuer Kreditkonditionen, für die Analyse interessanter sein. Die Verhandlungspartner werden eher in dieser Kategorie denken und nicht das Niveau von TGS_0 bei ihren Vertragsverhandlungen berücksichtigen.

Die bei der Argumentation über das Für und Wider risikoadjustierter Kreditkonditionen und über das Vorliegen von kreditnehmerrisikoorientierten Zinsglättungsphänomenen, beispielsweise nach dem Modell von Petersen und Rajan (1995), wichtigsten Variablen sind die nun zu erläuternden Dummies bezüglich der Rating-Transition. Aufgrund der unzureichenden Menge an Datenpunkten, insbesondere in den obersten und untersten Klassen wurden die vorliegenden sechs Rating-Klassen im Hinblick auf die Analyse der Rating-Transitionen in drei Zweiergruppen zusammengefaßt. Die Rating-Gruppen (1,2), (3,4) und (5,6) beinhalten in der gleichen Reihenfolge, qualitativ gesprochen, gute, normale und schlechte Kreditnehmer. Als Konsequenz ergeben sich dann nur 9 statt 36 Variablen, die alle möglichen Rating-Transitionen abbilden. Sie werden in allgemeiner Form mit dem Term R_x_y bezeichnet. R_x_y stellt eine Dummy-Variable dar, die den Wert Eins besitzt, falls ein Kreditnehmer vor der Rating-Transition zur Rating-Gruppe Rx gehörte und sich nach der Rating-Transition in Rating-Gruppe Ry befand, wobei Rx und Ry jeweils Werte aus der Menge der Rating-Gruppen {(1,2), (3,4), (5,6)} annehmen können. Ansonsten trägt die Variable R_x_y den Wert Null. In der folgenden Argumentation werden die einzelnen Rating-Gruppen der Einfachheit halber auch mit dem Variablennamen R12, R34 und R56 bezeichnet. Die Kreditnehmer, die einen bestimmten Rating-Übergang R_x_y vollziehen, werden als der Rating-Transitionsgruppe R_x_y zugehörig bezeichnet.

Tab. 6-8: Beschreibung der Variablen für die Veränderungsanalyse

Variable	Beschreibung
Vertragsbestandteile	
Δ_MARGE	Änderung der Kreditzinsmarge in absoluten Prozent
MARGE_0	Kreditzinsmarge vor der Transition (Prozent)
$\Delta\_SICHERHEIT$	Änderung des besicherten Anteils der Kreditlinie in absoluten Prozent
SICHERHEIT_0	Besicherter Anteil der Kreditlinie vor der Transition
Δ_LINIE	Änderung der Kreditlinie in TDM
LINIE_0	Gesamtkreditlinie vor der Transition (TDM)
LINIE_1	Gesamtkreditlinie nach der Transition (TDM)
Geldmarkt	
Δ_TGS	Änderung des Interbanken-Tagesgeldsatzes in absoluten Prozent
TGS_1	Interbanken-Tagesgeldsatz nach der Transition (Prozent)
Kreditnehmerqualität	
Rx	= 1, falls der Kreditnehmer in der Rating-Gruppe x vor der Transition war
Ry	= 1, falls der Kreditnehmer in der Rating-Gruppe y nach der Transition war
R_x_y	= 1, falls der Kreditnehmer in der Rating-Gruppe x vor der Transition und in Rating-Gruppe y nach der Transition war

6.4.3 Änderungen der Kreditzinsmargen

In Abschnitt 6.3.2 wurde festgestellt, daß die Höhe der Kreditzinsmargen von der Höhe des allgemeinen Zinsniveaus abhängt, wobei das Phänomen der Geldillusion zu einer gewissen Glättung über die Zeit führt. Dieser Schluß konnte trotz der statisch angelegten Analyse gezogen werden, weil die Höhe des Zinsniveaus aufgrund ihres monoton fallenden Verlaufs eng mit der fortschreitenden Zeit im Untersuchungszeitraum verbunden ist.[258] Da die Geldmarktzinsen im Jahr 1992 ein Niveau von ca. 10 % besaßen und bis zum Jahr 1996 auf ein Niveau von ca. 3 % sanken, ist unter Berücksichtigung des Phänomens der Zinsglättung von einer Ausweitung der Kreditzinsmargen in diesem Zeitraum auszugehen. Die in Tab. 6-9 angegebene Entwicklung von Mittelwert und Standardabweichung (Std.abw.) der Kreditzinsmargen über die Jahre 1992 bis 1996 für Kreditnehmer, die sich in den jeweiligen Jahren in einer der drei Rating-Gruppen R12, R34 und R56 befanden, gibt einen deutlichen Hinweis darauf.

---

[258] Vgl. dazu noch einmal die Abb. 6-2.

Tab. 6-9: Entwicklung der Kreditzinsmargen (in Prozentpunkten) im Zeitraum von 1992 bis 1996 für die Rating-Gruppen R12, R34 und R56

Jahr	R12 Mittelwert	Std.abw.	R34 Mittelwert	Std.abw.	R56 Mittelwert	Std.abw.
1992	2,14	0,59	2,33	0,75	2,48	1,18
1993	3,08	0,57	3,42	0,90	3,71	1,31
1994	3,72	0,76	3,93	0,90	4,56	,97
1995	3,59	0,78	4,06	0,95	4,79	1,10
1996	3,89	0,92	4,25	1,08	5,29	1,11
Anstieg:	1,75		1,92		2,81	

Auch eine Regressionsanalyse mit Δ_MARGE als abhängiger Variable unterstützt die Hypothese ansteigender Kreditzinsmargen über den Beobachtungszeitraum. Die zugehörigen Schätzergebnisse bezüglich der Koeffizienten der unabhängigen Variablen sind in Tab. 6-10 angegeben. Sie sind dort so angeordnet wie sie im folgenden besprochen werden.

Der Koeffizient der Variable Δ_TGS, also der Änderung des Tagesgeldsatzes während einer Transition, zeigt an, daß die Kreditzinsmarge bei einer Senkung des Interbanken-Tagesgeldsatzes um einen Prozentpunkt gerade um 0,444 Prozentpunkte steigt. Das Signifikanzniveau dieser Aussage liegt deutlich unter einem Prozent (p-Wert < 0,001). Dabei ist zu beachten, daß die nominalen Kreditzinsen sicherlich gesunken sind, jedoch aufgrund der sich erhöhenden Kreditzinsmarge in geringerem Umfang als die Geldmarktzinsen. Die Banken haben also die Verbesserung ihrer Refinanzierungskonditionen nicht in vollem Umfang an ihre Kunden weitergegeben.

Der Effekt der Variablen TGS_1, also des Zinsniveaus nach einer Transition, weist zusätzlich auf den Einfluß der absoluten Höhe des Zinsniveaus hin. Die Kreditzinsmarge erhöht sich bei einer Transition umso mehr, je niedriger das allgemeine Marktzinsniveau nach der Transition ist. Der Wert des Koeffizienten von –0,043 (p-Wert = 0,052) ist nicht nur statistisch (p = 0,052), sondern auch ökonomisch signifikant. Eine Differenz von 7 % in der absoluten Höhe des Zinsniveaus nach der Transition ist mit einem verstärkten Anstieg der Kreditzinsmarge von 0,3 % verbunden. Bei einem Kreditportefeuille mit einem Volumen von 100 Milliarden DM wäre das ein zusätzlicher Gewinn von 300 Millionen DM für die Bank.

Neben der absoluten Höhe des nach der Transition erreichten Zinsniveaus wurde auch die Höhe der Kreditzinsmarge vor der Transition (MARGE_0) als unabhängige Variable im Regressionsmodell berücksichtigt. Es zeigt sich, daß Kreditnehmer, die vor einer Transition vergleichsweise höhere Kreditzinsmargen an die Bank entrichtet haben, von einer Margenerhöhung vergleichsweise weniger betroffen sind. Bei einem um ein Prozent höheren Ausgangsniveau bezüglich der Kreditzinsmargen ergibt sich für den Kreditnehmer eine Verringerung des Margenanstieges um 0,376 % (p-Wert < 0,001). Dieses Resultat erscheint plausibel, da Kreditnehmer, die anfänglich höhere Kreditzinsmargen für die Bank erbringen, auch vergleichsweise höhere nominale Kreditzinsen entrichten. Sie werden deshalb bei der Senkung des allgemeinen Zinsniveaus nur eine eher reduzierte Erhöhung der Kreditzinsmargen akzeptieren. Insofern ist auch hier das Phänomen der Geldillusion ein ausschlaggebender Faktor für die Konditionensetzung der Bank. Hypothese ZZ(~)Geldillusion wird somit unterstützt.

Nach der Lokalisierung und Quantifizierung der Glättung von Kreditzinsmargen über die Zeit stellt sich nun die Frage, ob Geldillusion als alleiniges Phänomen für deren Erklärung gelten muß oder ob nicht die kreditnehmerrisikoorientierte Glättung nach dem Modell von Petersen und Rajan (1995) mit eine Rolle spielt. Ein Blick auf Tab. 6-9 zeigt, daß Kreditnehmer, die der Rating-Gruppe R56 angehörten, in den Jahren zwischen 1992 und 1996 die größten Ausweitungen der Kreditzinsmargen hinnehmen mußten. Der Mittelwert der Erhöhung betrug 2,81 %. Für Kreditnehmer der Rating-Gruppe R34 ergab sich eine mittlere Erhöhung der Kreditzinsmarge von 1,92 %. Der Anstieg fiel also hier moderater aus. Den geringsten Anstieg der Kreditzinsmarge verzeichneten die Kreditnehmer der Rating-Gruppe R12 bei einem Mittelwert von 1,75 %. Im Umfeld einer allgemeinen Zinssenkung, verbunden mit allgemeinen Margenausweitungen aufgrund des Phänomens der Geldillusion lassen die Ergebnisse dieser Analyse auch auf eine Anpassung der Kreditzinsmargen an sich ändernde Kreditnehmerqualitäten schließen. So können die Kreditnehmer der Rating-Gruppe R56 vor einer Transition sich in jeder der drei Rating-Gruppen R12, R34 und R56 befunden haben. Nach der Transition liegt in dieser Gruppe also ein Pool von Kreditnehmern vor, die sich in ihrer Qualität nur verschlechtert haben oder gleich geblieben sind. Insofern sollte bei dieser Klasse auch die größte Ausdehnung der Kreditzinsmarge bei sinkendem Zinsniveau zu beobachten sein.

Die Koeffizienten der Variablen R_x_y in der Regressionsanalyse sollten bezüglich der aus der deskriptiven Analyse resultierenden Überlegungen weitere Aufschlüsse erbringen. Insbesondere richtet sich die Aufmerksamkeit auf das Anpassungsverhalten von Kreditzinsen bzw. Kreditzinsmargen bei sich ändernder oder gleichbleibender Kreditnehmerqualität im Rahmen einer Rating-Transition. Denn das Vorliegen eines Zusammenhangs von Kreditzinsen und Kreditnehmerqualität bei statischer Betrachtung sollte durch die Ergebnisse einer Veränderungsanalyse ergänzt werden, um auch für die Zukunft einen stabilen Zusammenhang postulieren zu können. Deshalb sollte beispielsweise eine Rating-Transition von der Rating-Gruppe R12 zur Rating-Gruppe R34, d. h. die Dummy-Variable R_12_34 besitzt den Wert Eins, mit einer Erhöhung der Kreditzinsmarge seitens der Bank einhergehen, da ein Kreditnehmer der Rating-Gruppe R34 ein höheren Ausfallrisiko besitzt, das über eine höhere Ausfallprämie kompensiert werden muß, wenn die Bank auf Dauer rentabel arbeiten will. Dagegen sollte eine Rating-Transition von der Rating-Gruppe R56 zur Rating-Gruppe R34, d. h. R_56_34 ist gleich Eins, eine Senkung der Kreditzinsmarge mit sich bringen. Des weiteren sollte eine Bestätigung der Zugehörigkeit zu einer Rating-Gruppe ohne Auswirkungen auf die Kreditzinsmarge bleiben.

Tab. 6-10: Schätzergebnisse der Regression mit der Änderung der Kreditzinsmarge (Δ_MARGE) als abhängiger Variablen

Variable	Koeffizient	p-Wert	Zahl der Beobachtungen
Achsenabschnitt	1,395**	0,000	
Δ_TGS	-0,444**	0,000	
TGS_1	-4,229E-02*	0,052	
MARGE_0	-0,376**	0,000	
R_12_12	Referenz	Referenz	104
R_12_34	0,174	0,226	31
R_12_56	(0,572)	0,129	3
R_34_12	0,353*	0,041	22
R_34_34	0,465**	0,000	360
R_34_56	0,655**	0,000	66
R_56_12	(1,116*)	0,015	2
R_56_34	0,862**	0,000	30
R_56_56	0,675**	0,000	156
Δ_SICHERHEIT	7,354E-04	0,609	
LINIE_1	-4,134E-06*	0,026	
B1	Referenz	Referenz	
B2	0,303**	0,001	
B3	-0,338**	0,000	
B4	-6,795E-02	0,420	
B5	8,917E-02	0,366	

Adjustiertes R^2 = 0,470 (F = 27,832, p < 0,001)
** Statistische Signifikanz im Ein-Prozent-Bereich für zweiseitige Tests: p-Wert $\leq$ 0,01
* Statistische Signifikanz im Fünf-Prozent-Bereich für zweiseitige Tests: p-Wert $\leq$ 0,05
( ): Zahl der Beobachtungen ist sehr klein

Die Regressionsergebnisse bestätigen eine Anpassung der Kreditzinsmargen an sich ändernde Kreditnehmerqualitäten nicht. Die Koeffizienten der Rating-Transitionsgruppen R_12_34 und R_12_56 differieren nicht signifikant von der Referenzkategorie R_12_12, während die

Koeffizienten der Rating-Transitionsgruppen R_34_y und R_56_y, y ∈ {R12, R34, R56}, signifikante Abweichungen aufweisen. Es bestätigen sich hier die Ergebnisse der deskriptiven Analyse, daß Kreditnehmer, die vor einer Transition eine schlechte Qualität aufweisen, in Zeiten sinkender allgemeiner Marktzinsen eine stärkere Ausweitung der Kreditzinsmargen hinnehmen müssen. Eine stilisierte Darstellung dieser Idee bietet Abb. 6-5. Die Veränderung der Kreditzinsmarge der Rating-Transitionsgruppe R_34_34 vom Zeitpunkt t bis zum Zeitpunkt t+1 ist hier auf null normiert. Die Pfeile in der Abbildung geben auch nicht genau die Regressionsergebnisse wieder.

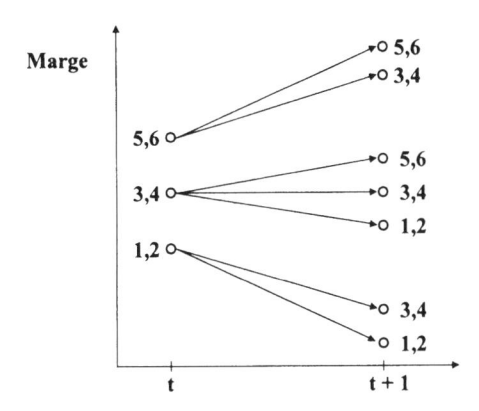

Abb. 6-5: Stilisierte Darstellung der Margenänderung bei Rating-Transition

Zusätzliche Variationen der hier durchgeführten Regressionsanalysen mit wechselndem Einsatz aller Rating-Transitionsgruppen als Referenzgrößen zeigen, daß es innerhalb der Rating-Transitionsgruppen R_56_y keine signifikanten Differenzen bezüglich der Änderung der Kreditzinsmargen gibt.[259] Bei den Rating-Transitionsgruppen R_34_y weist der Koeffizient der Variable R_34_56 allerdings im Vergleich zur Rating-Transitionsgruppe R_34_34 eine starke Kreditzinsmargenerhöhung aus (p-Wert = 0,069). Es wird aber auch deutlich, daß die Kreditzinsmargenerhöhung der Rating-Transitionsgruppe R_34_56 und diejenige der Rating-Transitionsgruppe R_56_34 nicht signifikant voneinander abweichen. Somit scheint es, als würden Banken Kreditnehmer der Rating-Transitionsgruppe R_34_56 wie solche der Gruppen R_56_y behandeln.

---

[259] Das ist auch für die Rating-Transitionsgruppen R_x_56 der Fall.

Letztlich liegt aufgrund der vorliegenden Ergebnisse die Schlußfolgerung nahe, daß innerhalb des Untersuchungszeitraumes von 1992 bis 1996 eine adäquate Anpassung der Kreditzinsmargen an sich verändernde Kreditnehmerqualitäten nicht erfolgt ist. Im betrachteten Zeitraum waren Banken anscheinend eher bestrebt, ihre Verhandlungsmacht auszuspielen, um bei sinkenden Refinanzierungszinsen ihre Kreditzinsmargen zu erhöhen. Nach den Überlegungen zur Zinsglättung sind sie dazu auch gezwungen, um eine Ertragskompensation für die Zugeständnisse in Zeiten hoher Zinsen zu erhalten. Die Verhandlungsmacht der Banken erwies sich demnach als stark, wenn die Kreditnehmerqualität niedrig war, und als schwach, wenn die Kreditnehmerqualität hoch war.

Zur Untermauerung der soeben angestellten Schlußfolgerung wurden zwei weitere modifizierte Regressionsansätze zur Analyse der Änderung von Kreditzinsmargen herangezogen. Dabei sind die Dummies R_x_y für die verschiedenen Rating-Transitionsgruppen durch noch zu erläuternde Dummies für andere Gruppierungen ersetzt worden. In der ersten Regressionsanalyse zur Untersuchung der Anpassung von Kreditzinsmargen dienten die Dummy-Variablen R_x_0 als Ersatz. Sie stehen für die Zugehörigkeit von Kreditnehmern zu jeweils einer der drei Rating-Gruppen R12, R34 und R56 vor dem Auftreten einer Transition. In der zweiten Regressionsanalyse wurden die Dummy-Variablen R_y_1 eingefügt. Sie stehen für die Zugehörigkeit von Kreditnehmern zu jeweils einer der drei Rating-Gruppen R12, R34 und R56 nach dem Auftreten einer Transition. In beiden Ansätzen diente die Rating-Gruppe R12 als Referenzgröße. Die Ergebnisse sind durchweg hochsignifikant. Alle Koeffizientenwerte weisen ein Signifikanzniveau kleiner 0,001 auf. Sie bestätigen die Ansicht, daß Banken ihre Verhandlungsmacht über die Zugehörigkeit der Kreditnehmer zu einer bestimmten Rating-Gruppe vor und nach einer Rating-Transition definieren. Bei der ersten Regressionsanalyse ergeben sich für die Rating-Gruppen R_34_0 mit 0,431 und R_56_0 mit 0,656 im Vergleich zur Rating-Gruppe R_12_0 signifikant positive Werte. Die zweite Regressionsanalyse erbringt für die Rating-Gruppen R_34_1 und R_56_1 im Vergleich zur Referenzgruppe R_12_1 ebenfalls signifikant positive Koeffizientenwerte in Höhe von 0,361 und 0,554. Zudem sind die Koeffizienten der Variablen R34 und R56 in beiden Regressionen signifikant voneinander verschieden.

Aufgrund dieser zusätzlichen Ergebnisse erscheint die These gerechtfertigt, daß die Verhandlungsmacht der Banken bei der Konditionenfestsetzung von einem gewichteten Mittel aus dem Rating vor und nach einer Transition abhängt. In einer Zeit sinkender Marktzinsen ist diese Verhandlungsmacht ausschlaggebend für die Durchsetzung der Erhöhung von Kreditzinsmargen.

Tab. 6-11: Schätzergebnisse der Regressionsvariante I, Änderung der Kreditzinsmarge (Δ_MARGE) als abhängige Variable, R_x_0 als unabhängige Variablen

Variable	Koeffizient	p-Wert	Zahl der Beobachtungen
Achsenabschnitt	1,352**	0,000	
Δ_TGS	-0,440**	0,000	
TGS_1	-0,037	0,085	
MARGE_0	-0,366**	0,000	
LINIE_1	-3,885E-06*	0,036	
R_12_0	Referenz	Referenz	138
R_34_0	0,431**	0,000	448
R_56_0	0,656**	0,000	188
B2	0,303**	0,001	
B3	-0,334**	0,000	
B4	-0,051	0,5445	
B5	0,109	0,266	

Adjustiertes $R^2 = 0,466$ (F = 40,662, p < 0,000)
** Statistische Signifikanz im Ein-Prozent-Bereich für zweiseitige Tests: p-Wert $\leq 0,01$
* Statistische Signifikanz im Fünf-Prozent-Bereich für zweiseitige Tests: p-Wert $\leq 0,05$

Tab. 6-12: Schätzergebnisse der Regressionsvariante II, Änderung der Kreditzinsmarge (Δ_MARGE) als abhängige Variable, R_y_1 als unabhängige Variablen

Variable	Koeffizient	p-Wert	Zahl der Beobachtungen
Achsenabschnitt	1,309**	0,000	
Δ_TGS	-0,463**	0,000	
TGS_1	-0,036	0,096	
MARGE_0	-0,340**	0,000	
LINIE_1	-4,237E-06*	0,024	
R_12_1	Referenz	Referenz	128
R_34_1	0,361**	0,000	424
R_56_1	0,554**	0,000	225
B2	0,307**	0,000	
B3	-0,281**	0,002	
B4	-0,0244	0,771	
B5	0,120	0,222	

Adjustiertes $R^2 = 0,455$ (F = 38.988, p < 0,001)
** Statistische Signifikanz im Ein-Prozent-Bereich für zweiseitige Tests: p-Wert $\leq 0,01$
* Statistische Signifikanz im Fünf-Prozent-Bereich für zweiseitige Tests: p-Wert $\leq 0,05$

In die ursprünglich besprochene Regressionsanalyse der Änderung von Kreditzinsmargen wurden weitere Variablen einbezogen, die im folgenden noch besprochen werden sollen.

Wie bei der Analyse der Kreditzinsmargen als Bestandsgröße hat die Kreditbesicherung keinen Einfluß auf die Margengestaltung. Die Variable Δ_SICHERHEIT besitzt keinen signifikanten Koeffizienten. Dagegen wirkt sich die Höhe der Kreditlinie im Zeitpunkt nach der Transition (LINIE_1) positiv für den Kreditnehmer aus. Der zugehörige Koeffizient läßt sich bei einem Signifikanzniveau von 2,6 % dahingehend interpretieren, daß eine 50 Millionen DM höhere Kreditlinie im Zeitpunkt nach einer Transition zu einer Milderung der Kreditzinsmargenerhöhung von 0,2 Prozentpunkten führt.

Die in die Analyse einbezogenen Banken-Dummies weisen auf signifikante Unterschiede zwischen den einzelnen Instituten hin. Im Vergleich zu Bank B1, die als Referenzgröße herangezogen wurde, konnte die Bank B2 ihre Kreditzinsmargen über den Untersuchungsraum deutlicher erhöhen. Der zugehörige Koeffizient wies einen Wert von 0,303 bei einem Signifikanzniveau von 0,001 auf. Dagegen konnte Bank B3 ihre Kreditzinsmargen vergleichsweise weniger erhöhen. Der Koeffizient dieser Bank wies einen Wert von −0,338 auf (p-Wert < 0,001).

Variationen und Erweiterungen des hier verwendeten Regressionsansatzes mit weiteren Variablen, insbesondere denen aus der Bestandsanalyse der Kreditkonditionen und der Kreditverfügbarkeit in Abschnitt 6.3, konnten keinerlei zusätzliche Erkenntnisfortschritte erbringen. Zur Entlastung der Koeffizientenschätzung und zur Gewährleistung einer besseren Übersichtlichkeit bei der Darstellung der Ergebnisse wurden diese Ansätze bzw. Variablengrößen nicht berücksichtigt.

Das hier verwendete Regressionsmodell zur Analyse der Änderung von Kreditzinsmargen erscheint wohl definiert. Das adjustierte Bestimmtheitsmaß R^2, das die Erklärungskraft des Gesamtmodells widerspiegelt, besitzt einen Wert von 0,470 bei einem Wert der Test-Variable für den Gesamtzusammenhang F = 27,832 und einem p-Wert für das zugehörige Signifikanzniveau, der kleiner als 0,001 ist. Die Normalverteilungseigenschaft der sich aus dem Schätzvorgang ergebenden Residuen ist gegeben. Vergleiche dazu Anhang 12.

6.4.4 Änderungen der Kreditbesicherung

Auch zur Untersuchung des Zusammenhangs von Rating-Änderungen und Änderungen der Kreditbesicherung wurde eine Regressionsanalyse durchgeführt. Es sei hier schon vorweggenommen, daß keine aussagekräftigen Ergebnisse erzielt werden konnten. Der Umfang des vorhandenen Datensatzes erweist sich hier sicherlich als restringierender Faktor. Die Regressionsanalyse zur Änderung der Kreditverfügbarkeit im nächsten Abschnitt leidet ebenfalls unter diesem Manko.

Einen ersten Einblick in die Entwicklung der Kreditbesicherung über den Betrachtungszeitraum von 1992 bis 1996 hinweg vermittelt Tab. 6-13. Für die drei Rating-Gruppen R12, R34 und R56 werden die Mittelwerte und Standardabweichungen der Kreditbesicherung in diesem Zeitraum dargestellt. Es ergibt sich ein recht einheitliches Bild der Kreditbesicherung, sowohl über die verschiedenen Rating-Gruppen als auch über die verschiedenen Jahre hinweg. Insofern deutet sich anhand dieser deskriptiven Statistiken schon an, daß eine Regressionsanalyse mit der Veränderung des besicherten Anteils der Gesamtkreditlinie als abhängiger Variable und den Dummies für die Rating-Transitionsgruppen sowie weiteren Kontrollgrößen als unabhängigen Variablen keine signifikanten Resultate erzeugt. Die geschätzten Koeffizienten der Regression in Tab. 6-14 bestätigen diese Vermutung. Die Koeffizienten der Dummy-Variablen R_x_y bezüglich der einzelnen Rating-Transitionsgruppen weisen weder signifikante noch in irgendeiner Form systematische Züge auf.

Tab. 6-13: Entwicklung der Besicherung in Prozent der Gesamtkreditlinie im Zeitraum von 1992 bis 1996 für die Rating-Gruppen R12, R34 und R56

Jahr	R12		R34		R56	
	Mittelwert	Std.abw.	Mittelwert	Std.abw.	Mittelwert	Std.abw.
1992	28	36	27	30	42	27
1993	45	39	30	30	46	30
1994	37	33	28	29	51	28
1995	37	36	32	33	50	30
1996	38	38	35	33	41	28

Das gewählte Regressionsmodell scheint aber insofern nicht fehlspezifiziert zu sein, als eine Erhöhung der Kreditlinie (Δ_LINIE) tendenziell zu einer Senkung des besicherten Anteils der Kreditlinie führt. Bei Annahme einer gewissen Trägheit der Sicherheitenbeibringung seitens des Kreditnehmers ist das ein plausibler und sogar notwendigerweise zu erwartender Zusammenhang.

Das Niveau der Besicherung vor einer Transition besitzt ebenfalls, zumindest aus statistischer Sichtweise, einen plausiblen Zusammenhang zur Änderung des besicherten Anteils der Kreditlinie (p-Wert < 0,001). Je höher das bisherige Sicherheitenniveau, desto geringer die weitere Zunahme des Besicherungsanteils. Der geschätzte Wert des Koeffizienten der Variable SICHERHEIT_0 ist aber weit entfernt von jeglicher ökonomischer Signifikanz.

Eine auch ökonomisch relevante Aussage liefern die Dummy-Variablen über das Vorliegen einer Haftungszusage von anderen Teilen eines Unternehmensverbundes. Die Variable HAFTZUS_0_1 gibt beispielsweise an, daß im Zeitpunkt vor der Transition noch keine Haftungszusage bestand, im Zeitpunkt nach der Transition aber eine solche vorlag. Deswegen ist das erste Suffix in der Variablenbezeichnung gleich Null und das zweite gleich Eins. Der Wert des Koeffizienten ist unerwarteterweise (oder doch nicht unerwarteterweise) Weise positiv. Das heißt, im Rahmen einer vom Kreditnehmer beigebrachten Haftungszusage wird auch das Niveau der sonstigen Sicherheitenstellung erhöht. Dieses Ergebnis wurde bereits in der Bestandsanalyse zur Kreditbesicherung in Abschnitt 6.3.3 erzielt. Zur Begründung der Herkunft dieses Phänomens ist dort die Vermutung angestellt worden, daß die Haftungszusage von Banken lediglich als eine Ergänzung bzw. eine Selbstverständlichkeit der ausgedehnten Sicherheitenstellung von Unternehmen angesehen wird.

Tab. 6-14: Schätzergebnisse der Regression mit der Änderung des besicherten Anteils der Gesamtkreditlinie ($\Delta\_SICHERHEIT$) als abhängiger Variablen

Variable	Koeffizient	p-Wert
Achsenabschnitt	12,619**	0,000
SICHERHEIT_0	-0,229**	0,000
Δ_LINIE	-4,366E-04**	0,001
HAFTZUS_0_0	Referenz	Referenz
HAFTZUS_0_1	12,715**	0,004
HAFTZUS_1_0	-5,511	0,283
HAFTZUS_1_1	2,755	0,230
R_12_12	0,639	0,785
R_12_34	-7,164*	0,059
R_12_56	13,340	0,201
R_34_12	-2,991	0,522
R_34_34	Referenz	Referenz
R_34_56	1,750	0,551
R_56_12	2,513	0,844
R_56_34	0,861	0,845
R_56_56	4,696*	0,046
B1	Referenz	Referenz
B2	-6,576**	0,010
B3	-5,923*	0,020
B4	1,538	0,521
B5	0,854	0,758

Adjustiertes R^2 = 0,156 (F = 6,575, p < 0,001)
** Statistische Signifikanz im Ein-Prozent-Bereich für zweiseitige Tests: p-Wert ≤ 0,01
* Statistische Signifikanz im Fünf-Prozent-Bereich für zweiseitige Tests: p-Wert ≤ 0,05

Letztlich haben die vorliegenden Regressionsergebnisse gezeigt, daß die Anpassung von Kreditsicherheiten an die Änderung der Kreditnehmerqualität einer Trägheit unterliegt. Eine unmittelbare Erhöhung der Besicherung bei sinkender Kreditnehmerqualität oder eine unmittelbare Freigabe von Sicherheiten bei steigender Kreditnehmerqualität ist nicht festzustellen. Das ist wegen des mit der Sicherheitenstellung verbundenen Transaktionsaufwandes und der im Einzelfall auch begrenzten Verfügbarkeit von Sicherungsgegenständen nicht überraschend.

Aufgrund der ermittelten sonstigen Zusammenhänge scheint das vorliegende Regressionsmodell wohlspezifiziert zu sein. Das Bestimmtheitsmaß R^2 weist mit einem Wert von 0,156 auf einen signifikanten Erklärungsbeitrag der Gesamtheit der einbezogenen unabhängigen Variablen hin.

6.4.5 Änderung der Kreditverfügbarkeit

Die Untersuchung der Änderung der Kreditverfügbarkeit, repräsentiert durch die absolute Änderung der Kreditlinie,[260] kann ebenfalls keine Verbindung zur Änderung der Kreditnehmerqualität bzw. zur Rating-Transition feststellen. Schon die deskriptive Analyse der Gesamtkreditlinie in Prozent der Bilanzsumme des Kreditnehmers offenbart keine signifikanten Differenzen zwischen den verschiedenen Rating-Gruppen bzw. zwischen verschiedenen Jahren der Betrachtung. Vergleiche dazu Tab. 6-15. Die Mittelwerte der Rating-Gruppe R56 sind zwar optisch höher als diejenigen der Gruppen R12 und R34, was mit der These aus Abschnitt 6.3.4 einhergeht, daß Kreditnehmer schlechterer Qualität sich eher auf die konzentrierte Finanzierung durch eine Bank verlassen; jedoch sind wegen der hohen Standardabweichungen keine gesicherten statistischen Aussagen möglich.

Tab. 6-15: Höhe der Gesamtkreditlinie in Prozent der Bilanzsumme im Zeitraum von 1992 bis 1996 für die Rating-Gruppen R12, R34 und R56

	R12		R34		R56	
Jahr	Mittelwert	Std.abw.	Mittelwert	Std.abw.	Mittelwert	Std.abw.
1992	22	16	21	21	40	45
1993	20	15	22	19	32	50
1994	17	13	23	21	31	45
1995	21	22	20	17	33	49
1996	21	24	19	14	28	27

Eine zusätzlich durchgeführte Regressionsanalyse zur Erklärung der Kreditverfügbarkeit lieferte keine weiteren Hinweise (vgl. Tab. 6-16). Die Plausibilität des gewählten Regressionsmodells ist aber durchaus gegeben. Der geschätzte Koeffizient der Variablen LINIE_0, also der Höhe der Kreditlinie vor einer Transition, zeigt an, daß die Ausweitung der Kreditlinie über die Zeit durch eine zuvor existierende hohe Kreditlinie negativ beeinflußt wird. Der Wert des Bestimmheitsmaßes R^2 von 0,030 zeigt aber deutlich die Grenzen der Erklärungskraft dieses Regressionsansatzes auf.

---

[260] Eine Regression der Änderung der Kreditlinie im Verhältnis zur Bilanzsumme wurde ebenfalls versucht. Sie erbrachte auch keine plausiblen Ergebnisse. Insbesondere die Bestandsgröße „Kreditlinie im Verhältnis zur Bilanzsumme" als unabhängige Variable zeigte, obwohl erwartet, keinen signifikanten Effekt an.

Tab. 6-16: Schätzergebnisse für die Regression mit der Änderung der Gesamtkreditlinie in TDM (Δ_LINIE) als abhängiger Variablen

Variable	Koeffizient	p-Wert
Achsenabschnitt	2419,705**	0,003
LINIE_0	-0,093**	0,000
R_12_12	592,090	0,486
R_12_34	-1049,192	0,439
R_12_56	3771,894	0,367
R_34_12	737,195	0,641
R_34_34	Referenz	Referenz
R_34_56	-320,517	0,739
R_56_12	-983,993	0,847
R_56_34	-286,550	0,833
R_56_56	-567,271	0,428
B1	Referenz	Referenz
B2	-844,940	0,333
B3	-720,440	0,402
B4	-1297,302	0,138
B5	-617,728	0,475

Adjustiertes $R^2 = 0,030$ (F = 2,851, p < 0,001)
** Statistische Signifikanz im Ein-Prozent-Bereich für zweiseitige Tests: p-Wert $\leq$ 0,01
* Statistische Signifikanz im Fünf-Prozent-Bereich für zweiseitige Tests: p-Wert $\leq$ 0,05

Die Veränderungsanalyse der Kreditlinie, aber auch der Kreditzinsmargen und der Kreditbesicherung hat insgesamt gezeigt, daß Aussagen über die Einflußfaktoren von Änderung der Kreditkonditionen in statistisch signifikanter Form nicht einfach zu erhalten sind. Das liegt vor allem hier am restringierten Datensatz und am beschränkten Zeithorizont (1992 bis 1996). In diesem Zeitraum fand sowohl auf der Zinsseite als auch auf Seiten der allgemeinen Wirtschaftstätigkeit eine Entwicklung in nur eine Richtung statt. Das Zinsniveau ermäßigte sich in monotoner Form deutlich und die konjunkturelle Entwicklung nahm sukzessive zu. Zur Erlangung eines vollständigen Abbildes der Zusammenhänge im Kreditgeschäft hätte auch ein Zyklus mit rückläufiger volkswirtschaftlicher Entwicklung integriert werden müssen. Dies ist aber allein schon deshalb nicht erreichbar, weil Banken ihre alten Kreditakten weniger systematisch ablegen als die aktuellen und es deshalb für die Erhebungspersonen immer schwerer wird, verläßliche Daten zu erfassen.

6.5 Vergleichende Zusammenfassung und Interpretation der Ergebnisse

Die vorliegende Studie zielt darauf ab, den Zusammenhang zwischen Kreditkonditionen und Kreditnehmerqualität unter besonderer Berücksichtigung der Qualität von Kunde-Bank-Beziehungen zu untersuchen. Die Existenz spezieller Beziehungen zwischen Schuldnern und Gläubigern ist ein herausragendes Unterscheidungsmerkmal von Bankkrediten und Kapitalmarktkrediten. Ein Aufbau solcher Beziehungen ist bei Kapitalmarktkrediten schon aufgrund der Vielzahl von Gläubigern nicht möglich. Nachverhandlungen sind in diesem Kontext aufgrund des hohen Koordinierungsaufwandes eher selten.

Der dieser Studie zugrundeliegende Datensatz ist in seiner Art einmalig. Er wurde aus den Kreditakten von fünf deutschen Großbanken gewonnen. Dabei liegt die Betonung auf der Abbildung einer Kreditbeziehung als Ganzes. Frühere Studien basierten dagegen fast immer auf Daten von Einzelkrediten, die über Umfragen externer Stellen gewonnen wurden.[261] Der hier verwendete Datensatz gibt zudem die Entwicklung einzelner Kunde-Bank-Beziehungen für einen Zeitraum von fünf Jahren wieder. Dadurch sind stabilere Aussagen über die Natur der Beziehung möglich. Es können insbesondere die Ursachen von Zinsglättungsphänomenen über die Zeit direkter untersucht werden.

Herausragende Eigenschaft des Datensatzes ist das Vorliegen von Bewertungen der Kreditnehmerqualität in Form bankinterner Ratings und das Vorliegen einer Hausbankvariablen zur Dokumentation der Qualität der Kunde-Bank-Beziehung. Die Ratingsysteme der verschiedenen Banken sind in ein Meta-Ratingsystem mit den Klassen „1" bis „6" transformiert worden. Somit wurde erst eine Vergleichbarkeit zwischen den Kreditnehmern verschiedener Kreditinstitute möglich. Frühere Studien konnten, wenn überhaupt, nur Bilanzkennziffern als Approximation der Kreditnehmerqualität heranziehen. Diese besitzen den Nachteil der ausschließlichen Vergangenheitsorientierung. Zudem vernachlässigen sie strategische Erfolgsfaktoren wie die Marktstellung und die Managementqualität der analysierten Unternehmen vollständig.

Bei der Analyse des Zusammenhangs von Kreditkonditionen und Kreditnehmerqualität wurden weitere Einflußfaktoren der Kreditkonditionen, die diesen Zusammenhang beeinflussen, identifiziert. Es folgt nun ein ausführlicher Vergleich der Ergebnisse der vorliegenden Studie

---

[261] Vgl. u.a. Berger und Udell (1990, 1992, 1995), Petersen und Rajan (1994, 1995).

(M) mit den Ergebnissen anderer Studien[262], die in Kapitel 4 vorgestellt worden sind. Tab. 6-18 bietet dazu einen Gesamtüberblick. An den entsprechenden Stellen dieses Vergleichs sind die mit den Ergebnissen korrespondierenden Hypothesen, die in Kapitel 3 abgeleitet wurden, zur einfacheren Orientierung des Lesers in eckigen Klammern angegeben.

Kreditzinsmargen stehen in einem monotonen entgegengesetzten Zusammenhang zur Kreditnehmerqualität. Diese Aussage basiert in der vorliegenden Arbeit auf einer Unterteilung der Kreditnehmerqualität in die sechs Klassen des eigens entwickelten Meta-Ratingsystems. Ein solch differenziertes Ergebnis bezogen auf die Kreditnehmerqualität konnte bisher nur in Studien von börsengehandelten Anleihen wie Fons (1987), Altman (1989), Nöth (1995) und Düllmann, Uhrig-Homburg und Windfuhr (1998) erzielt werden. Bankkreditbezogene Untersuchungen wie Blackwell und Winters (1997) und Harhoff und Körting (1998) konnten nur eine rudimentäre Klassifizierung von Kreditnehmern in zwei Kategorien vornehmen. Lediglich Elsas und Krahnen (1998), die denselben Datensatz verwenden, und die später entstandene Studie von Lehmann und Neuberger (1998) können ähnlich differenzierte Aussagen über die Kreditnehmerqualität und deren Implikationen machen. [Hypothesen ZQ(-)Risiko, ZQ(~)GK96]

Der Zusammenhang zwischen dem besicherten Anteil der Kreditlinie und der Kreditnehmerqualität ist nicht so eindeutig wie bei den Kreditzinsmargen, jedoch läßt sich in Übereinstimmung mit den Arbeiten von Berger und Udell (1990, 1995) und Harhoff und Körting (1998) feststellen, daß Kreditnehmer schlechter Qualität mehr Sicherheiten stellen. Dies ist zwar nicht nur aus Kompensationsüberlegungen [Hypothese SQ(-)Risiko], sondern auch aus Anreizgründen [Hypothese SQ(-)BH89] plausibel, jedoch können die vorliegenden empirischen Arbeiten die zweite Ursache nicht adäquat überprüfen. Signalisierungsüberlegungen postulieren den umgekehrten Zusammenhang. Gute Kreditnehmer stellen mehr Sicherheiten, um ihre Qualität herauszustellen. In der vorliegenden Arbeit wurde auch dieser Zusammenhang anhand des Vergleichs von Kreditnehmern bester und mittlerer Qualität befürwortet [Hypothese SQ(+)B85]. Auch Blackwell und Winters (1997) kommen in ihrer Studie zu dieser Schlußfolgerung.

Die Ergebnisse bezüglich der Gesamtkreditlinie in Prozent der Bilanzsumme eines Kreditnehmers weisen darauf hin, daß Kreditnehmern schlechter Qualität deutlich mehr Kredit in

---

[262] Einen Überblick über die Bezeichnung dieser Studien und der dafür verwendeten Abkürzungen gibt Tab. 6-17.

Relation zu ihrer Bilanzsumme von einer Bank zur Verfügung gestellt wird als guten Kreditnehmern. Die Einbeziehung der Hausbankvariablen in die Analyse zeigt darüber hinaus, daß speziell problembehaftete Hausbankkunden unterstützt werden. Dieser Befund geht einher mit den Resultaten von Hoshi, Kashyab und Scharfstein (1990, 1991). Es scheint also ein besonderes Verantwortungsbewußtsein einer Hausbank gegenüber Problemkunden zu bestehen, sicherlich auch deshalb, weil sie über intertemporale Kompensationsmöglichkeiten verfügt. Sie ist somit bestrebt, das Fortbestehen des Kreditnehmers durch Liquiditätshilfen zu unterstützen. Die in diesem Zusammenhang ebenfalls oft herangezogene Variable zur Dauer der Kunde-Bank-Beziehung, die allerdings weniger eine Aussage über die Kundenbindung als über die Informationssituation der Bank machen sollte, hatte in der vorliegenden Studie wie auch bei Harhoff und Körting (1998) keine Wirkung, während Petersen und Rajan (1995) für die USA einen Effekt auf die Kreditverfügbarkeit feststellen [Hypothese VB(+)Asymm].

Eigentlich wäre zu erwarten gewesen, daß das Vorliegen einer Hausbankbeziehung auch eine Auswirkung auf die Kreditzinsmargen hat. Petersen und Rajan (1995) kommen zu diesem Ergebnis. Allerdings besitzt der von ihnen verwendete Datensatz den Nachteil der fehlenden intertemporalen Nachvollziehbarkeit von einzelnen Kreditbeziehungen. Insofern bleiben ihre Ergebnisse diskussionswürdig. In der vorliegenden Analyse gab es keinen Hinweis auf einen Einfluß von Hausbankbeziehungen [Hypothese ZQ(~)PR95]. Auch der Abbau asymmetrischer Information über die Dauer einer Kunde-Bank-Beziehung besaß keinen Einfluß auf die Kreditzinsmarge. Während Berger und Udell (1995) und Blackwell und Winters (1997) einen Zusammenhang diesbezüglich feststellen, sehen auch viele andere Studien keine signifikante Verbindung zur Kreditzinsmarge [Hypothese ZB(-)Asymm].[263]

Die Kreditbesicherung ist vom Vorliegen einer Hausbankbeziehung und von der Dauer der Kunde-Bank-Beziehung nach den Erkenntnissen von Berger und Udell (1995) insofern beeinflußt, als der Kreditnehmer mit der Dauer der Beziehung weniger Sicherheiten im Verhältnis zu seiner Gesamtkreditlinie beim Kreditinstitut stellt. Dies scheint aufgrund des zunehmenden Informationsniveaus der Bank und der damit verbundenen besseren Vorhersagbarkeit der wirtschaftlichen Entwicklung des Kreditnehmers intuitiv zu sein. Die hier vorliegende Studie kommt allerdings zu einem konträren Ergebnis. Hausbanken halten im Verhältnis zur Kreditlinie mehr Sicherheiten als Nichthausbanken. Die Erklärung liegt teilweise auch in der besseren Informiertheit der Hausbanken. Sie können Besicherungspotentiale leichter ausmachen.

---

[263] Vgl. dazu Tab. 6-18, Hypothese ZB(-)Asymm.

Des weiteren ist beim Bestehen einer Hausbankbeziehung von einer Vielzahl bereits beendeter Geschäfte auszugehen, mit denen auch eine Sicherheitenstellung verbunden war. Solange diese Sicherungsvereinbarungen von der Bank noch nicht rückgängig gemacht worden sind, können sie auch als Haftungsmasse für noch bestehende Geschäfte dienen. Dementsprechend ist auch der besicherte Teil der Gesamtkreditlinie bei Hausbankkunden tendenziell höher als bei Nichthausbankkunden. [Hypothese SB(-)Asymm].

Aufgrund des nicht feststellbaren Einflusses der Hausbankeigenschaft auf die Kreditzinsmargen wird in dieser Arbeit die Existenz von Zinsglättungseffekten, hervorgerufen durch implizite kreditnehmerrisiko- bzw. zinsänderungsrisikoorientierter Versicherungsverträge, verneint [Hypothesen ZQ(~)PR95, ZZ(~)FH]. Nichtsdestotrotz sind Zinsglättungseffekte, d. h. das Vorliegen einer Trägheit bei der Anpassung von Kreditzinsen an Bewegungen der Geld- und Kapitalmarktzinsen, zu beobachten. Das hat sich sowohl bei der Bestands- als auch bei der Veränderungsanalyse der Kreditzinsmargen gezeigt. Die beiden Zinsarten verlaufen allerdings nicht entgegengesetzt. Ein positiver Zusammenhang, wie in vielen anderen Studien festgestellt, ist natürlich gegeben [Hypothese ZZ(+)Sicherheit].

Die Trägheit der Kreditzinsen ist auch nicht auf Einflüsse unterschiedlicher Besicherung zurückzuführen. Der Zusammenhang zwischen Kreditzinsmargen und Besicherung ist nicht in signifikanter Form nachzuweisen [Hypothese ZS(-)Risiko].

Als mögliche Ursache kommt auch das Phänomen der Geldillusion in Frage. Schon die frühe volkswirtschaftliche Forschung hat dieses Phänomen zur Erklärung von Verhaltensanomalien herangezogen.[264] Es wurde erkannt, daß Wirtschaftssubjekte ihre Entscheidungen eher an Nominalwerten als an Realwerten orientieren. Für die Vorgänge auf Kreditmärkten bedeutet dies, daß Kreditnehmer in Zeiten hoher allgemeiner Marktzinsen abgeneigt sind, weitere Aufschläge in Form von Kreditzinsmargen zu akzeptieren. Sie empfinden das nominale Niveau der Zinsen als zu hoch, obwohl es real gesehen sogar niedriger sein kann als in Zeiten niedriger nominaler Marktzinsen. In Zeiten niedriger nominaler Marktzinsen sind sie dann aufgrund des optisch niedrigen Niveaus eher bereit, höhere Aufschläge zu akzeptieren [Hypothese ZZ(~)Geldillusion]. Da Geldillusion ein alle Wirtschaftssubjekte betreffendes Phänomen ist, muß sich die Bank zur Kompensation ihrer Zugeständnisse in Zeiten hoher Zinsen nicht auf

---

[264] Vgl. dazu Fisher (1928).

die Bindung eines Kunden bis zum Erreichen von Zeiten niedriger Zinsen verlassen. Insofern stellt die damit verbundene Zinsglättung ein stabiles Phänomen dar.

Abschließend sind noch die Effekte der Rechtsform, der Unternehmensgröße und des Geschäftsvolumens zusammenzutragen. Die vorliegende Studie stellt bezüglich der Rechtsform fest, daß Kapitalgesellschaften gegenüber Personengesellschaften und Einzelunternehmen geringere Zinsen zahlen und weniger Sicherheiten stellen. Nur Petersen und Rajan (1994) kommen bezüglich der Kreditzinsen zum gleichen Ergebnis. Ansonsten ergeben sich in anderen Studien keine signifikanten Hinweise bezüglich des Einflusses der Rechtsform auf die Kreditkonditionen [Hypothesen ZR(-), SR(-)].

Unternehmensgröße und Geschäftsvolumen wirken sich mindernd auf Zinsen und Sicherheiten aus. Für die Zinsen werden auch in vielen anderen Untersuchungen die gleichen Ergebnisse festgestellt.[265] Bezüglich der Sicherheiten gibt es nur zwei Studien, die zum Vergleich herangezogen werden können. Es sind dies die Arbeit von Berger und Udell (1995) und von Harhoff und Körting (1998). Harhoff und Körting kommen zu ähnlichen Resultaten, während Berger und Udell das Gegenteil feststellen. Berger und Udell können allerdings, ebenso wie Harhoff und Körting, mit der Verwendung einer 0-1-Variablen für die Kreditbesicherung nur den Anteil der Kredite ermitteln, die in irgend einer Form besichert sind, nicht jedoch die Besicherungshöhe von einzelnen Kreditnehmern. Die Ergebnisse dieser Studien bezüglich der Kreditbesicherung sind deshalb nicht besonders aussagekräftig. [Hypothesen ZU(-), ZG(-), SU(-), SG(-)]

Bei einem Blick auf Tab. 6-18 ist zu ersehen, daß bezüglich der Hypothesen ZQ(~)SW81, ZQ(-)B85 und SQ(~)unvollV keine empirischen Ergebnisse zugeordnet werden konnten. Eine Aufnahme in den Katalog zu testender Hypothesen wurde trotzdem vorgenommen, um zu demonstrieren, daß eine Überprüfung von theoretisch abgeleiteten Aussagen durch empirische Studien nur dann sinnvoll ist, wenn ein adäquates Untersuchungsdesign gegeben ist.

---

[265] Vgl. Tab. 6-18.

Tab. 6-17: Erklärung der Abkürzungen zur Bezeichnung der Studien

F87	Fons (1987)
A89	Altman (1989)
N95	Nöth (1995)
DUW98	Düllmann / Uhrig-Homburg / Windfuhr (1998)
BU92	Berger / Udell (1992)
PR94	Petersen / Rajan (1994)
BU95	Berger / Udell (1995)
PR95	Petersen / Rajan (1995)
BW97	Blackwell / Winters (1997)
BU90	Berger / Udell (1990)
HK98	Harhoff / Körting (1998)
LN98	Lehmann / Neuberger (1998)
ES98	Ewert / Schenk (1998)
EK98	Elsas / Krahnen (1998)
M	Machauer

Tab. 6-18: Zusammenfassende Kurzillustration der Ergebnisse empirischer Studien bezogen auf die zu testenden Hypothesen, insbesondere der Ergebnisse der hier vorgestellten Studie (M)

Hypothese	F 87	A 89	N 95	DUW 98	BU 92	PR 94	BU 95	PR 95	BW 97	BU 90	HK 98	LN 98	ES 98	EK 98	M
ZQ(-)Risiko	+	+	+	+		~		+			+	+	~	+	+
ZQ(~)SW81															
ZQ(-)B85															
ZQ(~)GK96															-
ZQ(~)PR95								+		~					-
ZB(-)Asymm					~	+		+		~	~	~	~	~	
ZZ(+)Sicherheit		+			+		+						~	~	+
ZZ(~)FH80				+						~					-
ZZ(~)Geldillusion															+
ZS(-)Risiko					~		-			~			~		~
ZU(-)				+	~	+	+				+	+	+	+	+
ZR(-)					~	-	~				~	~			-
ZG(-)									+					+	+
SQ(-)Risiko					+				+	+					+
SQ(+)B85					-	+	-								+
SQ(-)BH89															
SQ(~)unvollV															
SB(-)Asymm					+										-
SU(-)					-					+					+
SR(-)					~				~						-
SG(-)												-			+
VB(+)PR95					+	+			~						+
VB(+)Asymm						+			~				+		~
VU(+)					~	+			~						+
VR(+)					~	~			~						+

„+": Ergebnisse unterstützen Hypothese in signifikanter Form,
„-": Ergebnisse konträr zur Hypothese in signifikanter Form,
„~": Ergebnisse sind nicht signifikant,
„ ": (Leerfeld): keine Ergebnisse bezüglich der Hypothese herausgearbeitet.

6.6 Kritische Würdigung der Ergebnisse

Die vorliegende Studie hat gezeigt, daß die Kreditnehmerqualität gemessen anhand bankinterner Ratings, und hier insbesondere anhand eines bankübergreifenden Meta-Ratingsystems, ein bestimmender Faktor für die Kreditkonditionen in einer Kreditbeziehung von Unternehmen und Banken ist. Die Qualität der Kunde-Bank-Beziehung, deren Differenziertheit Bankkredite von Kapitalmarktkrediten unterscheidet, weist in Bezug auf die Kreditzinsmargen keine bedeutende Wirkung auf, während die Kreditbesicherung und die Kreditverfügbarkeit durchaus davon beeinflußt werden. Wenn dieses Ergebnis bezüglich der Kreditbesicherung aber dahingehend interpretiert wird, daß in einer Hausbankbeziehung ein gewisser Bestand an Kreditsicherheiten aus Altgeschäften noch im Besitz der Bank befindlich ist, weil die Bank Sicherungsvereinbarungen nicht aufgelöst hat oder weil eine Reserve für eventuell zu tätigende spätere Geschäfte gehalten werden soll, so ist auch hier kein direkter Einfluß der Kundenbindung zu sehen. Insofern lassen sich die Ergebnisse der Studie dahingehend auslegen, daß Hausbanken in der heutigen Zeit auf eine Kundenbindung und damit auf eine Glättung der Kreditkonditionen über die Zeit nicht mehr bauen können. Aus diesem Grund dürfte der Zusammenhang zwischen Kreditnehmerqualität und Kreditkonditionen nicht deutlich gestört sein.

Die Analyseergebnisse weisen darauf hin, daß die Anpassung der Kreditkonditionen an die Kreditnehmerqualität einer gewissen Trägheit unterliegt. Gerade bei den Kreditzinsmargen von Kontokorrentkrediten wäre aber eine schnellere Reaktion seitens der Banken zu erwarten gewesen. Die Trägheit der Kreditbesicherung ist eher nachzuvollziehen.

Ein Zweifel an den Resultaten der Veränderungsanalyse, insbesondere bezüglich der Anpassung der Kreditkondtionen an die Änderung der Kreditnehmerqualität, ist aufgrund des begrenzten Datenumfangs durchaus berechtigt. Die Aufspaltung der Kreditnehmer in verschiedene Gruppen orientiert am aktuellen und am ursprünglichen Rating führt zu einer für statistische Zwecke oft geringen Zahl der Gruppenmitglieder. Eine Verstärkung der betroffenen Gruppen durch eine entsprechende Samplingkonzeption wäre wünschenswert.

Bezüglich der Glättung von Kreditzinsen über die Zeit ergibt sich allerdings durch die Ergebnisse der Veränderungsanalyse eine Bestätigung der Erkenntnisse aus der Bestandsanalyse. Im Zeitraum von 1992 bis 1996 sank das allgemeine Marktzinsniveau, während die Kreditzinsmargen stiegen. Als Ursache wurde das Phänomen der Geldillusion angeführt.

Zur ergänzenden Bestätigung dieser Ergebnisse sollte der vorliegende Datensatz auch einen Zeitraum umfassen, in dem die Marktzinsen sukzessive steigen. Die Grenzen der Datenverfügbarkeit wurden im durchgeführten Datenerhebungsprojekt allerdings schon erreicht. Die Kreditakten früherer Jahre wiesen deutliche Lücken auf. Außerdem waren bei einigen Banken in früheren Jahren noch keine ausgereiften Ratingsysteme vorhanden.

Die Datenerhebung und die vorliegende Studie mußten also zwangsläufig an Grenzen stoßen. Zum einen aufgrund beschränkter Datenverfügbarkeit, zum anderen aber auch aufgrund der begrenzten Ressourcen bei der Datenerhebung, und damit verbunden aufgrund eines begrenzten Zeitbudgets. Das Forschungsprojekt am Center for Financial Studies in Frankfurt tritt aber in eine zweite Phase ein, die es ermöglicht, weitere Daten zu sammeln und somit aussagekräftigere Analysen durchzuführen.

6.7 Ausblick

Wie im letzten Abschnitt erläutert waren die Möglichkeiten der hier durchgeführten Analysen, insbesondere die Möglichkeiten der Veränderungsanalyse, aufgrund der fehlenden Datenmenge beschränkt. Bei größeren Datenumfängen könnte eine höhere Aussagekraft durch ausgefeiltere Techniken der Panelanalyse[266] erzielt werden. In der vorliegenden Studie erbrachten sie keine Verbesserung der Ergebnisse.

Im Hinblick auf zukünftige Datenerhebungen bei Banken stellt sich natürlich die Frage, wie eine Lösung des Datenproblems unter Berücksichtigung der Kapazitätsrestriktionen sowohl auf Forscher- als auch auf Bankenseite angegangen werden könnte und insbesondere wie groß der wünschenswerte Datenumfang wäre.

Die Auswertung des vorliegenden Datensatzes hat gezeigt, daß sich die meisten Kreditnehmer in den Rating-Klassen 3 und 4 (Rating-Gruppe R34) befinden. Für die Klassen 1 und 2 (R12) sowie 5 und 6 (R56) ergaben sich deutlich weniger Kreditnehmer. Aus diesem Grund wäre es sinnvoll aus der Gesamtheit der Kreditnehmer dieser Gruppen jeweils getrennt eine Stichprobe zu ziehen.

---

[266] Eine ausführliche Darstellung dieser Analyseform bietet Baltagi (1996).

Jede dieser drei Stichproben könnte 100 Kreditfälle pro Bank umfassen.[267] Der damit verbundene Erhebungsaufwand wäre allerdings für die am bisherigen Projekt des Centers for Financial Studies beteiligten Forschergruppen nicht tragbar. Deshalb könnte eine Dezentralisierung der Datenerhebung die Lösung sein. Es besteht die Möglichkeit, daß jede Bank selbständig unter der Vorgabe von Erhebungsrichtlinien seitens der Forschergruppen die benötigten Daten erfaßt. Dazu wäre eine Zuweisung der Erhebung von jeweils 10 Kreditfällen pro Stichprobe, also von 30 Kreditfällen insgesamt, an 10 Hauptfilialen der einzelnen Banken im gesamten Bundesgebiet denkbar. Die Hauptfilialen könnten die Fälle ihrerseits auf untergeordnete Filialen verteilen. Letztlich sollten dann die Daten jedes zu erhebenden Kreditfalls vom Kreditsachbearbeiter vor Ort, d. h. in der entsprechenden Filiale, in der der Kreditnehmer seine Konten führen läßt, erfaßt werden. Damit wird die Dauer des Datenerhebungsvorgangs pro Erhebungsperson deutlich reduziert und der damit verbundene Aufwand in vertretbarer Form verteilt. Zudem ist zu erwarten, daß sich auch die Gesamtzeit der Erhebung deutlich verringert, da die Kreditsachbearbeiter vor Ort ihre Kreditfälle genau kennen. Sie sind somit in der Lage, die Datenerfassungsbögen schneller auszufüllen.

Durch eine jährliche Fortschreibung der einmal festgelegten Kreditfälle kann sich ein Datenpanel entwickeln, das gegenüber dem vorliegenden Datensatz ein breiteres Spektrum an Kreditfällen auch für die Randklassen des Meta-Ratingsystems bietet. Der Beobachtungszeitraum dehnt sich sukzessive aus. Somit werden nach einer gewissen Zeit auch Hoch- und Niedrigzinsphasen und verschiedene Konjunkturzyklen in diesem Panel enthalten sein. Darüber hinaus ist bei Vorliegen eines größeren Erhebungszeitraums auch ein besseres Verfolgen von Kreditfällen möglich, die letztlich im Konkurs enden. Die Integration einer adäquaten Anzahl von Neukreditnehmern in das Panel wäre als ein sich aus dieser Datenerhebungskonzeption ergebendes Sonderproblem zu beachten. Dessen Lösung soll hier allerdings nicht versucht werden.

Der soeben vorgeschlagene Weg des Aufbaus eines „Bankenpanels der Bundesrepublik Deutschland" ist sicherlich mit großem Aufwand verbunden und erfordert von allen Beteiligten Geduld. Jedoch wird die Vielfalt der sich dann eröffnenden Untersuchungsmöglichkeiten diesen Aufwand rechtfertigen.

---

[267] Natürlich kann der Datenumfang für statistische Analysen nicht groß genug sein. Die gewählte Zahl der zu erhebenden Kreditfälle wägt aber zwischen dem Wunsch des Statistikers und dem sich ergebenden Erhebungsaufwand ab.

6.8 Implikationen der Ergebnisse für das Bankgeschäft

Die in dieser Arbeit gewonnenen Erkenntnisse deuten darauf hin, daß die Kreditnehmer absteigender Qualitätsklassen, repräsentiert durch die Zugehörigkeit zu den Klassen 1 bis 6 eines eigens konstruierten, bankenübergreifenden Meta-Ratingsystems, sukzessive mit höheren Kreditzinsen rechnen müssen. Die Besicherung der Kreditengagements konnte, bei allen Vorbehalten bezüglich der bankinternen Bewertung und der Anpassungsträgheit dieser Kreditkondition, eine solche Eigenschaft zumindest andeuten. Eine adäquate Behandlung der Kreditnehmerqualität ist aber erst durch das rechnerisch korrekte Zusammenspiel dieser beiden Kreditkonditionsarten zu erreichen. Ein Weg in diese Richtung wäre die strikt getrennte Bewertung einzelner Kredite bei aktueller und akkurater Ermittlung der Kreditzinsen und der Kreditsicherheiten. Unter Einbeziehung der Kreditnehmerqualität wäre so eine risikoadjustierte Ergebnisermittlung bezogen auf jedes einzelne Geschäft möglich.[268]

Die Existenz einer Hausbankbeziehung, die als potentieller Einflußfaktor auf die Kreditkonditionen ins Auge gefaßt werden muß, wirkt sich nur in Form von Unterschieden bei der Kreditbesicherung aus. Es wurde allerdings bereits eingeräumt, daß diese Unterschiede auch rein technischer Natur sein können, nämlich aufgrund eines bei der Hausbank verbliebenen Sicherheitenbestandes aus Altverträgen. Die Diskrepanz zwischen der Besicherung von Hausbank- und Nichthausbankkunden sollte also nicht zu ernst genommen werden. Ansonsten scheint die heutzutage existierende Konkurrenz auf dem Bankenmarkt eine für Hausbanken berechenbare Kundenbindung nicht zuzulassen. Die Höhe der Kreditzinsen wird durch das Vorliegen einer Hausbankbeziehung nicht beeinflußt. Es ergibt sich also auch unter Einbeziehung der Hausbankeffekte eine Orientierung der Kreditkonditionen an der Kreditnehmerqualität.

Die vergleichbare Behandlung von Kreditnehmern einer Qualitätsklasse bezüglich der Kreditkonditionen fördert die Handelbarkeit von Krediten bzw. Kreditengagements zwischen Banken. Das hier eingeführte Meta-Ratingsystem könnte den Banken in diesem Zusammenhang als Vergleichsbasis dienen. Ein sich daraus entwickelndes und funktionierendes Handelssystem würde es den Banken erlauben, Einseitigkeiten in ihren Kreditprotefeuilles zu eliminieren. Auch die adäquate Versicherung von Kreditrisiken oder von Kreditrisikobündeln wäre über die Risikoeinschätzung anhand von Ratings möglich.

---

[268] Einen Überblick über Systeme risikoadjustierter Ergebnisermittlung geben Altman und Saunders (1998) und Matten (1996).

Es ist durchaus denkbar, daß die Banken in Zukunft ihr eigenes Ratingsystem zugunsten eines übergeordneten Ratingsystems aufgeben. Zur Erzielung einer einheitlichen Vorgehensweise bei der Ratingermittlung könnten dann sogenannte Grundsätze einer ordnungsgemäßen Erteilung von Ratings[269] von zentralen Instanzen geschaffen werden. Darüber hinaus wäre eine Überprüfung der Einhaltung solcher Grundsätze sicherzustellen. Diese Aufgabe könnten auch Wirtschaftsprüfer übernehmen.

Die schnellere Anpassung von Kreditverträgen an sich ändernde Kreditnehmerqualitäten wäre durch die Einführung neuartiger Kreditverträge möglich, die es den Kreditinstuten erlauben, eine Nachverhandlung der Kreditkonditionen zu fordern, falls sich die Kreditnehmerqualität verschlechtert. Darüber hinaus sollte es den Kreditnehmern erlaubt sein, Nachverhandlungen zu fordern, falls sich ihre Qualität verbessert. Bei der Existenz eines Meta-Ratingsystems, das in seiner Qualitätsermittlung öffentlich ist, wäre die Überprüfbarkeit des Eintritts einer Nachverhandlungsmöglichkeit gegeben. Insgesamt könnte durch die Einführung solcher Verträge und der damit verbundenen erleichterten Handelbarkeit von Krediten bzw. Kreditengagements eine Flexibilisierung des Bankkreditmarktes erreicht werden.

---

[269] Vgl. dazu die Ausführungen von Schmidt (1996), S. 152 ff.

Kapitel 7
Schlußbemerkung

Die vorliegende Arbeit konnte anhand eines Datensatzes mit bankinternen Informationen über Kreditengagements kleiner und mittelständischer Unternehmen empirische Aussagen über das Bankverhalten in Kreditbeziehungen, insbesondere über die Vereinbarung von Kreditzinsen und Kreditsicherheiten und die Neigung der Banken zur Bereitstellung von Krediten, machen. Von besonderem Interesse war der Zusammenhang dieser Größen mit der Kreditnehmerqualität und der Qualität der Kunde-Bank-Beziehung. Zur Herstellung einer einheitlichen Argumentationsbasis und eines einheitlichen Analyserahmens wurde ein breites Spektrum an Hypothesen zum Bankverhalten in Kreditbeziehungen aus theoretischen und intuitiven Überlegungen abgeleitet.

Der zur Verfügung stehende Datensatz ermöglichte es, eine Kreditbeziehung als Ganzes über einen Zeitraum von 1992 bis 1996 zu verfolgen. Die Einschätzung der Kreditnehmerqualität erfolgte anhand von bankinernen Kredit-Ratings, die zu einem Meta-Ratingsystem über alle beteiligten Banken vereinheitlicht wurden. Zudem konnte eine Abfrage der Existenz von Hausbankbeziehungen vorgenommen werden. Es liegen auch Angaben zur gesamten Kreditaufnahme und zum Gesamtbestand an Kreditsicherheiten von Unternehmen bei einer Bank vor. Die Entnahme der Daten aus den Kreditprotokollen der Kreditinstitute bedeutet, daß die entscheidungsrelevanten Parameter für die durchzuführenden Untersuchungen zur Verfügung standen.

Die durchgeführte Analyse der Kreditkonditionen zeigt, daß schlechte Kreditnehmer im Durchschnitt höhere Kreditzinsen bezahlen und mehr auf die Kreditfinanzierung bei einer bestimmten Bank angewiesen sind. Hausbanken erhalten mehr Sicherheiten, bieten dem Kreditnehmer aber auch ein Mehr an Kreditverfügbarkeit. Über den Zeitraum von 1992 bis 1996 hinweg ist eine Ausdehnung der Kreditzinsmargen zu beobachten. Dies wurde darauf zurückgeführt, daß die Kreditnehmer einem Geldillusionseffekt unterliegen. Deshalb sind sie in Zeiten eines hohen allgemeinen Zinsniveaus (hier: 1992) weniger und in Zeiten eines niedrigen Zinsniveaus (hier: 1996) eher bereit, hohe Kreditzinsmargen als Aufschlag auf die Refinanzierungskosten der Banken zu entrichten. Eine korrekte Anpassung an Ratingänderungen konnte für den Beobachtungszeitraum nicht festgestellt werden. Davon ausgehend eine fehlende Ausrichtung des Bankverhaltens an der Kreditnehmerqualität zu unterstellen, wäre aber wegen der eingeschränkten Datenlage als verfrüht zu bezeichnen.

Insgesamt ist den Banken eine qualitätsorientierte Konditionensetzung zuzusprechen. Die Intensität der Kunde-Bank-Beziehung hat dabei nur einen bedingten Einfluß. Eine Vergleichbarkeit der Kreditengagements anhand des eingeführten Meta-Ratingsystems ist gegeben.

Für weitergehende Untersuchungen, insbesondere bezüglich der Anpassung von Kreditkonditionen an Ratingänderungen, wäre eine breitere Datenbasis, die zudem einen längeren Zeithorizont umfaßt, vonnöten. Vielleicht kann ein in Zukunft existierendes „Bankenpanel" diesbezüglich Abhilfe schaffen.

Anhang

Anhang 1   Erfolgs- und Bilanzkennzahlen der Kreditinstitute in Deutschland 227
Anhang 2   Das Datenerfassungsschema 228
Anhang 3   Definition der Jahresabschlußkennzahlen für Teil 4 (Bilanzdaten) des
           Erfassungsschemas aus Anhang 2 235
Anhang 4   Häufigkeitsverteilungen von Kredit-Ratings 1992 – 1995 237
Anhang 5   Ergebnisse der Koeffizientenschätzung des Regressionsmodells mit
           der Kreditzinsmarge als abhängiger Variable und dem
           Bilanzvolumen statt der Gesamtkreditlinie als unabhängiger Variable
           zur Kontrolle von Größeneffekten 238
Anhang 6   Nachweis für das Vorliegen der Normalverteilungseigenschaft bei
           den Residuen der Regressionsanalyse von MARGE 239
Anhang 7   Schätzergebnisse bezüglich des erweiterten Regressionsmodells mit
           der Kreditbesicherung als abhängiger Variablen und den
           Interaktionsvariablen für die Hausbankeigenschaft verbunden mit
           dem Kreditnehmer-Rating 241
Anhang 8   Nachweis für das Vorliegen der Normalverteilungseigenschaft bei
           den Residuen der Regressionsanalyse von SICHERHEIT 242
Anhang 9   Korrelationsanalyse zwischen der Anzahl der Bankverbindungen und
           der Bilanzsumme von Unternehmen im Datensatz 244
Anhang 10 Nachweis für das Vorliegen der Normalverteilungseigenschaft bei
           den Residuen der Regressionsanalyse von LINIE 245
Anhang 11 Schätzergebnisse bezüglich des erweiterten Regressionsmodells mit
           der Gesamtkreditlinie in Prozent der Bilanzsumme des
           Kreditnehmers als abhängiger Variablen und den

Interaktionsvariablen für die Hausbankeigenschaft verbunden mit
dem Kreditnehmer-Rating.. 247

Anhang 12 Nachweis für das Vorliegen der Normalverteilungseigenschaft bei
den Residuen der Regressionsanalyse von Δ_MARGE........................... 248

Anhang 1

Erfolgs- und Bilanzkennzahlen der Kreditinstitute in Deutschland

Tab. 7-1: Erfolgskennzahlen der Kreditinstitute in Deutschland (Quelle: Deutsche Bundesbank, 1997)

Position	Betrag (Mio. DM)	in Prozent des Geschäftsvolumens
Zinsüberschuß	140.861	1,70
Bewertungsergebnis	-21.807	0,26
Provisionsüberschuß	29.214	0,35
Nettoergebnis aus Finanzgeschäften	4.132	0,05
Allgemeine Verwaltungsaufwendungen	110.017	1,33
Saldo der sonstigen betrieblichen und außerbetrieblichen Erträge und Aufwendungen inklusive Steuern	23.371	0,28
Jahresüberschuß	19.012	0,23

Tab. 7-2: Bilanzkennzahlen der Kreditinstitute in Deutschland (Quelle: Deutsche Bundesbank, 1997)

Geschäftsart	Betrag (Mrd. DM)	in Prozent des Geschäftsvolumens
Kredite an Kreditinstitute	2.723	32,8
Kredite an Nichtbanken	5.125	61,9
Beteiligungen	136	1,6
Sonstige Aktivpositionen	308	3,7
Geschäftsvolumen	8292	100,0

Anhang 2

Das Datenerfassungsschema

1. Teil: KN-Beschreibung

lfd Nr	Nr	Feldname	Datum	Art d. Angabe	Erläuterungen
1	1	Bank		Kurztext	Name der Bank
2	2	Datum der Vorlage		Datum	
3	3	Lfd. Nr. des Datensatzes		Alphanum.	Zur Anonymisierung keine Angabe des bankinternen Ordnungsmerkmals
4	4	Rechtsform		Auswahl	AG/KG/GmbH/etc.
5	5	Branche		Alphanum.	lt. Angabe in KA-Vorlage
6	6	Verbundunternehmen?		Auswahl	Konzern/K.-Teil/Unabh.
7	7	Vorlagen-Typ		Auswahl	Kredit/Überwach./Sonst
8	8	Vorlagen-Grund		Textfeld	Engagementänderung (welche)?
9	9	Kunde seit		Numerisch	
10	10	Kreditnehmer seit		Numerisch	
11	12	Anzahl Bankverbindungen		Numerisch	Soweit verfügbar
12	13	Ist die Bank die Hausbank des KN?		j/n	wenn positiv ersichtlich
13	14	Wird eine Konten-/Kundenkalkulation durchgeführt?		j/n	
14	15	Erfolgswert aus KuK-Kalkulation		Kurztext	z. B. Ertrag, Kosten oder Saldo (nur wenn 13)
15	16	Vertretung des KI im AR/Beirat		j/n	
16	17	Wenn ja, Vorsitz im AR/Beirat		j/n	nur wenn 15 = ja
17	18	Cross-Selling-Argumente?		j/n	
18	19	Sind allgemeine Covenants vereinbart, die sich nicht auf einen bestimmten Kreditvertrag, sondern auf die gesamte Kundenbeziehung beziehen?		Kurztext	Bsp.: Negativerklärungen, Ausschüttungsrestriktionen, Einhaltung v. Bilanzkennzahlen, etc. hier nur allg. C. angeben.

2. Teil: Kreditbeziehung, Investitions-Darlehen

	Nr	Feldname	Datum	Art d. Angabe	Erläuterungen
19	1	Kreditart		Auswahl	Annuität / konstante Tilgung / Endfällig / Sonst
20	2	Nennbetrag		Numerisch	
21		Restbetrag		num.	
22	3	Disagio		Numerisch	0, wenn keines
23	4	Effektivzins %		Numerisch	soweit verfügbar
24	5	Vereinbarter Zins %		Numerisch	
25	6	Festzins?		j/n	
26	7	Zins zuletzt vereinbart am?		Datum	
27	8	Laufzeit		Numerisch	
28	9	Vereinbarte Zinsbindungsdauer		Numerisch	0, wenn keine
29	10	Anfängliche Tilgung %		Numerisch	wenn 19 ungleich Endfällig
30	11	Annuität (Höhe)		Numerisch	wenn 19 = Annuität
31	12	Name des Referenz-Zinssatzes für 23/24		Textfeld	wenn angegeben
32	13	Kreditbeschreibung		Kurztext	sofern nicht durch obige Felder erfaßbar; z. B. nicht in der Liste enthaltener Referenzzins
33	14	Sind Covenants vereinbart (spezifisch für langfristige Inv.-Darlehen)?		Kurztext	wenn nicht unter Nr. 18

3. Teil: Kreditbeziehung, Gesamtkreditengagement

	Nr	Feldname	Datum	Art d. Angabe	Erläuterungen
34		**Engagement-Beschreibung:**			
35	1	Gesamt-Obligo des KN bei KI		Numerisch	evtl. berechnen
36		Gesamt-Obligo bei allen KI		Numerisch	höheres
37	2	Inanspruchn. des Ges.-Obligo % bei		Numerisch	evtl. berechnen
38		Art der Änderung		Textfeld	
39		**Kontokorrentkredite:**			
40	3	Zugesagte Linie		Numerisch	0, wenn keine Linie
41	4	Vereinbarter Zins %		Numerisch	0, wenn keine Linie
42		Marge		numerisch	Angabe, berechnen
43	5	Linie zuletzt vereinbart am	Datum		
44	6	Inanspruchnahme des KKK %		Numerisch	evtl. berechnen
45		**Avalkredite:**			
46	7	Zugesagte Linie		Numerisch	0, wenn keine Linie
47	8	Vereinbarter Zins %		Numerisch	0, wenn keine Linie
48	9	Linie zuletzt vereinbart am	Datum		
49	10	Inanspruchnahme v. Avalkrediten %		Numerisch	evtl. berechnen
50		**Wechseldiskontkredite:**			
51	11	Zugesagte Linie		Numerisch	0, wenn keine Linie
52	12	Vereinbarter Zins %		Numerisch	0, wenn keine Linie
53		Marge		num.	Angabe, berechnen
54	13	Linie zuletzt vereinbart am	Datum		
55	14	Inanspruchnahme von WDK %		Numerisch	evtl. berechnen
56		**Sonstige Kredite**			
57	15	Art		Textfeld	
58	16	bewilligte Höhe		numerisch	
59		vereinbarter Zins		num	
60		Marge		numerisch	wenn sinnvoll
61	17	Inanspruchnahme			

4. Teil: Bilanzdaten

Nr		Feldname	Datum	Art d. Angabe	Erläuterungen
62	1	Bilanzsumme		Numerisch	
63	2	kurzfr. Fremdkapital		Numerisch	Vertragslaufzeit <= 1 Jahr und langfr. mit RLZ <=1
64	3	gesamtes Fremdkapital		Numerisch	alles FK lt. Bilanz
65	3	Eigenkapital		Numerisch	gez. Kap + Kapitalrücklagen + Gewinnrücklagen + Gewinnvortrag + Jahresüberschuß
66	4	Sonderposten mit Rücklageanteil		Numerisch	
67	5	Rückstellungen		Numerisch	
68	5	Mittel- u. langfristige Passiva		Numerisch	Eigenkapital + Pensionsrückstellungen +langfr. FK
69	6	Liquide Mittel		Numerisch	Kasse, Schecks, Bankguthaben, Wertpapiere des Umlaufvermögens
70	7	Mittel- u. langfristige Aktiva		Numerisch	Anlagevermögen + Forderungen + sonst. VG mit einer RLZ > 1 Jahr
71	8	Umsatz		Numerisch	Umsatz
72	9	Aufwendungen für Forschung und Entwicklung		numerisch	wenn angegeben (Erläuterungen zur GuV, Anhang, Lagebericht)
73	9	Jahresüberschuß vor Steuern		Numerisch	gemäß GuV
74	10	Ergebnis der gewöhnlichen Geschäftstätigkeit		Numerisch	gemäß GuV
75	11	Zinsaufwand		Numerisch	gemäß GuV
76	12	Steuern vom Einkommen und Ertrag		Numerisch	gemäß GuV
77	13	Abschreibungen		Numerisch	gemäß GuV
78	14	Zuführung zu Rückstellungen		Numerisch	gemäß GuV
79	15	Cash Flow		Numerisch	Keine Berechnungen bei der Eingabe!
80	16	Eigenkapital-Quote %		Numerisch	keine Berechnung
81	17	Verschuldungsgrad %		Numerisch	keine Berechnung
82	18	Gesamtkapital-Rentabilität %		Numerisch	keine Berechnung
83	19	Anlagen-Deckungsgrad %		Numerisch	keine Berechnung, wenn beide, 1

5. Teil: Kreditsicherheiten

	Nr.	Feldname	Datum	Art d. Angabe	Erläuterungen
84	1	Haftungszusage verbundener Unt.?		j/n	
85	2	Sicherheitenpool?		j/n	
86	3	Ist Bank Führer dieses Pools?		j/n	nur wenn lfd 85 = ja
87	4	Grundpfandrechte vorhanden?		j/n	
88	5	Bewertete Höhe von 87		Numerisch	Keine %-Angaben!
89	6	Andere dingliche Sicherheiten vorhanden?		j/n	z. B. Sicherungs-Übereignung, Mobiliar-Sicherheiten
90	7	Bewertete Höhe von 89		Numerisch	s. lfd. 88
91	8	Persönliche Sicherheiten vorhanden?		j/n	z. B. Bürgschaften, Garantien, Patronatserklärungen
92	9	Bewertete Höhe von 91		Numerisch	s. lfd. 88
93	10	Negativklauseln vorhanden?		j/n	
94	11	Blanko-Anteil %		Numerisch	0, wenn keiner
95		Sonstiges		Textfeld	bei Bedarf (z.B. Rangrücktritt bei Gesellschafterdarlehen etc.)

6. Teil: Risiko-Beurteilung

Nr		Feldname	Datum	Art d. Angabe	Erläuterungen
96	1	Gesamt-Beurteilung des KN		Kurztext	mit Berücksichtigung der Sicherheiten
97	2	Gesamt-Beurteilung des KN vor Sicherheiten		Kurztext	ohne Berücksichtigung von Sicherheiten. Angabe nur wenn aus der KA-Vorlage ersichtlich
98	3	Gesamt-Beurteilung der Branche		Kurztext	
99	4	Gesamt-Ratingkennzahl des KN		Alphanum.	
100	5	System-Rating des KN?		j/n	
101	6	Gesamt-Ratingkennzahl des Kredits		Alphanum.	soweit verfügbar
102	7	Teil-Ratingkennzahl für Marktstellung des KN		Alphanum.	
103	8	Teil-Ratingkennzahl für Finanz- & Ertragslage des KN		Alphanum.	
104	9	Teil-Ratingkennzahl für das Management des KN		Alphanum.	
105	10	Teil-Rating für das Management des KN		Kurztext	
106	11	KKK-Analyse durchgeführt?		j/n	
107	12	Durchschn. KKK-Umsatz		Numerisch	nur wenn 106 =ja
108	13	Anteil Ø KKK-Umsatz am Gesamtumsatz des KN %		Numerisch	s. 108
109	14	hoher Auslandsanteil an Firmengeschäft?		j/n	wenn vermerkt
110	15	Geschäftsrisikobezogene Finanzgeschäfte		Auswahl 0-3	Hedge-Geschäfte, wenn vermerkt (keine (0), Währungs(1)-, Zins-(2), sonstige Preisrisiken(3))
111	16	geogr. Geschäftsfeld		1-4	regional (1), Bundesland (2), bundesweit (3), international (4)

7. Teil: Distress-Informationen

Nr.		Feldname	Datum	Art d. Angabe	Erläuterungen
112	1	Änderung des Engagements?		j/n	nur wenn ja: Nr. 113-123
113	2	Grund/Auslösendes Ereignis		Kurztext	
114	3	Datum des auslösenden Ereignisses		Datum	soweit greifbar
115		Form der Begrenzung:			
116	4	Reduzierung einer o. mehrerer Linien		j/n	
117	5	Einforderung einer zusätzlichen Besicherung		j/n	Besicherung vorher unbesicherter Linien
118	6	Preispolitik		j/n	Konditionen-Anpassung
119	7	Wechselqualität		j/n	
120	9	Stundung v. Zins- und/oder Tilgungszahlungen		j/n	
121	10	Neuverhandlung des gesamten Engagements		j/n	
122	11	Kündigung/Fälligkeitsstellung des Kredits		j/n	
123	12	Sonstiges		Kurztext	Stichworte, soweit nicht durch 115-122 erfaßt
124	13	Problemfall/Sonderbehandlung?		j/n	nur wenn ja: Nr. 125-134
125	14	Grund/Auslösendes Ereignis		Kurztext	
126	15	Datum des auslösenden Ereignisses		Datum	soweit greifbar
127		Maßnahmen:			
128	16	Verwertung von Sicherheiten		j/n	
129	17	Sanierung		j/n	
130	18	Abwicklung		j/n	
131	19	Bankenpool für San./Abwicklung		j/n	
132	20	Ist die Bank Führer dieses Pools		j/n	nur wenn 125 = ja
133	21	Wertberichtigung in % des Gesamt-Engagements		Numerisch	ggfs. ausrechnen
134	22	Sonstiges		Kurztext	Stichworte, soweit nicht durch 128-133 erfaßt

Anhang 3

Definition der Jahresabschlußkennzahlen für Teil 4 (Bilanzdaten) des Erfassungsschemas aus Anhang 2

Im folgenden sind die Berechnungsformeln für die Jahresabschlußkennzahlen angegeben, deren Eingangsgrößen aus den erhobenen Datenpunkten mit der laufenden Nummer 62 bis 78 des Datenerfassungsschemas entnommen werden können. Nach der Berechnungsformel folgt die genaue Bezeichnung der Datenpunkte im Erfassungsschema. Die Größen mit der laufenden Nummer 79 bis 83 des Erfassungsschemas stellen die entsprechenden Jahresabschlußkennzahlen dar, die von den Banken nach eigenen Berechnungsmodi ermittelt wurden.

Cash Flow
= Jahresüberschuß vor Steuern
− Steuern vom Einkommen und Ertrag
+ Abschreibungen
+ Rückstellungen

Eigenkapitalquote
= Eigenkapital
/ Bilanzsumme

Verschuldungsgrad
= gesamtes Fremdkapital
/ Eigenkapital

Gesamtkapitalrentabilität
= (Jahresüberschuß vor Steuern + Zinsaufwand)
/ Bilanzsumme

Anlagedeckungsgrad
= mfr. u. lfr. Passiva
/ mfr. u. lfr. Aktiva

Mfr. u. lfr. Passiva
= Eigenkapital
+ gesamtes Fremdkapital
– kurzfristiges Fremdkapital

Anhang 4

Häufigkeitsverteilungen von Kredit-Ratings 1992 – 1995

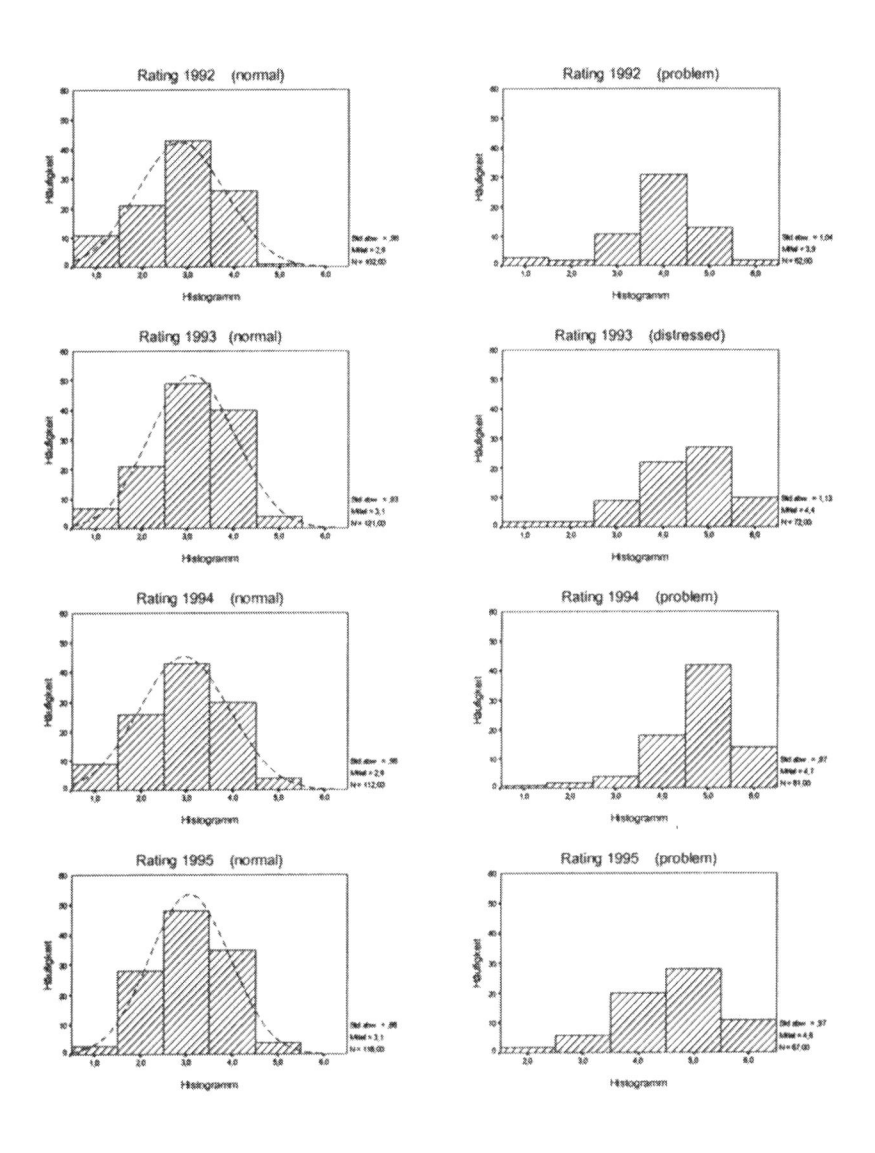

Anhang 5

Ergebnisse der Koeffizientenschätzung des Regressionsmodells mit der Kreditzinsmarge als abhängiger Variable und dem Bilanzvolumen statt der Gesamtkreditlinie als unabhängiger Variable zur Kontrolle von Größeneffekten

Kreditzinsmarge (MARGE) als abhängige Regressionsvariable

Variable	Koeffizient	p-Wert
Achsenabschnitt	7,069**	0,000
R12	Referenz	Referenz
R3	0,338**	0,000
R4	0,777**	0,000
R5	0,923**	0,000
R6	1,236**	0,000
SICHERHEIT	4,580E 03**	0,000
HAFTZUS	0,125	0,169
BS	-8,940E-07**	0,001
TGS	-0,517**	0,000
KAPG	Referenz	Referenz
PERSG	0,239*	0,042
EINZELU	0,593**	0,004
NICHTHAUSBANK	Referenz	Referenz
HAUSBANK	-3,039E-02	0,659
ZAHLBANK	2,918E-03	0,710
DAUERKBB	-3,356E-03	0,105
B1	Referenz	Referenz
B2	0,722**	0,000
B3	-0,494**	0,000
B4	-0,113	0,279
B5	-8,258E-02	0,485
J92	Referenz	Referenz
J93	-2,691E-02	0,876
J94	-0,515	0,082
J95	-0,846*	0,016
J96	-1,247	0,004

Adjustiertes R^2 = 0,590 (F = 45,647, p ≤ 0,001)

** Statistische Signifikanz im Ein-Prozent-Bereich für zweiseitige Tests: p-Wert ≤ 0,01
* Statistische Signifikanz im Fünf-Prozent-Bereich für zweiseitige Tests: p-Wert ≤ 0,05

Anhang 6

Nachweis für das Vorliegen der Normalverteilungseigenschaft bei den Residuen der Regressionsanalyse von MARGE

Das Vorliegen der Verteilungseigenschaft der Residuen kann durch einen sogenannten Stem-and-Leaf Plot veranschaulicht werden:

```
Unstandardized Residual Stem-and-Leaf Plot

 Frequency     Stem &  Leaf
     3,00  Extremes    (=<-2,5)
     5,00        -1 .  89
     3,00        -1 .  7&
     5,00        -1 .  44&
    15,00        -1 .  2222233
    26,00        -1 .  0000000111111
    26,00        -0 .  888888889999
    56,00        -0 .  6666666666666677777777777777
    55,00        -0 .  4444444444444455555555555555
    71,00        -0 .  222222222222222233333333333333333333
    72,00        -0 .  000000000000000111111111111111111111
    69,00         0 .  0000000000000000000111111111111
    67,00         0 .  2222222222222222222333333333333
    58,00         0 .  4444444444455555555555555555
    36,00         0 .  666666666677777777
    26,00         0 .  8888888899999
    20,00         1 .  0001111111
    14,00         1 .  223333
    10,00         1 .  44455
     7,00         1 .  667
     3,00         1 .  8&
     9,00  Extremes    (>=2,1)

 Stem width:   1,00000
 Each leaf:       2 case(s)
```

& denotes fractional leaves.

Ein Boxplot komprimiert diese Darstellung.

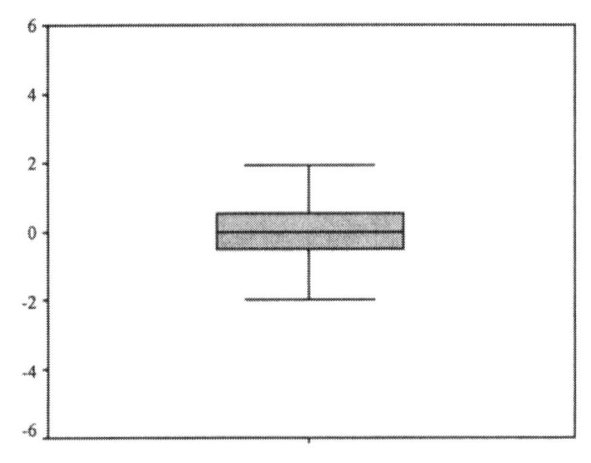

Nichtstandardisierte Residuen

Die Normalverteilungseigenschaft wird durch einen Q-Q-Plot nachgewiesen. In ihm wird die Lage der Quantile bei der Normalverteilung mit der Lage der Quantile bei der Verteilung der Residuen verglichen. Wenn die Zuordnungen annäherungsweise auf der Winkelhalbierenden liegen, kann von einer Normalverteilung ausgegangen werden.

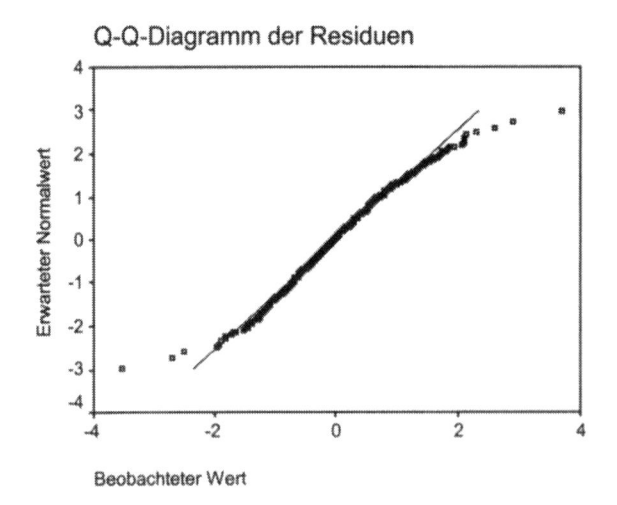

Q-Q-Diagramm der Residuen

Anhang 7

Schätzergebnisse bezüglich des erweiterten Regressionsmodells mit der Kreditbesicherung als abhängiger Variablen und den Interaktionsvariablen für die Hausbankeigenschaft verbunden mit dem Kreditnehmer-Rating

Besicherter Teil der Gesamtkreditlinie (SICHERHEIT) als abhängige Variable

Variable	Koeffizient	p-Wert
Achsenabschnitt	20,064**	0,001
R12NB	Referenz	Referenz
R12HB	9,857*	0,037
R3NB	-12,017**	0,009
R3HB	-4,696	0,337
R4NB	-6,613	0,162
R4HB	3,846	0,453
R5NB	1,091	0,834
R5HB	12,799*	0,046
R6NB	10,816	0,150
R6HB	7,683	0,464
HAFTZUS	10,314**	0,001
LINIE	-2,513E-04**	0,001
KAPG	Referenz	Referenz
PERSG	11,278**	0,006
EINZELU	16,226**	0,013
ZAHLBANK	-0,613*	0,021
DAUERKBB	0,123	0,092
B1	Referenz	Referenz
B2	-19,872**	0,000
B3	-6,749	0,102
B4	-9,558**	0,010
B5	-6,859	0,094
J92	Referenz	Referenz
J93	1,186	0,842
J94	-1,696	0,869
J95	-1,146	0,926
J96	-0,143	0,992

Adjustiertes $R^2 = 0,211$ (F = 9,087, p-Wert $\leq 0,001$)
** Statistische Signifikanz im Ein-Prozent-Bereich für zweiseitige Tests: p-Wert $\leq 0,01$
* Statistische Signifikanz im Fünf-Prozent-Bereich für zweiseitige Tests: p-Wert $\leq 0,05$

Anhang 8

Nachweis für das Vorliegen der Normalverteilungseigenschaft bei den Residuen der Regressionsanalyse von SICHERHEIT

Das Vorliegen der Verteilungseigenschaft der Residuen kann durch einen sogenannten Stem-and-Leaf Plot veranschaulicht werden:

```
Unstandardized Residual Stem-and-Leaf Plot

 Frequency    Stem &  Leaf

     3,00 Extremes    (=<-78)
     2,00       -7 .  &
     8,00       -6 .  1&
    19,00       -5 .  0239&
    33,00       -4 .  1244568&&
    43,00       -3 .  01223447899&
    49,00       -2 .  012345556789
    70,00       -1 .  00122334445677899
    65,00       -0 .  0123344455667789
    78,00        0 .  011223344556788999
   125,00        1 .  000112222333334455566777788899
    71,00        2 .  000112223455677889
    63,00        3 .  11234456667788&
    22,00        4 .  0235&&
     4,00        5 .  3&
     1,00        6 .  &

 Stem width:    10,00000
 Each leaf:       4 case(s)
```

& denotes fractional leaves.

Ein Boxplot komprimiert diese Darstellung.

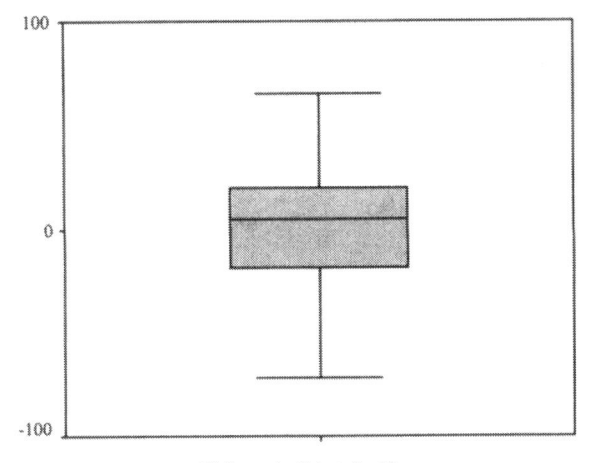

Nichtstandardisierte Residuen

Die Normalverteilungseigenschaft wird durch einen Q-Q-Plot nachgewiesen. In ihm wird die Lage der Quantile bei der Normalverteilung mit der Lage der Quantile bei der Verteilung der Residuen verglichen. Wenn die Zuordnungen annäherungsweise auf der Winkelhalbierenden liegen, kann von einer Normalverteilung ausgegangen werden.

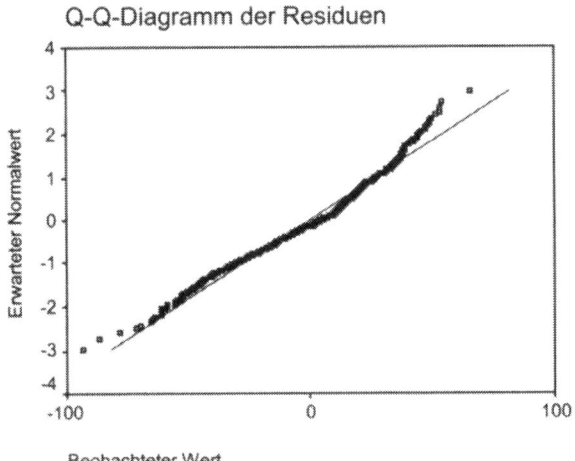

Q-Q-Diagramm der Residuen

Beobachteter Wert

Anhang 9

Korrelationsanalyse zwischen der Anzahl der Bankverbindungen und der Bilanzsumme von Unternehmen im Datensatz

Korrelationen

		ANZBANK	BSUMME
Korrelation nach Pearson	ANZBANK	1,000	,217(**)
	BSUMME	,217(**)	1,000
Signifikanz (2-seitig)	ANZBANK	,	,004
	BSUMME	,004	,
N	ANZBANK	172	171
	BSUMME	171	176

** Die Korrelation ist auf dem Niveau von 0,01 (2-seitig) signifikant.

Anhang 10

Nachweis für das Vorliegen der Normalverteilungseigenschaft bei den Residuen der Regressionsanalyse von LINIE

Das Vorliegen der Verteilungseigenschaft der Residuen kann durch einen sogenannten Stem-and-Leaf Plot veranschaulicht werden:

```
Unstandardized Residual Stem-and-Leaf Plot

 Frequency    Stem &  Leaf

     1,00 Extremes    (=<-37)
     1,00       -3 .  &
     3,00       -3 .  &
     3,00       -2 .  5&
    29,00       -2 .  0001122344
    68,00       -1 .  5555556666677777788888889
    70,00       -1 .  00001111222222233333 4444
   104,00       -0 .  5555556666666677777788888889999999
    96,00       -0 .  000011111112222233333334444444
    83,00        0 .  000000011111122222333344444
    58,00        0 .  5555556677778888999
    36,00        1 .  0001122233344
    23,00        1 .  5678889
    10,00        2 .  013&
    16,00        2 .  566789
     4,00        3 .  0&
    28,00 Extremes    (>=32)

 Stem width:   10,00000
 Each leaf:       3 case(s)
```

& denotes fractional leaves.

Ein Boxplot komprimiert diese Darstellung.

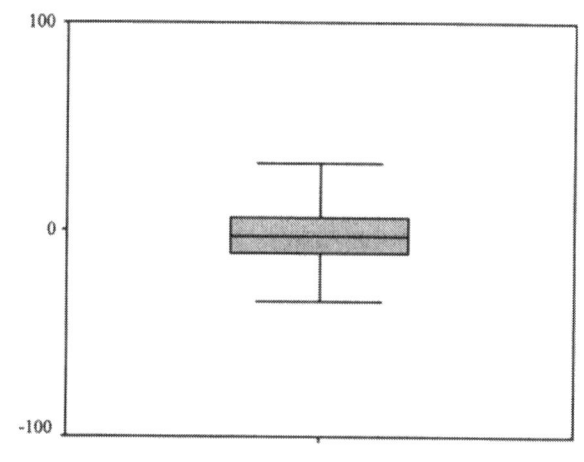

Nichtstandardisierte Residuen

Die Normalverteilungseigenschaft wird durch einen Q-Q-Plot nachgewiesen. In ihm wird die Lage der Quantile bei der Normalverteilung mit der Lage der Quantile bei der Verteilung der Residuen verglichen. Liegen die Zuordnungen annäherungsweise auf der Winkelhalbierenden so kann von einer Normalverteilung ausgegangen werden.

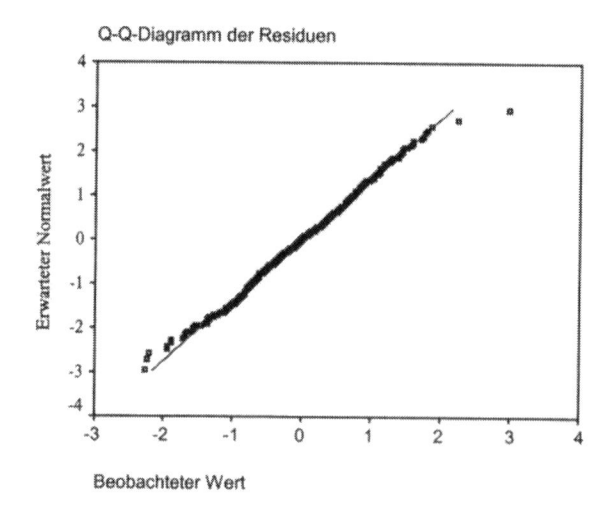

Q-Q-Diagramm der Residuen

Anhang 11

Schätzergebnisse bezüglich des erweiterten Regressionsmodells mit der Gesamtkreditlinie in Prozent der Bilanzsumme des Kreditnehmers als abhängiger Variablen und den Interaktionsvariablen für die Hausbankeigenschaft verbunden mit dem Kreditnehmer-Rating

Gesamtkreditlinie des Kreditnehmers in Prozent der Bilanzsumme als abhängige Variable

Variable	Koeffizient	p-Wert
Achsenabschnitt	25,791	0,154
R12NB	Referenz	Referenz
R12HB	4,517	0,181
R3NB	-1,428	0,670
R3HB	12,278**	0,001
R4NB	0,505	0,883
R4HB	11,573**	0,002
R5NB	2,075	0,578
R5HB	21,252**	0,000
R6NB	10,719*	0,044
R6HB	14,516	0,079
SICHERHEIT	2,859E-02	0,319
HAFTZUS	-0,285	0,901
KAPG	Referenz	Referenz
PERSG	12,787**	0,000
EINZELU	15,468**	0,003
ZAHLBANK	-0,496**	0,013
DAUERKBB	-0,122*	0,020
B1	Referenz	Referenz
B2	-2,548	0,365
B3	-9,917**	0,001
B4	-6,698**	0,012
B5	-4,490	0,133
J92	Referenz	Referenz
J93	-3,449	0,430
J94	-2,604	0,728
J95	-1,633	0,855
J96	-1,717	0,874
BS	-3,135E-05**	0,000

Adjustiertes R^2 = 0,260 (F = 10,932, p-Wert < 0,001)

** Statistische Signifikanz im Ein-Prozent-Bereich für zweiseitige Tests: p-Wert ≤ 0,01
* Statistische Signifikanz im Fünf-Prozent-Bereich für zweiseitige Tests: p-Wert ≤ 0,05

Anhang 12

Nachweis für das Vorliegen der Normalverteilungseigenschaft bei den Residuen der Regressionsanalyse von Δ_MARGE

Das Vorliegen der Verteilungseigenschaft der Residuen kann durch einen sogenannten Stem-and-Leaf Plot veranschaulicht werden:

```
Unstandardized Residual Stem-and-Leaf Plot

 Frequency    Stem &  Leaf

  11,00 Extremes    (=<-1,5)
   5,00        -1 .  23
  14,00        -1 .  000111
  19,00        -0 .  888889999
  26,00        -0 .  666666677777
  47,00        -0 .  44444444444455555555555
  49,00        -0 .  2222222222233333333333333
  77,00        -0 .  000000000000000000111111111111111111
  97,00         0 .  00000000000000000000001111111111111⇒
  79,00         0 .  2222222222222222222233333333333333333
  51,00         0 .  4444444444445555555555555
  33,00         0 .  6666666666677777
  18,00         0 .  88889999
  10,00         1 .  0011
   5,00         1 .  22&
   5,00 Extremes    (>=1,4)

 Stem width:  1,00000
 Each leaf:       2 case(s)


 & denotes fractional leaves.
```

Ein Boxplot komprimiert diese Darstellung.

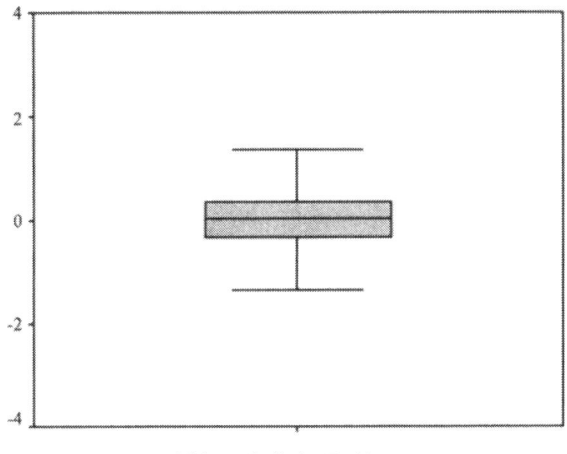

Nichtstandardiseirte Residuen

Die Normalverteilungseigenschaft wird durch einen Q-Q-Plot nachgewiesen. In ihm wird die Lage der Quantile bei der Normalverteilung mit der Lage der Quantile bei der Verteilung der Residuen verglichen. Liegen die Zuordnungen annäherungsweise auf der Winkelhalbierenden so kann von einer Normalverteilung ausgegangen werden.

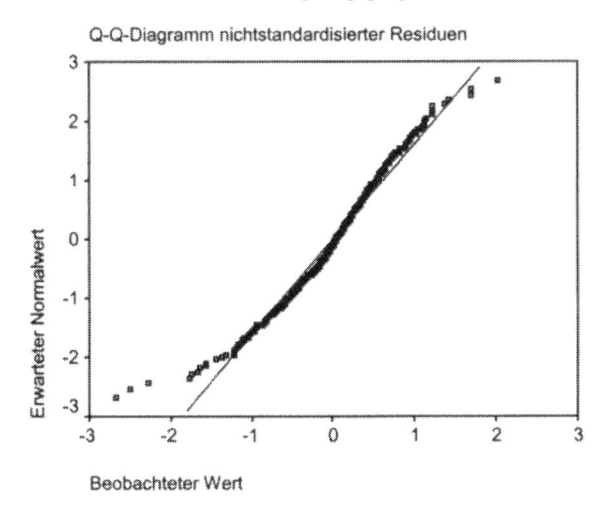

Literaturverzeichnis

Aghion, P. / Dewatripont, M. / Rey, P. (1994): Renegotiation design with unverifiable information. Econometrica, Vol. 62, S. 257-282.

Akerlof, G.A. (1970): Market for lemons: quality uncertainty and the market mechanism. Quarterly Journal of Economics, Vol. 84, S. 488-500.

Altman, E.I. (1968): Financial ratios, discriminant analysis and the prediction of corporate bankruptcy. Journal of Finance, Vol. 23, S. 589-609.

Altman, E.I. (1989): Measuring corporate bond mortality and performance. Journal of Finance, Vol. 44, S. 909-922.

Altman, E.I. (1997): Rating migration of corporate bonds: comparative results and investor/lender implications, Working Paper, Salomon Center, New York University.

Altman, E.I. / Kao, D.L. (1992a): The implications of corporate bond ratings drift. Financial Analysts Journal, May-June 1992, S. 64-75.

Altman, E.I. / Kao, D.L. (1992b): Rating drift in high-yield bonds. The Journal of Fixed Income, March 1992, S. 15-20.

Altman, E.I. / Nammacher, S.A. (1985): The default rate experience on high yield corporate debt. Financial Analysts Journal, Vol. 41, July-August, S. 12-25.

Altman, E.I. / Nammacher, S.A. (1987): Investing in junk bonds: inside the high yield debt market, John Wiley, New York.

Altman, E.I. / Saunders, A. (1998): Credit risk measurement: developments over the last 20 years. Journal of Banking and Finance, Vol. 21, S. 1721-1742.

Altman, E.I. / Suggitt, H.J. (1997): Default rates in the syndicated bank loan market: a mortality analysis, Working Paper No. S-97-39, Salomon Center, New York University.

Angelini, P. / Di Salvo, R. / Gerri, G. (1998): Availability and cost of credit for small businesses: customer relationships and credit cooperatives. Journal of Banking and Finance, Vol. 22, S. 925-954.

Arrow, K. J. (1964): The role of securities in the optimal allocation of risk-bearing. Review of Economic Studies, Vol. 31, S. 91-96.

Arrow, K. J. (1985): The economics of agency, in: Pratt, J. W. / Zeckhauser, R. J. (eds.), Principals and agents: the structure of business, Boston: Harvard Business School Press, S. 37-51

Austerberry, T.A. / Brown, J.S. / Ostroff, P.P. (1997): Banking for small business: will more competition destroy the returns ? The McKinsey Quarterly, Number 2.

Avery, R.B. / Bostic, R.W. / Samolyk, K.A. (1998): The role of personal wealth in small business finance. Journal of Banking and Finance, Vol. 22, S. 1019-1061.

Baltagi, B.H. (1996): Econometric analysis of panel data, Wiley, Chichester.

Beaver, W. (1966): Financial ratios as predictors of failure. Journal of Accounting Research, supplement on „Empirical Research in Accounting, selected studies, S. 71-111.

Benston, G.J. / Smith, C.W. (1976): A transactions cost approach to the theory of financial intermediation. Journal of Finance, Vol. 31, S. 215-231.

Berg, Eric (1994): Prozeßorientierte Analyse der Abwicklung notleidender Kredite, Wissenschaftsverlag Vauk, Kiel.

Berger, A.N. / Udell, G.F. (1990): Collateral, loan quality, and bank risk. Journal of Monetary Economics, Vol. 25, S. 21-42.

Berger, A.N. / Udell, G.F. (1995): Relationship lending and lines of credit in small firm finance. Journal of Business, Vol. 68, S. 351-381.

Berlin, M. / Mester, L.J. (1992): Debt covenants and renegotiation. Journal of Financial Intermediation, Vol. 2, S. 95-133.

Bernet, B. (1994): Relationship Pricing. Die Bank, Heft 12/94, S. 708-712.

Besanko, D. / Thakor, A.V. (1987): Collateral and rationing: sorting equilibria in monopolistic and competitve credit markets. International Economic Review, Vol. 75, S. 850-855.

Bester, H. (1985): Screening vs. Rationing in Credit Markets with Imperfect Information. American Economic Review, Vol. 75, S. 850-855.

Bester, H. (1994): The role of collateral in a model of debt renegotiation. Journal of Money, Credit and Banking, Vol. 26, S. 72-86.

Bester, H. / Hellwig, M.F. (1989): Moral hazard and equilibrium credit rationing: an overview of the issues, in: G. Bamberg / K. Spremann (Hrsg.), Agency theory, informatin, and incentives, S. 135-166.

Bierman, H.Jr. / Hass, J. (1975): An analytic model of bond risk differentials. Journal of Financial and Quantitive Analysis, Vol. 10, S. 757-773.

Blackwell, D.W. / Winters, D.B. (1997): Banking relationships and the effect of monitoring in loan pricing. The Journal of Financial Research, Vol. 20, S. 275-289.

Böckenförde, B. (1996): Unternehmenssanierung, 2. Aufl., Schäffer-Poeschel, Stuttgart.

Bolton, P. / Scharfstein, D. (1990): A theory of predation based on agency problems in financial contracting. American Economic Review, Vol. 80, S. 93-106.

Boot, A.W.A. / Thakor, A.V. / Udell, G.F. (1991): Secured lending and default risk: equilibrium analysis and monetary policy implications. The Economic Journal, Vol. 101, S. 458-472.

Brakensiek, T. (1991): Die Kalkulation und Steuerung von Ausfallrisiken im Kreditgeschäft der Banken, in: Schierenbeck, Henner (Hrsg.), Schriftenreihe des Instituts für Kreditwesen der Westfälischen Wilhelms-Universität Münster, Fritz Knapp, Frankfurt a.M.

Bulow, J.I. / Shoven, J.B. (1978): The bankruptcy decision. Bell Journal of Economics, Vol. 9, S. 437-456.

Bundesaufsichtsamt für das Kreditwesen (1995): Überblick über die grundsätzlichen Anforderungen an die Offenlegung der wirtschaftlichen Verhältnisse nach § 18 KWG, BAK-Schreiben vom 8. August 1995.

Burghof, H.-P. / Henke, S. / Rudolph, B. (1998): Credit securitization and credit derivatives: financial instruments and the credit risk management of middle market commercial loan portfolios, Working Paper No. 98/07, Center for Financial Studies, Frankfurt a. M.

Burghof, H.-P. / Rudolph, B. (1996): Bankenaufsicht: Theorie und Praxis der Regulierung, Gabler, Wiesbaden.

Burt, D. / Doyle, M. (1994): Amerikanisches Keiretsu – Die neue Waffe zur Kostensenkung, ECON Verlag, Düsseldorf.

Büschgen, H.E. (1993): Bankbetriebslehre: Bankgeschäfte und Bankmanagement, 4. Aufl., Gabler, Wiesbaden.

Canaris, C.W. (1979): Kreditkündigung und Kreditverweigerung gegenüber sanierungsbedürftigen Bankkunden. Zeitschrift für das gesamte Handels- und Wirtschaftsrecht, S. 113-138.

Cole, R.A. (1998): The importance of relationships to the availability of credit. Journal of Banking and Finance, Vol. 22, S. 959-977.

D'Aveni, R.A. / Gunther, R. (1995): Hyperwettbewerb: Strategien für die neue Dynamik der Märkte, Campus-Verlag, Frankfurt/Main.

Debreu, G. (1959): Theory of Value, Wiley, New York.

Dennig, U. (1993): Internationale Geld- und Kreditmärkte, in: Kloten, N., von Stein, J.H. (Hrsg.), Obst/Hintner – Geld-, Bank- und Börsenwesen, 39. Aufl., Schäffer-Poeschel Verlag, Stuttgart.

Detragiache, E. / Garella, P.G. (1996): Debt restructuring with multiple creditors and the role of exchange offers. Journal of Financial Intermediation, Vol. 5, S. 305-336.

Deutsche Bundesbank (1997): Die Ertragslage der deutschen Kreditinstitute. Monatsbericht, 49. Jg., Nr. 8, S. 33-61.

Deutsche Bundesbank (1998): Bankenstatistik November 1998.

Dewatripont, M. / Tirole, J. (1994): The prudential regulation of banks, Cambridge, Massachussets.

Diamond, D. (1984): Financial intermediation and delegated monitoring. Review of Economic Studies, Vol. 51, S. 393-414.

Diamond, D.W. (1991): Monitoring and reputation: the choice between bank loans and directly placed debt. Journal of Political Economy, Vol. 99, S. 689-721.

Dickerson, C.S. (1988): Financial analysis for credit decisions, in: Baughn, W.H. / Storrs, T.I. / Walker, C.E. (ed.): The Bankers' Handbook, 3rd ed., Dow Jones-Irwin, Homewood, Illinois, S. 630-656.

Drukarczyk, J. (1993): Theorie und Politik der Finanzierung, 2. Auflage, Vahlen, München.

Drzik, J. / Strothe, G. (1997): Kreditpreisgestaltung in ineffizienten Märkten. Die Bank, Heft 11/97, S. 680-683.

Düllmann, K. / Uhrig-Homburg, M. / Windfuhr, M. (1998): Risk structure of interest rates: an empirical analysis for Deutschemarkt-denominated bonds, Arbeitspapier Nr. 98-04, Lehrstühle für Finanzwirtschaft, Universität Mannheim.

Edwards, J.S.S. / Fischer, K. (1994): Banks, finance and investment in Germany, University Press, Camebridge, Großbritannien..

Eichwald, B. (1993): Kreditarten, in: Kloten, N., von Stein, J.H. (Hrsg.), Obst/Hintner − Geld-, Bank- und Börsenwesen, 39. Aufl., Schäffer-Poeschel Verlag, Stuttgart.

Eilenberger, Guido (1996): Bankbetriebswirtschaftslehre: Grundlagen - Internationale Bankleistungen - Bank Management, 6. Aufl., München: Oldenbourg, 1996.

Eisenführ, F./Weber, M. (1994): Rationales Entscheiden, 2. Aufl., Berlin, Heidelberg: Springer Verlag, 1994.

Elsas, R. / Henke, S. / Machauer, A. / Rott, R. / Schenk, G. (1998): Empirical analysis of credit relationships in small firms financing: sampling design and descriptive statistics, Working Paper No. 98-14, Center for Financial Studies, Frankfurt.

Everling, O. (1991): Credit Rating durch internationale Agenturen: eine Untersuchung zu den Komponenten und instrumentalen Funktionen des Rating, Gabler, Wiesbaden.

Ewert, R. / Schenk, G. (1998): Determinants of bank lending performance, Working paper No. 98/06, Center for Financial Studies, Frankfurt.

Fehr, E. / Tyran, J.-R. (1998): Does money illusion matter? Working Paper, Universität Zürich.

Fischer, K. (1990): Hausbankbeziehungen als Instrument der Bindung zwischen Banken und Unternehmen - Eine theoretische und empirische Analyse, Dissertation, Universität Bonn.

Fisher, I. (1928): The Money Illusion, Adelphi, New York.

Fisher, I. (1930): The theory of interest − as determined by impatience to spend income and opportunity to invest, Macmillan, New York.

Fisher, L. (1959): Determinants of risk premiums on corporate bonds. Journal of Political Economy, Vol. 67, S. 217-237.

Fons, J.S. (1987): The default premium and corporate bond experience. Journal of Finance, Vol. 42, S. 81-97.

Fons, J.S. / Carty, L.V. (1995): Probability of default: a derivatives perspective, in: Risk Publications: Derivative credit risk - advances in measurement and management, London, S. 35-47.

Freixas, X. / Rochet, J.-C. (1997): Micoreconomics of banking, MIT Press, Cambridge.

Fried, J. / Howitt, P. (1980): Credit rationing and implicit contract theory. Journal of Money, Credit, and Banking, Vol. 12, S. 471-487.

Frydman, H. / Altman, E.I. / Kao, D.-L. (1985): Introducing recursive partitioning analysis to financial analysis: the case of financial distress classification. Journal of Finance, Vol. 40, S. 269-291.

Gertner, R. / Scharfstein, D. (1991): A theory of workouts and the effects of reorganization law. Journal of Finance, Vol. 46, S. 1189-1222.

Goldfield, S. (1966): Commercial bank behavior and economic activity: a structural study of monetary policy in the postwar United States, North Holland, Amsterdam.

Gorton, G. / Kahn, J. (1993): Pricing bank loans, Working Paper, National Bureau of Economic Research (NBER).

Gorton, G. / Kahn, J. (1996): The design of bank loan contracts, collateral, and renegotiation. Working Paper No. 4273, National Bureau of Economic Research (NBER).

Greenbaum, S. / Kanatas, G. / Venezia, I. (1989): Equilibrium loan pricing under the bank-client relationship. Journal of Banking and Finance, Vol. 13, S. 221-235.

Grill, Wolfgang / Perczynski, Hans (1996): Wirtschaftslehre des Kreditwesens, 30. Aufl., Bad Homburg v.d.H.: Gehlen.

Hackethal, A. (1999): Unternehmensfinanzierung in Deutschland, den USA und Japan – Eine neue Perspektive, Arbeitspapier, Universität Frankfurt.

Hacking, I. (1975): The emergence of probability, University Press, Cambridge.

Haller, A. / Park, P. (1995): Darlehensvereinbarungen als Ursache für bilanzpolitisches Verhalten. Zeitschrift für Betriebswirtschaft, Jg. 65, S. 89-111.

Harhoff, D. / Körting, T. (1998): Lending relationships in Germany: empirical results from survey data. Journal of Banking and Finance, Vol. 22, S. 1317-1353.

Harhoff, D. / Stahl, K. / Woywode, M. (1998): Growth and exit of West German firms - an empirical investigation on the impact of liability statutes. Journal of Industrial Economics, forthcoming.

Hart, O. / Moore, J. (1988): Incomplete contracts and renegotiation. Econometrica, Vol. 56, S. 755-785.

Hart, O. / Moore, J. (1989): Default and renegotiation: a dynamic model of debt. Working Paper, MIT & Harvard Business School.

Hartmann-Wendels, T. / Pfingsten, A. / Weber, M. (1998): Bankbetriebslehre, Springer-Verlag, Berlin.

Häuser, F. (1995): Rechte und Pflichten der Kreditinstitute bei der Sanierung von Unternehmern, in: Hadding, W. (Hrsg.), Sicherheitenfreigabe und Unternehmenssanierung – Aktuelle Rechtsfragen, Schriftenreihe der Bankrechtlichen Vereinigung, Bd. 6, Berlin.

Hellwig, M. (1989): Asymmetric information, financial markets, and financial institutions – where we are currently going ? European Economic Review, Vol. 33, S. 277-285.

Hellwig, M. (1994): Banking and finance at the end of the twentieth century, Diskussions-Papier Nr. 9426, Wirtschaftswissenschaftliches Zentrum, Universität Basel.

Hickman, W.B. (1958): Corporate bond quality and investor experience, Princeton University, Princeton, New Jersey.

Hopt, K.J. (1984): Asymmetrische Information und Gläubigerverfügungsrechte in der Insolvenz - Die Bank in der Krise des Kreditnehmers. Zeitschrift für Betriebswirtschaftslehre, Jg. 54, S. 743-760.

Hoshi, T. / Kashyab, A. / Scharfstein, D. (1991): Corporate structure, liquidity, and investment: evidence from japanese industrial groups. Quarterly Journal of Economics, Vol. 106, S. 33-60.

Hoshi,T. / Kashyab, A. / Scharfstein, D. (1990): The role of banks in reducing the costs of financial distress in Japan. Journal of Financial Economics, Vol. 27, S. 67-88.

Howitt, P. (1987): Money Illusion, in: Eatwell, J. / Milgate, M. / Newman, P. (eds.), The New Palgrave: A Dictionary of Economics, Norton, New York, S. 518-519.

Huberman, G. / Kahn, C. (1988): Limited contract enforcement and strategic renegotiation. American Economic Review, Vol. 78, S. 471-484.

Huberman, G. / Kahn, C. (1989): Default, foreclosure, and strategic renegotiation. Law and Contemporary Problems, Vol. 52, S. 49-61.

Insitut für Kapitalmarktforschung (Hrsg.) (1997): Forschungsprojekt „Kreditmanagement", Abschlußbericht Phase I, Institut für Kapitalmarktforschung - Center for Financial Studies, Frankfurt a. M.

J.P. Morgan (1997): Introduction to CreditMetrics, New York.

Jacobs, O.H. / Oestreicher, A. (1994): Bilanzanalyse: EDV-gestützte Jahresabschlussanalyse als Planungs- und Entscheidungsrechnung, 2. Aufl., München: Vahlen.

Jaffee, D.M. (1971): Credit rationing and the commercial loan market, Wiley, New York.

Jaffee, D.M. / Russell, T. (1976): Imperfect information, uncertainty, and credit rationing. Quarterly Journal of Economics, Vol. 90, S. 651-666.

Jährig, A. / Schuck, H. (1989): Handbuch des Kreditgeschäfts, Wiesbaden: Gabler.

Jensen, M.C. / Meckling, W.H. (1976): Theory of the firm: managerial behavior, agency costs and ownership structure. Journal of Financial Economics, Vol. 3, S. 304-360.

Kahn, J. (1995): Debt, asymmetric information, and bankruptcy, working paper, University of Rochester.

Kahneman, D. / Tversky, A. (1979): Prospect Theory: an analysis of decision under risk. Econometrica, Vol. 47, S. 263-291.

Kassow, A. (1996): Der Bankenpool: ökonomische Analyse des Sicherheitenpoolvertrages zwischen Banken in der Krise eines gemeinsamen Schuldners, Gabler, Wiesbaden.

King, S.R. (1986): Monetary transmission: through bank loans or bank liabilities ? Journal of Money, Credit, and Banking, Vol. 18, S. 290-303.

Köndgen, J. (1995): Risiken der Kreditinstitute bei der Sanierung von Unternehmen: Rechtsvergleichende Erfahrungen aus den USA, England und Frankreich, in: Hadding, W. (Hrsg.), Sicherheitenfreigabe und Unternehmenssanierung – Aktuelle Rechtsfragen, Schriftenreihe der Bankrechtlichen Vereinigung, Bd. 6, Berlin.

Krahnen, J.P. (1985): Kapitalmarkt und Kreditbank, Duncker & Humblot, Berlin

Kuck, H. (1997): Die 100 größen deutschen Kreditinstitute. Die Bank, Heft 7/97, S. 506-507.

Lauer, J. (1998): Notleidender Kredit, 3. Aufl., RWS-Verlag, Köln.

Lea, S.E.G. / Tarpy, R.M. / Webley, P. (1987): The individual in the economy, Cambridge University Press.

Lehmann, E. / Neuberger, D. (1998): SME loan pricing and lending relationships in Germany: a new look, Working Paper No. 18, Thünen-Series of Apllied Economic Theory, Universität Rostock.

Leland, H.E. / Pyle, D.H. (1977): Information asymmetries, financial structure, and financial intermediation. Journal of Finance, Vol. 32, S. 371-387.

Lister, Michael (1997): Risikoadjustierte Ergebnismessung und Risikokapitalallokation, Fritz Knapp Verlag, Frankfurt.

Machauer, A. / Weber, M. (1998): Bank behavior based on internal credit ratings of borrowers. Journal of Banking and Finance, Vol. 22, S. 1355-1383.

Malliaropulos, D. (1990): Euromärkte und nationale Finanzmärkte: Geldmenge, Zins- und Wechselkurs einer Eurowährung; eine theoretische und empirische Analyse des Euro-DM-Marktes, Lang Verlag, Frankfurt.

Markowitz, H. (1952): Portfolio selection. Journal of Finance, Vol. 7, S. 77-91.

Martinelli, C. (1997): Small firms, borrowing constraints, and reputation. Journal of Economic Behavior & Organization, Vol. 33, S. 91-105.

Matten, C. (1996): Managing bank capital: capital allocation and perfomance mesurement, Wiley & Sons, Chichester.

May, A. (1989): Der Bankenpool – Sicherheitenpoolverträge der Kreditinstitute in der Unternehmenskrise, Berlin.

Mayer, C. (1988): New issue in corporate finance. European Economic Review, Vol. 32, S. 1167-1189.

Milde, H. (1980): Kreditrationierung, Zinsdispersion und Sequentialsuche. Zeitschrift für die gesamte Staatswissenschaft, Vol. 136, S. 266-285.

Nelson, C. / Siegel, A. (1987): Parsimonious modelling of yield curves. Journal of Business, Vol. 60, S. 473-489.

Nöth, M. (1995): Untersuchung der Renditestruktur im Markt der DM-Euroanleihen. Kredit und Kapital, Bd. 28, S. 535-568.

Obermüller, M (1991): Handbuch Insolvenzrecht für die Kreditwirtschaft, 4. Aufl., Wiesbaden.

Obermüller, W. (1970): Pooling von Kreditsicherheiten. Bank-Betrieb, S. 456-458.

Partenheimer, J. (1996): Gefährdete Kreditengagements – Ein Praxisbericht der Münchner Bank eG. Bank Information – Genossenschaftsforum, Heft 6, S. 33-36.

Petersen, M.A. / Rajan, R.G. (1994): The benefits of lending relationships: evidence from small business data. Journal of Finance, Vol. 49, S. 3-37.

Petersen, M.A. / Rajan, R.G. (1995): The effect of credit market competition on lending relationships. Quarterly Journal of Economics, Vol. 110, S. 407-443.

Piesch, W. (1975): Statistische Konzentrationsmaße: formale Eigenschaften und verteilungstheoretische Zusammenhänge, Mohr, Tübingen.

Queen, M. / Roll, R. (1987): Firm mortality: using market indicators to predict survival. Financial Analysts Journal, Vol. 43, May-June, S. 9-26.

Rajan, R. / Winton, A. (1995): Covenants and collateral as incentives to monitor. Journal of Finance, Vol. 50, S. 1113-1146

Rhodes, T. (Hrsg.) (1996): Syndicated Lending, London: Euromoney Publications.

Rose, S. (1990): Banks begin rationalizing loan charges. American Banker, Vol. 27, November, S. 1.

Ross, S.A. (1973): The economic theory of agency: the principal's problem. American Economic Review – Papers and Proceedings, Vol. 63, S. 134-139.

Rotschild, M / Stiglitz, J.E. (1970): Increasing risk: a definition. Journal of Economic Theory, Vol. 2, S.- 225-243.

Rudolph, B. (1984): Kreditsicherheiten als Instrumente zur Umverteilung und Begrenzung von Kreditrisiken. Zeitschrift für betriebswirtschaftliche Forschung, Vol. 36, S. 16-43.

Samuelson, P. (1963): Risk and uncertainty: a fallacy of large numbers. Scienta, Vol. 98, S. 108-113.

Santomero, A.M. (1984): Modeling the banking firm. Journal of Money, Credit, and Banking, Vol. 16, S. 576-602.

Savage, L. (1954, 1972): The foundations of statistics, Wiley.

Schmidt, R. (1996): Alternative Ansätze zur Erteilung von Ratings, in: Bankrechtstag, II. Abteilung: Rechtsfragen des Rating von Unternehmen, S. 137-161.

Scholz, H. / Lwowski, H.-J. (1994): Das Recht der Kreditsicherung, 7. Aufl., Erich Schmidt Verlag, Berlin.

Schwartz, T. (1997): The term structure of corporate debt, Working Paper, Cornell University.

Seger, Frank (1997): Banken, Erfolg und Finanzierung - Eine Analyse für deutsche Industrieunternehmen, Gabler Verlag, Wiesbaden.

Sharpe, S.A. (1991): Credit rationing concessionary lending, and debt maturity. Journal of Banking and Finance, Vol. 15, S. 581-604.

Sinkey, J.F. (1992): Commercial bank financial management in the financial services industry, 4th ed., Macmillan Publishing, New York.

Slovin, M.B. / Sushka, M.E. (1983): A model of the commercial loan rate. Journal of Finance, Vol. 38, S. 1583-1596.

Smith, C.W. / Warner, J.B. (1979): On financial contracting: an analysis of bond covenants. Journal of Financial Economics, Vol. 7, S. 117-161.

Sofianos, G. / Wachtel, P.A. / Melnik, A. (1990): Loan commitments and monetary policy. Journal of Banking and Finance, Vol. 14, S. 677-689.

Staroßom, H. (1988): Die Bank in der Krise des Schuldners, Physika-Verlag, Heidelberg.

Statistisches Bundesamt (1997): Statistisches Jahrbuch für die Bundesrepublik Deutschland, Wiesbaden.

Statistisches Bundesamt (Hrsg.) (1993): Klassifikation der Wirtschaftszweige mit Erläuterungen, Ausgabe 1993, Wiesbaden.

Statistisches Bundesamt (Hrsg.) (1994): Umsatzsteuer 1992, Fachserie 14, Reihe 8, Stuttgart.

Stiglitz, J.E. / Weiss, A. (1981): Credit Rationing in Markets with Imperfect Information. American Economic Review 71, 393-410.

Strahan, P.E. / Weston, J.P. (1998): Small business lending and the changing structure of the banking industry. Journal of Banking and Finance, Vol. 22, S. 821-845.

Swoboda, P. (1991): Betriebliche Finanzierung, 2. Aufl., Heidelberg: Physica-Verlag, 1991.

Terberger, E. (1987): Der Kreditvertrag als Instrument zur Lösung von Anreizproblemen: Fremdfinanzierung als Principal/Agent-Beziehung, Physica-Verlag, Heidelberg.

Thakor, A.V. / Wilson, P.F. (1995): Capital requirements, loan renegotiation, and the borrower's choice of financing source. Journal of Banking and Finance, Vol. 19, S. 693-711.

Thießen, F. (1996): Covenants in Kreditverträgen: Alternative oder Ergänzung zum Insolvenzrecht? Zeitschrift für Bankrecht und Bankwirtschaft, Heft 1/96, S. 19-37.

Varian, H. (1996): Intermediate microeconomics - a modern approach, 4. Aufl., Norton, New York.

von Neumann, J. / Morgenstern, O. (1947): Theory of games and economic behavior, 2nd ed., Princeton University Press.

Waldman, R.A. / Altman, E.I. (1998): Default rates in the syndicated loan market: a mortality analysis, Salomon Smith Barney Research Paper.

Weber, M. / Krahnen, J. / Weber A. (1995): Scoring-Verfahren - häufige Anwendungsfehler und ihre Vermeidung. Der Betrieb, 48. Jg., S. 1621-1626.

Weber, M. / Krahnen, J.P. / Vossmann, F. (1999): Risikomessung im Kreditgeschäft: Eine empirische Analyse bankinterner Ratingverfahren. Erscheint in der Zeitschrift für betriebswirtschaftliche Forschung.

Weber, M. / Mangelsdorff, L. (1998): Hindsight-Bias im Prinzipal-Agent-Kontext: Die Aktennotiz als Antwort?, in: Glaser, H. / Schröder, E.F. / von Werder, A. (Hrsg.), Organisation im Wandel der Märkte, Festschrift zum 60. Geburtstag von Erich Frese, Gabler Verlag, Wiesbaden.

Wilcox, J.W. (1971): A gamblers ruin prediction of business failure using accounting data. Sloan Management Review, Vol. 12, S. 1-10.

Winker, P. (1996): Rationierung auf dem Markt für Unternehmenskredite in der BRD, Tübingen.

Wolken, J.D. (1998): „New" data sources for research on small business finances. Journal of Banking and Finance, Vol. 22, S. 1067-1076.

Yawitz, J.B. (1977): An analytical model of interest rate differentials and different default recoveries. Journal of Financial and Quantative Analysis, Vol. 12, S. 481-490.

Yawitz, J.B. / Maloney, K.J. / Ederington, L.H. (1983): Taxes, default risk, and yield spreads, NBER Working Paper No. 1215.

24835418R00163

Printed in Poland
by Amazon Fulfillment
Poland Sp. z o.o., Wrocław